MARION GRILLPARZER
SUSANNE WENDEL

DER FEELGOOD FAKTOR

DER FÜNFTE SINN – DIE WEISHEIT DES KÖRPERS NUTZEN

INHALT

INHALT

● ● ● ● ● ● ● ● ● ● ● ● ● ● ●
4. ARTGERECHT HALTEN! DER
SCHLÜSSEL ZUM PUDELWOHL-FÜHLEN ...163

● ● ● ● ● ● ● ● ● ● ● ● ● ● ●
5. UNSER GANZ PRIVATER KÖRPERSINN:
LIEBE, SEX UND GRUPPENKUSCHELN 193

VORWORT

● ● ● ● igentlich ist ein Vorwort ja eher ein Nachwort. Es wird in der Regel
● ● dann geschrieben, wenn das Buch gerade fertig geworden ist. Also,
● ● ● wir wissen, was auf den nächsten Seiten steht, und wollen Sie jetzt
● ● mit ein paar Worten darauf vorbereiten. Darauf, dass sich mit die-
● ● ● ● sem Buch Ihr Leben ändern wird. Wir wussten übrigens über ein
Jahr lang nicht, was da auf Sie zukommt. Wir haben viele Bücher gelesen. Mit
vielen Experten gesprochen. Viel diskutiert. Und lange nach dem Küchenbrüller gesucht. »Was wollen wir eigentlich sagen?«, hat Susanne immer wieder
gefragt. »Wir brauchen einen einzigen Satz, der unser Buch erklärt.« Und ich
habe immer wieder in Worten gewühlt, sie zu Info-Müll verscrabbelt. Der Küchenbrüller kam nicht beim Denken am Computer, er kam nicht beim Diskutieren. Er kam, als ich auf dem alten Tennisball von meinem Hund Fido stand,
das linke Bein zum Baum angewinkelt, die Arme hoch in der Yogastellung –
Balance suchend. Er kam nicht aus dem Kopf. Er kam aus dem Körper. Der
Küchenbrüller heißt: Dein Körper ist Magie. Du brauchst nicht mehr als deinen
Körper, um Zufriedenheit herzustellen, Wohlgefühl, Gesundheit, Selbstsicherheit, ja, sogar Glück.

Und dann kann man zum Brüller noch erzählen: Du brauchst nicht mehr
als deinen Körper, um Freunde zu gewinnen, charismatisch zu sein und Erfolg
zu haben. Eine sinn-volle Bewegung, ein Lächeln, eine richtige Berührung,
zur richtigen Zeit, sind wertvoller als jede Aktie. Lebe sinn-voll, dann lebst du
gesund und glücklich. Und unser größter Sinn ist der Körpersinn. Mach mal die
Augen zu und fühle …

Warum schreiben diese zwei Frauen ein Buch über Körpergefühl? Weil wir selber schon
viele, viele Erfahrungen zu diesem Thema gesammelt haben und diese mit Ihnen teilen möchten. Susanne coacht Menschen fürs Geschäftsleben, wo Körperwahrnehmung und Ausstrahlung eine große Rolle spielen. Und ich coache
Menschen fürs normale Leben. 80 Prozent meiner Klienten haben ein Problem
mit dem Gewicht, das zu 90 Prozent an mangelnder Körperwahrnehmung liegt.
Sie fühlen nicht nur nicht, wann sie satt sind, es mangelt ihnen auch an Selbst-

Bewusstsein, an Ich-Gefühl. Und darum schreiben wir dieses Buch. Damit Sie dieses herrliche Geschöpf, mit dem Sie jeden Morgen gemeinsam aufstehen, einfach wieder wahrnehmen – und wertschätzen. Das taten Sie schon mal mit Genuss. Als kleines Kind. Da hat Sie sogar Ihr großer Zeh begeistert.

Aber es sind nicht nur wir zwei neugierigen Frauen, die dieses Buch schreiben. Wir sind die Moderatoren der Menschen, für die das Thema Tastsinn, Körpersinn Berufung ist. Für den Haptik-Professor, den Hirnforscher, die Tanztherapeutin, die Kurzzeit-Coaches, den Kinästhetiker, die Kinesiologin, den Osteopathen, die Sexualtherapeutin … Diese ausgewählten Experten bilden das Herz dieses Buchs. Und ihnen möchten wir im nachträglichen Vorwort von ganzem Herzen Danke! sagen. Mit ihrer Hilfe verknüpften sich auf wunderbare Weise unterschiedliche Gedankenwelten über unseren fünften Sinn zu einem runden Ganzen.

Was gewinnen Sie, liebe Leser? Sie können, wenn Sie wollen, ein neuer Mensch werden. In nur einem einzigen Jahr sind wir rundum erneuert. So gut wie neu. Ein Jahr, da tauscht der Körper den Großteil seiner Zellen aus. Macht den Darm neu, den Magen neu, die Haut neu, das Blut neu … und die Gedanken neu. Auch wenn man ein unglücklicher, pessimistischer, stets unzufriedener, ständig kränkelnder Mensch ist: Man kann alles ändern. Sogar die Gene. Und sogar die Anzahl der Spiegelneuronen im Gehirn. Die uns lieben lehren, mitfühlend machen, charismatisch, zufrieden, Freunde finden lassen … Das Gehirn ist plastisch, wir können uns dort in sechs Wochen neue Pfade bahnen. Anders denken, zufriedener denken – und was viel wichtiger ist: fühlen, anders fühlen, zufriedener fühlen … Wenn Sie glücklich sind, dann erhöhen Sie auch noch das Glückskonto anderer Menschen – das sagt die Wissenschaft. Darüber lesen Sie in diesem Buch. Und das alles fassen wir zusammen unter **Feelgood-Faktor**.

Nun sind nur noch zwei Dinge wichtig auf Ihrem Weg zu mehr Körpergefühl: Versuchen Sie nicht, perfekt zu sein, sondern genießen Sie es, Fehler zu machen. Und strengen Sie sich nicht an. Denn viel leichter geht´s im Flow.

In diesem (fünften) Sinne wünschen wir Ihnen mit diesem Buch viel Spaß – und viel Gefühl für das Wichtigste in Ihrem Leben.

Herzlichst
Marion Grillparzer und *Susanne Wendel*

HERANTASTEN, ERFASSEN ...

Es geht in diesem Buch um unseren Feelgood-Faktor, um den fünften Sinn. Und da müssen wir sofort eine Definition einfügen, weil Ihr Verstand Gefahr läuft, bei »Unsinn« zu landen – bevor Ihre Gefühle überhaupt eine Chance haben, ein Wörtchen mitzureden. Also, diese vier Sinne kennt jeder: Sehen, Hören, Riechen, Schmecken. 96 Prozent der Deutschen kennen auch »Der 7. Sinn« – die Sendung zur Verkehrssicherheit, ausgezeichnet mit 45 Preisen. Den sechsten Sinn kennt man gemeinhin auch. Das ist all das, was wir ahnen, die Intuition. Unser Wissen aus dem Bauch. So. Nun fehlt noch einer … Ja, genau, der fünfte Sinn. »Der Tastsinn!«, ruft da Ihr Schulwissen.

Und nun sind wir dran. Hier setzen wir an. Mit diesem Buch. Wir taufen den Tastsinn jetzt einfach um. Wir nennen ihn Körpersinn. Weil nämlich auch Gelenke, Muskeln und Sehnen wertvolle Tastorgane enthalten. Weil aus diesem primären Sinn alle anderen entstanden sind. Wir sehen mit der Netzhaut, hören mit dem Trommelfell, riechen mit den Schleimhäuten, schmecken mit den Papillen auf der Zunge. Tasten ist viel, viel mehr, als einen Apfel anzufassen oder den Partner zu berühren.

Selten ist uns bewusst, mit welcher Macht dieser innere und äußere Tastsinn, der Körpersinn, unser Leben regiert. Er ist es nämlich, mit dem wir uns reproduzieren und erhalten. Er lässt uns leben! Und wer ihn kennt, nutzt und pflegt, lebt länger, gesünder und glücklicher.

Das Thema Körpersinn ist für jeden Menschen individuell. Deswegen kamen wir auf die Idee, dieses Buch aus den Blickwinkeln zweier Frauen zu schreiben. Das bedeutet: Weitwinkel. Wir geben zu: eine sehr subjektive Herangehensweise. Aber wir sind zwei ganz unterschiedliche Personen, jede von uns beiden hat andere Interessensschwerpunkte, und so schreiben wir auch aus sehr, sehr unterschiedlichen Perspektiven.

Susanne: »Marion ist feinfühlig, sensibel, reagiert auf vieles mit Gänsehaut. Hat einen Mann und ein Faible für Tiere. Ist Expertin für das Thema Gesundheit, für das Thema Körper – und zwar ganzheitlich. Und sie kann Informationen so richtig gut in Worte verpacken.«

Marion: »Susanne ist dickhäutiger. Geschäftsfrau. Extrovertiert. Trotzdem sensibel. Reagiert nicht selten mit Haare-zu-Berge-Stehen. Muss einfach alles ausprobieren – und fährt dafür bis nach Hawaii. Sie lebt zur Zeit als Single, hat ein Faible für Neues, neue Ideen. Manchmal auch für neue Männer. Manchmal muss man da schon auf sie aufpassen. Zum Beispiel, wenn sie beim Italiener auf mich wartet. Und ich wundere mich über die vielen dienernden und herumschwänzelnden Kellner. Bis ich sehe, dass auf dem Tisch zwei Bücher liegen: »100 Tage Sex«. Und »365 Nächte«. Mehr darüber auf Seite 211.

WARUM UNS DAS THEMA
KÖRPERSINN BERÜHRT

DIE BIOLOGIN IN MIR

Marion: »Unser Tastsinn ist ein Wunder der Evolution. Nicht nur ein einzelner Tastrezeptor arbeitet da auf unserer Haut und lässt uns fühlen – nein: Merkel-Zellen reagieren auf Druck, Meissner-Körperchen registrieren Berührung, Nozizeptoren empfinden Schmerz … Und nicht nur die Finger tasten. Auch unsere Gelenke, Sehnen und Muskeln. Bewegung ist die Berührung mit dem Sein, und ohne Bewegung existiert kein (Wohl)fühlen und keine Weisheit.«

Susanne: »Unglaublich, wie der Körpersinn mit unserem Gehirn zusammen agiert. Wie ein schlechter Tastsinn ein falsches Körperschema in unseren Kopf pflanzt – und dadurch Übergewicht und Magersucht auslösen kann. Lesen Sie dazu die beiden Interviews mit dem Gehirnforscher Prof. Hüther (Seite 40) und dem Haptik-Forscher Dr. Grunwald (Seite 54).«

DIE SINNLICHE IN MIR

Marion: »Wenn es mir nachts nicht gut geht und die Gedanken wie scharfe Messer in den Kopf kriechen, um in den nächsten Stunden die Regie in einem ›Was war das heute nur für ein Tag‹-Gruselfilm zu übernehmen, dann gibt es zwei Dinge, die ich tun kann: Zu den Bachblüten-Rescue-Tropfen auf meinem Nachttisch greifen oder zu meinem Mann rüberkrabbeln. In seine Kurven schlüpfen wie ein kleines Uri-Geller-Löffelchen. Seine Haut, seine Wärme, unsere Berührung locken meine Hormone und die lassen mich schlafen. Lesen Sie über die unglaubliche Kraft der Berührung ab Seite 30.«

Susanne: »Es ist ein Abenteuer, im körperwarmen Wasser wildfremde Menschen zu berühren und zu streicheln, und das stundenlang, ohne sexuelle Hintergedanken, einfach nur zur Entspannung und fürs Glück. Und eine Tantra-Massage kann für uns ›The door to heaven‹ sein.« (Seite 218 und 222f.)

DIE PAZIFISTIN IN MIR

Marion: »Berührung ist die Grundlage für Frieden. Das gilt nicht nur für zwei Menschen in einer Liebesbeziehung. Ich bin überzeugt: Wenn Menschen einander mehr umarmen würden, gäbe es keinen Krieg. Berührung lockt Friedenshormone.«

Susanne: »Die Entsinnlichung des Menschen durch eingeschweißte Lebensmittel, virtuelle Unterhaltungsräume, papierlosen Informationsaustausch führt zu Einsamkeit und Aggressivität. Darum stehen zum Beispiel am Marienplatz in München manchmal Menschen mit einem Schild, auf dem sie Passanten eine ›Kostenlose Umarmung‹ anbieten. Auch wir fordern: Bitte anfassen! Mehr dazu ab Seite 47.«

DIE KOMMUNIKATORIN IN MIR

Marion: »Mein Körper erzählt mir schon länger sehr viel. Und: Unglaublich, wie spannend es ist und wie leicht es geht, auch die Körper anderer Menschen zu lesen – und was das alles offenbart! In Kapitel ›Krimi Körpersprache‹ ab Seite 176 werden Sie mit uns zum Lügendetektor.«

Susanne: »In unserer Familie wurde viel diskutiert. Das machte mich zum Kopfmenschen. Zu jemandem, der glaubte, durch Intellekt, messerscharfes Nachdenken und viel Reden könne man alles hinkriegen. Bis ich entdeckte, welche Kraft im Körper steckt, in Bewegung, Berührung, im Nicht-Reden. Lesen Sie ab Seite 147 über Tanzen und Körpertherapien.«

DIE HEILERIN IN MIR

Marion: »Berührung schenkt Sicherheit, Wärme und Geborgenheit. Jede liebevolle Berührung regt den Kreislauf an, stimuliert die Funktion der Organe und wirkt sich positiv auf Immunsystem und Hormonhaushalt aus. Sowohl beim Geben als auch beim Nehmen. Auch mit unseren vierbeinigen Freunden. Darum gibt es Touch-Therapie und Tier-Therapeuten. Mehr in den Kapiteln ›Moderne Streicheleinheiten‹ und ›Hand auflegen!‹«

Susanne: »Über Sinnlichkeit, unseren Tastsinn, Bewegen und Anfassen lernen wir, ein Gefühl für unseren Körper zu entwickeln. Berühren und Bewegen lösen Verspannungen, seelische Verkrustungen. Lesen Sie mal auf Seite 240.«

DER WUNSCHRING

Wer Märchen liest, kennt die Geschichte vom Ring, den einem ein lieber Mensch mit auf die Reise gibt. Mit den Worten: »Wenn du in Not bist, drehe den Ring – und du hast drei Wünsche frei.« Was würden wir uns wünschen? Klar: Gesundheit, Liebe, Erfolg.

Tun Sie es einfach. Diesen Ring tragen Sie auch. Diesen Ring trägt jeder. Wir haben es nur vergessen. Er steckt am Ringfinger. Den Wunschring einfach sanft drehen. Und fühlen, was passiert … Dieser Ring steht für unseren fünften Sinn. Den Körpersinn. Für unseren äußeren und inneren Tastsinn. Für Berührung. Für Magie. Ja, wirklich. Natürlich handelt es sich um Weiße Magie – Magie, die schützt und heilt: Abwehrzauber, Gesund- oder Heilzauber, Fruchtbarkeitszauber, natürlich auch Glückszauber, Liebeszauber oder Schutzzauber …

Selbstverständlich haben wir unsere Weisheiten nicht aus Harry Potters Lehrbüchern, sondern aus Fachpublikationen wie »Bild der Wissenschaft«, »nature«, »science« …

DIE NEUGIERIGE IN MIR

Marion: »Zwei-Punkt-Methode, Quantenheilung, Matrix-Energetics … Diese Ansätze durfte ich zum ersten Mal unter die Lupe nehmen. Nun, ab Seite 271 können Sie lesen, wie weit ich mich eingelassen habe auf heilende Hände, Energiemedizin, Parallelwelten …«

Susanne: »Selbstbehandlungsmethoden zu entdecken war für mich wie ein Ausflug zum Mars: Von einem Punkt auf dem Kopf, der uns sofort entstresst, über Muskeln, die feststellen, welche Lebensmittel wir vertragen, bis hin zu unseren Ohren, über die wir Energie tanken können … Mehr lesen Sie im Kapitel ›Muskeln lügen nicht‹ ab Seite 126.«

DIE SPIRITUELLE IN MIR

Marion: »Ich bin Wissenschaftlerin. Doch ich weiß auch, dass ich nix weiß. Und ich bin offen für Dinge, von denen die Wissenschaft noch nicht beweisen konnte, dass sie nicht existieren. Es war schon ein Erlebnis, gemeinsam mit Deepak Chopra zu meditieren. Toll, wenn sich dabei auch etwas im Gehirn tut. Wenn die Spiegelneuronen zunehmen, die uns mitfühlend machen. Aber lesen Sie selbst ab Seite 274. Und so etwas wie Quantenphysik haut mich einfach um. Nun, eines ist und bleibt sicher: Wer heilt, hat recht. Und wer glaubt, wird selig!«

Susanne: »Spiritualität heißt für mich nicht still sitzen und nicht-denken, sondern ganz im Körper sein, im Hier und Jetzt. Tanzend, trommelnd, lachend. Lesen Sie mehr über die Meditation im Flow ab Seite 118.«

Kleine Körper-Expedition: DER ANTI-STRESS-RING

Menschen, die sich in einer Stresssituation die Finger reiben, tun intuitiv das Richtige. An den Fingern liegen die Endpunkte unserer Energieleitbahnen (Meridiane) – Akupressurpunkte, die auf den gesamten Körper wirken. Natürlich gibt es da auch schon ein kleines Wundermittel.

Einen Anti-Stress-Ring. Mit dem stimulieren Sie die Akupressurpunkte an den Fingern, um Energiedefizite und Energieblockaden zu lösen. Sie können auch einfach nur einen imaginären Ring an ihren Fingern drehen.

VORWORT II

igentlich wollten wir noch ein weiteres Vorwort haben: Eines von Louis Braille, damit Sie sich noch intensiver an das Thema herantasten. Nur: Für die Punktschrift muss das Papier viel dicker sein. Der Duden in der bekannten Punktschrift für Blinde umfasst übrigens 18 Bände. Also musste das Vorwort in der Braille-Schrift leider entfallen. Dafür haben wir eines von Europas bekanntestem Zeit-Experten, **Prof. Lothar Seiwert:**

»Ich habe dieses Buch aufgeschlagen – und nicht mehr weggelegt. Es inspiriert, macht Spaß, vermittelt Bedeutsames, lädt ein, über uns hinauszuwachsen, stiftet Sinn – und schenkt uns wertvolle Lebenszeit. Ein Muss für alle Kopfmenschen! **Denn wer sein Körpergefühl weckt, erntet ...**

... Gesundheit. Über einen Körper, der fühlt, wann ihm etwas guttut, wann ihm etwas zu viel wird. Die Voraussetzung für ein gesundes Körpergewicht und Stressresistenz. Beides bildet die Basis für Gesundheit. Das dimmt das Risiko für die ganzen Zivilisationskrankheiten von Diabetes über Herzinfarkt bis hin zu Krebs.

... mehr Selbstbewusstsein. Wer sich mit seinem Körper auseinandersetzt, ihn spürt, wird sich seiner selbst bewusst. Wer bin ich, was kann ich, was will ich? Das fördert eine gute Haltung und eine gute Haltung erzeugt über die körpereigene Biochemie gute Gefühle. So richtig! Und mit dem Selbstbewusstsein wächst das Charisma.

... mehr Zufriedenheit. Wenn sich Kopf und Körper einig sind, läuft man automatisch viel achtsamer durchs Leben. »Achtsamkeit« ist das Zauberwort des modernen, gesunden Zeitgeistes. Ohne Achtsamkeit ist ein Leben in unserer entfremdeten, hektischen Welt kaum mehr auszuhalten. Die Besinnung mit dem ganzen Körper auf den Augenblick entstresst, hält jung und gesund. Nicht jeder ist zum Meditieren geboren, man kann den Kopf auch über Bewegung still kriegen – und Achtsamkeit den ganzen Tag immer mal wieder leben.

... mehr Zeit. Im Körper zu sein bedeutet im Hier und Jetzt sein. Angekommen. Und dann hat man auf einmal alle Zeit der Welt!

Also: Lesen, freuen, länger leben.«

Ihr *Lothar Seiwert*

einleitung

ICH FÜHLE, ALSO BIN ICH

TASTEN SIE SICH VOR ZU MEHR
GESUNDHEIT, LIEBE UND ERFOLG

WO DIE **WEISHEIT DES LEBENS** VERSTECKT IST

ch weiß nicht, wie lange ich jetzt schon vor diesem Blatt Papier sitze. Das Wissen im Kopf will einfach nicht aufs Papier. Dieses Buch soll etwas ganz Besonderes werden. Ein Buch über den fünften Sinn, also über das Tasten und das Fühlen. Der Verstand aber produziert Worte. Fühlen, das findet auf der Herzebene statt. Und das Herz kennt keine Worte. Wie soll man da ein Buch schreiben?

Also habe ich mal fünf Minuten lang gegibberished. Kennen Sie das? Gibberish-Meditation. Da brabbelt man fünf Minuten lang völligen Nonsens. Bringt das Gehirn mit Wörtern durcheinander, die keinen Sinn haben – unterstützt das Ganze mit dem Körper. Man brabbelt mit Händen und Füßen. Dann ist man fünf Minuten still … Und schon fließen die Worte – der Körper schreibt mit: Das ist Körperbewusstsein.

VOM KÖRPERWISSEN ZUM KÖRPERBEWUSSTSEIN

Meine Freundin Babsi erzählt: »Ich war gestern im Tegernsee schwimmen, er hat 9,1 Grad.«

Ich: »Du spinnst.«

»Ohne Berührung wäre alles nichts. Wenn ein Baby nicht berührt wird, stirbt es. Auch später im Leben ist jeder Tag, an dem wir nicht berührt werden, ein kleiner Tod. Berührung ist essenziell. Lebenswichtig. Überlebenswichtig. Und sehr, sehr klug!«

Sie: »Du glaubst gar nicht, was das für ein Wohlgefühl ist. Erst Saunen und dann ins kalte Wasser.«

Babsi strahlt. Babsi ist überhaupt einer der strahlendsten Menschen, die ich kenne. Charismatisch, alterslos, schön. Großmutter.

Wir leben in einer Gesellschaft, in der es meist nur um den Kopf geht – und der Körper hängt da einfach unten dran. Auch ich ging lange Zeit jeden Abend mit einem Gesellen ins Bett, den ich nicht kannte. Dann schrieb ich das Buch »KörperWissen« und dann war mir mein Körper eigentlich schon ziemlich bekannt. Ich wusste, dass die Nervenfasern aneinandergereiht bis zum Mond und zurück reichen, dass die Zirbeldrüse unsere innere Uhr einstellt, dass unser Gehirn zu unglaublichen 60 Prozent aus Fett besteht – und dass es trotzdem bei allem, was den Körper betrifft, ein Wörtchen mitzureden hat, dass jedes Gefühl ein chemisches Molekül im Körper hat, dass wir Hormone mit Gedanken herstellen können …

Also: Ich wusste unglaublich viel. Aber so richtig kennengelernt habe ich diesen 24-Stunden-Begleiter erst in den letzten Jahren. Da ist mir nämlich bewusst geworden, dass ich nicht etwa einen Körper *besitze*, den ich anleite, trainiere, forme, füttere, pflege, style – und manchmal auch ziemlich schlecht behandle. Da ist mir bewusst geworden, dass dieser Körper mein Ich ist. Dass er mein ganzes Leben spiegelt. Und dass er viel, viel mehr kann, als ich ihm jemals zugetraut hab. Dass er 24 Stunden am Tag Einfluss nimmt auf mein Denken, auf mein Fühlen, auf mein Handeln.

Dass er ein Drogenköfferchen ist, das mir mit Hormonen und Nervenbotenstoffen gute Gefühle schenkt, ohne Nebenwirkungen. Und dass es sich lohnt, sich jeden Tag mindestens einmal dankbar zu zeigen. Nicht nur, weil er einem jeden Tag mehrmals das Leben rettet – wenn wir vor Aufregung schneller schnaufen, uns ekelnd das Gammelfleisch wegwerfen, dem abbiegenden Auto gerade noch entspringen.

Wir müssen diesen Unbekannten nur einfach einmal richtig wahrnehmen, dann schenkt er uns alles, was wir brauchen: Zufriedenheit, Gesundheit, Charisma. Aber das tun viel zu wenig Menschen. Erst, wenn es wehtut, landen wir mit unserer Aufmerksamkeit im Bauch, im Rücken, im Herzen … Wären wir vorher dort gewesen, dann täte es höchstwahrscheinlich nicht so weh.

Ihn wahrzunehmen ist die Grundlage dafür, den Körper zu mögen. Und dafür ist es nie zu spät. Nicht mit 50, nicht mit 80. Und das lohnt sich. Denn wenn wir ihm vertrauen, ihm Liebe entgegenbringen, dann hält er uns gesund und fröhlich und erfüllt sogar Wünsche in Zusammenarbeit mit dem Universum. Auch davon handelt dieses Buch.

GIBBERISH

»Erlaube dir, alles auszudrücken, was du wahrnimmst: Gefühle, Gedanken, Anspannung – wirf sie über die Töne aus deinem Körper. Der Verstand denkt immer in Worten. Gibberish hilft dir, damit aufzuhören, ständig Worte zu formulieren. Ohne deine Gedanken zu unterdrücken, kannst du sie mit unsinnigen Worten und Tönen loswerden. Dein Körper soll sich dabei mit ausdrücken. Danach sitze einige Minuten, ohne dich zu bewegen. Nimm die Stille wahr.«

OSHO, INDISCHER PHILOSOPH, SPIRITUELLER LEHRER

WIE WIR UNSEREN WICHTIGSTEN SINN VERGASSEN

Es war einmal völlig normal, dass wir einen Apfel abtasteten, bevor wir ihn kauften, dass wir ein Buch umblätterten, dass wir einem Menschen die Hand auflegten, damit er gesund wird, normal, dass der Chef die Wange seiner Sekretärin tätschelte, dass sich Freunde umarmten, dass wir sonntags gemeinsam wandern gingen … Anfassen tut gut. Berühren bewegt. Bewegung fühlt sich gut an. Nun ist alles ein bisschen kühler da draußen. Ein bisschen distanzierter. Hektischer. Fremder. Virtueller. Unbeweglicher.

Wir haben ein Problem, weil viele Menschen weniger sinnlich sind. Weniger wahrnehmen. Ihren Körper nicht spüren. Nicht wissen, wie sich ein Herzschlag anfühlt, welche Zufriedenheit sie mit ihm fühlen können. Wie gut eine Umarmung tut. Welche Freiheit einem körperliche Geschmeidigkeit schenkt. Wie herrlich die aufkeimende Lust auf Bewegung ist. Welches Selbstbewusstsein man erntet, wenn man wirklich wahrnimmt, wer da unter dem Kopf hängt.

Weil wir keinen richtigen Bezug zu unserem Körper haben, gibt es viel zu viel chronische Müdigkeit und Burn-out, zu viel Diabetes und Depressionen, zu viel Herzinfarkt und Mobbing, zu viel Übergewicht und Magersucht. Die meisten Zivilisationskrankheiten könnten aus dem Pschyrembel, dem Buch der Mediziner, verschwinden, wenn wir unseren Körpersinn wiederentdecken – und benutzen würden. Da würde sich dann auch einiges Weiteres tun. Wir alle wären mit Sicherheit friedlicher. Und zufriedener.

GUT FÜHLEN STATT POSITIV DENKEN

Wer seinen Körpersinn nutzt, wird anfangen, nicht immer alles über den Verstand lösen zu wollen. Positiv Denken macht nämlich nicht glücklich. Kann es nicht. *Ich bin glücklich. Ich bin glücklich, ich bin glücklich, ich bin glücklich …* Und? Klappt nicht. Im Gegenteil, weil es nicht klappt, regt es uns auf – und schon verspannen wir uns. Und Verspannungen sind genau das, was chronisch wird. Was uns unbeweglicher – und gefühlsärmer macht. Also: Nachdenken regt meistens nur noch mehr auf. Was dann?

Wir könnten uns einfach mal aufrecht hinstellen. Schultern nach hinten nehmen, die Brust frei machen. Und mal reinfühlen, was da kommt. Und? Geben Sie es zu: Da steigt doch glatt ein recht angenehmes Gefühl hoch. Wir können nämlich über die Haltung, über die Muskeln unsere Körperchemie verändern. Es gibt sogar einen Selbstakzeptanzpunkt, einen Energiebahnen-

Endpunkt. Der liegt über der Brust, neben der Schulter. Und wenn wir den im Kreis streicheln, schenkt uns das ein Stück Zufriedenheit, selbst wenn wir gerade unglücklich in unserer Haut stecken.

Unser Körper ist wie ein Schatzkästchen, wir finden so viele kleine wertvolle Geheimnisse, wir müssen ihn nur wahrnehmen und mit ihm die Welt wahrnehmen. Und zwar genau mit dem Sinn, der uns im Laufe der Geschichte zugeschüttet worden ist: mit unserem Körpersinn. Und der arbeitet wunderbar gemeinsam mit unserem Gehirn. Das hilft uns nämlich dabei, bewusst zu sein.

GLÜCK ERLEBEN WIR NICHT DORT OBEN IM VERSTAND

Wenn morgens die Worte in unserem Kopf vor sich hinrattern über die Spiegeleier mit Speck oder den am Wochenende anstehenden Besuch der Erbtante, fühlen wir uns gestresst. Glück erleben wir im Augenblick. Im Jetztsein. Mit dem Körper. Mit dem Fühlen. Mit dem Körpersinn.

Warum nehmen Kinder alles in die Hand oder in den Mund? Warum schreien Kinder förmlich nach Bewegung? Es gibt nichts Wichtigeres für sie, als den Körper erleben zu lassen.

Das ist Glück. Das ist Sein. Wir alle haben diesen wunderbaren Körpersinn, der uns durch das Leben lenkt – und aus diesem wächst sogar unser Selbstbewusstsein, unsere Gesundheit, unsere Zufriedenheit, unser Charisma. Nur: Dieser Sinn ging uns verloren. An der Tastatur, in der virtuellen Welt, vor dem Fernseher – in der Welt der Denker und Planer, der Konstrukteure und Konzeptionisten … Macht nix. Wir können einen Zipfel von ihm erwischen, und mit ein bisschen Gehirndünger namens Begeisterung können wir ihn wieder wecken. Aktiv machen.

> » Wissen ohne Erfahrung ist nichts. Und das wichtigste Erfahrungsinstrument ist der Körper. «

Und dann müssen wir nicht mehr lange nach dem Sinn im Leben suchen. Von Coach zu Couch laufen, Ratgeber um Ratgeber lesen. Dann haben wir wieder den Blick für das Wesentliche – das Naheliegendste: den Körper. Der sagt alles, er zeigt alles, wir spüren alles. Und wir verknüpfen Sokrates' weise Worte »Ich denke, also bin ich« mit den weisen Worten des Neurowissenschaftlers Prof. Antonio Damasio »Ich fühle, also bin ich« – und schon wird die Seele weit …

KÖRPERSINN = INNERER TASTSINN + ÄUSSERER TASTSINN + INTUITION

Unser Körpersinn ist der größte, den wir haben, und er ist der wichtigste, den wir haben. Das sagt auch der berühmte Haptik-Forscher Dr. Martin Grunwald, Interview auf Seite 54. Der Tastsinn ist wichtiger als Sehen, als Hören, als Riechen. Ohne ihn können wir nicht existieren. Er setzt sich zusammen aus drei Dingen: *unserem äußeren Tastsinn.* Das, was wir über zwei Quadratmeter Haut an Informationen aufnehmen – anfassend, spürend, berührend. *Unserem inneren Tastsinn.* In unseren Muskeln und Gelenken sitzen ebenfalls Sinneszellen, die Dinge aus unserer Umwelt und auch Dinge über unseren Körper selbst wahrnehmen. Und *unserer Intuition,* dem Erfahrungsschatz unseres Körpers. Codiert in jeder Körperzelle. Der Körpersinn führt uns in unser Innerstes – zu unserer Weisheit. Das können wir ganz wesentlich beim Tanzen erleben, beim Wandern, bei Feldenkrais, in Trance oder beim Quanteln. Oder fernöstlich mit der Tantra-Massage, Akupressur oder Meditation. Sie wollen mehr wissen? Na dann, kommen Sie halt mit!

MIT KLEINEN KÖRPER-EXPEDITIONEN ZUM GLÜCK

Für dieses Buch haben wir vieles ausprobiert. Wir haben blind gegessen, therapeutisch getoucht, im Dunkeln geduscht, gewasserkuschelt, gefeldenkraist, gematrixt, getanzt … mit dem Körper wahrgenommen.

Denn Wissen ohne Erfahrung ist nichts. Und das wichtigste Erfahrungsinstrument ist der Körper. Einfaches Beispiel: Keiner weiß, wie Feigen mit Ziegenkäse schmecken, wenn er das Rezept von Alfons Schuhbeck nur liest. Was ist ein brummschädeliger Kater? Erklären Sie das mal, ohne je einen Kater gehabt zu haben. Liebe? Ein Körpergefühl vom Zeh über das Schmetterlingsnetz bis zum Scheitel. Nähe? Angst? Wut? Freude? Mitgefühl? Zufriedenheit? Hunger? Glück? Ohne Körpererfahrung ist alles nichts. Eine leere Hülse. Eine Aneinanderreihung von Buchstaben. Kommen Sie mit uns auf eine kleine Reise, entdecken Sie Ihren Körper. Nehmen Sie ihn einfach mal so richtig wahr. Drücken Sie einen Punkt – und schon schwindet der Stress. Stellen Sie mit einer kleinen Technik das Affengeschnatter im Kopf mal kurz ab. Spüren Sie den Muskel, der den ganzen Körper mit Energie auflädt … Nehmen Sie mit der Körper-Expertin Benita Cantieni eine einzigartige Haltung ein, die in Ihnen die Lust weckt, mehr mit Ihrem Körper zu erfahren. Aber was erzählen wir. Fühlen Sie einfach … Auf den folgenden Seiten erwarten Sie lauter magische Momente mit Ihrem Körper. In diesem Buch laden wir Sie zu vielen kleinen Körper-Expeditionen ein. Damit Sie fühlen. Sie sollen spüren, wie Sie über kleine Törchen in Ihr Innerstes vorstoßen. Wie sanfte Bewegungen seelische Krusten auflösen. Wie die Muskeln Ihnen helfen, all das aufzudecken, womit Sie sich nicht guttun, womit Sie sich belügen. Wie Sie mit einer einzigen Bewegung Energie tanken … Entdecken Sie Ihren Körper. Fühlen Sie, was Sie lesen: Machen Sie immer mal wieder eine kleine Körper-Expedition von Kopf bis Fuß. Viel Spaß! Ja, meine Herren, das ist auch was für Sie. Gerade für Sie.

DAS VERSTECK DER WEISHEIT

Vor langer Zeit überlegten die Götter, wo sie die Weisheit des Universums verstecken sollten, damit der Mensch sie erst findet, wenn er die nötige Reife dazu hat. Einer der Götter schlug vor, die Weisheit auf dem Mount Everest, dem höchsten Berg der Erde, zu verstecken. Doch die Götter ahnten, dass der Mensch bald alle Berge erklimmen würde und die Weisheit dort nicht sicher genug versteckt wäre.

Sodann schlug ein anderer vor, die Weisheit 11 034 Meter tief im Mariannengraben, der tiefsten Stelle des Weltmeeres, zu verbergen. Doch auch dort sahen die Götter die Gefahr voraus, dass die Menschen schneller dort wären, als ihre Reife erlaubt. Der Mond schied aus, der Mars schied aus …

Dann äußerte der Weiseste unter ihnen seinen Vorschlag:

»Lasst uns die Weisheit des Universums im Menschen selbst verstecken. Dort sucht er erst, wenn er reif genug ist, denn er muss dazu den Weg in sein Inneres gehen.«

DIE RÜCKKEHR DES
KÖRPERSINNS

ede Erfahrung, jedes Erlebnis, jedes Abenteuer, jedes Trauma ist in unseren Körperzellen gespeichert. Jedes angenehme Gefühl, das einmal erlebt wurde, ist in uns gespeichert und kann jederzeit wieder abgerufen werden. Der amerikanische Körpertherapeut Dr. Milton Trager nannte dieses Phänomen »Recall«. Dieses Wissen ist heute unter Therapeuten anerkannt. Sollte es zumindest sein. Jede Erfahrung, jede Emotion formt unser Aussehen, unsere Haltung, unsere Bewegung. Die Gefühle sitzen im Körper. Die Wut im Bauch, im Nacken – und da können wir sie auch abholen. Nicht über das Nachdenken, nicht über das Gespräch. Denn nur ein winziger Teil unserer Emotionen dringt in unser Bewusstsein vor, der Großteil sitzt im Körper codiert. Das kennen Sie: Den Menschen von gegenüber, der in eine ängstliche Haltung hineingewachsen ist. Er sieht aus, als fürchte er sich, dass ihm jemand in den Bauch schlägt. Seine Schultern klemmen oben, sein Rücken ist gerundet, sein Hals geneigt. Seine Beugermuskeln schützen die Weichteile.

Können wir unsere Körperwahrnehmung wieder wecken? Ja. Denn sie ist im Körpergedächtnis gespeichert. Viele brauchen sich nur um ihre Fitness kümmern. Walken, joggen, Trampolin springen, tanzen, gärtnern, slacklinen … Es reicht, wenn Bewegung in ihr Leben einzieht, und alles regelt sich in Richtung Zufriedenheit und Gesundheit. Anderen hilft eine Körpertherapie. Mehr ab Seite 156.

DIE MOLEKÜLE DER GEFÜHLE

In den 70er-Jahren entdeckten wir die Moleküle der Emotionen, die Neuropeptide. Das am längsten Bekannte ist das Endorphin, ein körpereigenes Opiat. Und heute wissen wir, dass diese Moleküle der Gefühle überall im Körper wirken. Der Geist sitzt also nicht im Kopf. Er sitzt verteilt im ganzen Körper, in jeder Zelle. Körper und Geist kommunizieren mit diesen Molekülen, die wie ein Netz eine feine Info-Struktur zwischen allen Zellen bilden. Proteine in Form von Nervenbotenstoffen oder Hormonen agieren von Kopf bis Fuß. Sie sorgen für die Einheit von Körper und Geist. Ein trauernder Mensch lässt die Schultern hängen, ein mutiger Mensch streckt die Brust heraus, ein fröhlicher Mensch umarmt die Welt, hüpft … In der Neurobiologie bilden Körper und Seele ganz natürlich eine Einheit.

Nur: Dieser gute Geist ist so gut wie nie da. Er beschäftigt sich mit der Kantine, was es da mittags wohl gibt. Oder mit dem Brief vom Finanzamt, der gestern reingeschneit ist. Mit vergangenem Ärger, mit zukünftigen Träumen. Aber: Nur wenn wir fühlen, dann spüren wir auch, dass Geist und Körper eins sind. Wenn uns ein geliebter Mensch streichelt, kribbelt die Haut, fliegen die Schmetterlinge im Bauch. Wenn wir eine herrliche Massage bekommen oder wenn wir um den See laufen, dann sind wir ganz Körper. Dann tun wir das, was uns unsere Gene vorgeben: Beweg dich! Und du bleibst zufrieden, glücklich und gesund.

> **»** Schon in der Intention, in der Absicht, im Willen, im tief empfundenen Wunsch und auch in der Hoffnung liegen machtvolle Quellen der Heilung. **«**
> JOACHIM FAULSTICH, WISSENSCHAFTSJOURNALIST

DIE GRENZEN UNSERES VERSTANDES

Eigentlich können wir aus unserem klugen Menschenverstand heraus schon sagen, dass der zusammengesunkene Nachbar niemals mit Positiv-denken-Kraft-der-Gedanken-Formeln wie »Du kannst, was du willst« zum kämpferischen Stier wird. Niemand kann über den Kopf seine krumme »Verschon-mich-Haltung« ändern. Sich über den Verstand verändern zu wollen, erzeugt Spannung. Und diese Spannung friert wieder Muskulatur ein. Macht sie fest. Sperrt Emotionen ein. Über unseren Verstand werden wir niemals Gesundheit und Gelassenheit ernten, Lebensfreude und Charisma. Anders über den Körper. Über ihn kommen wir an Erfahrungen heran. An das, was ihn gebeugt hat. An das, was uns traurig macht, was uns Mut nimmt, was uns Selbstsicherheit und Ausstrahlung raubt. Und der Körper kann seinem Kopf langsam und bedächtig zeigen, woher diese Haltung kommt. Und er kann ihm auch zeigen, wie er sie verändern kann.

Dieses eigentlich uralte Wissen nutzen heute wieder viele Therapeuten. Und auch Ärzte, die alten Weisheiten aufgeschlossen gegenüberstehen, Naturheilkunde in ihre Praxis miteinziehen lassen, wissen: Da Körper und Geist eins sind, liegt in jeder Veränderung des Geistes auch eine Veränderung des Körpers. Und umgekehrt. Darum arbeiten immer mehr Psychotherapeuten mit körperorientierten Therapien, von Feldenkrais bis Alexander-Technik, von Wingwave über Rolfing und Atemtechnik bis hin zu Yoga. Davon lesen Sie auch viel hier in diesem Buch.

ALLES VERÄNDERT SICH

Kennen Sie Deepak Chopra, den Poeten unter den Wissenschaftlern? Der indische Arzt und Philosoph hat 60 Bücher geschrieben – und weltweit rund 25 Millionen Leser. Früher hätte man ihn als g'spinnerten Guru in der Eso-Ecke abgestellt. Heute kommt er zu Hubert-Burda-Medias Digital Lifestyle-Day und hält Vorträge vor Wissenschaftlern. Es verändert sich etwas in dieser Welt. Früher gab es die verstaubte Birkenstockrealität und Schnitzerbrote, mit denen man jemanden erschlagen konnte. Heute tragen Banker und Managerinnen, Vorstandsvorsitzende und Geschäftsführer Power-Bändchen mit Hologrammen, Magnetsohlen in den Schuhen, haben einen Feng-Shui-Brunnen im Büro – und wir sehen sie im Anzug und Kostümchen in Unterschleißheim bei Deepak Chopras Vortrag »Heilung, Transformation und ein höheres Bewusstsein«.

Sein Credo: Wir verändern uns jeden Tag! Er sagt Sätze wie: »2011 stieg ich im gleichen Hotel ab wie 2010. Da brachte ich den gleichen Koffer mit, aber nicht den gleichen Körper.« Und das Ganze erklärt er mit Wissenschaft:

Der Körper ist keine Struktur, er ist ein Prozess. 80 Prozent aller Atome sind auch in unserem Körper im letzten Jahr recycelt worden. Alle fünf Tage erneuert sich die Magenschleimhaut. Einmal im Monat die Haut. Eine neue Leber haben wir in sechs Wochen. Mit einem einzigen tiefen Atemzug nehmen wir 10 hoch 22 Atome auf. Mit jedem Atemzug atmen wir 10 hoch 22 Atome aus, Bestandteile unseres Herzens, unserer Lunge. Und das Schönste an Chopras Wissensvermittlung ist, dass wir unsere Veränderung

---

● ● ● ● ● ● ● ● ● ● ● ●

GENE SIND KEINE AUTISTEN

»Unsere Gene stehen im ständigen Kontakt mit unserer Umwelt, um die Körperfunktionen an die verschiedensten Erfordernisse anpassen zu können.« Sagt Prof. Joachim Bauer. »Intensive, wiederholte oder länger andauernde Schmerzen verändern – wie alle anderen Lebenserfahrungen auch – in Nervenzellen des Gehirns die Aktivität von Genen. (...) Schmerzerfahrungen werden also in der Seele bzw. im Gehirn gespeichert, sie hinterlassen im Körper eine ›Inschrift‹.« Dieses Engramm, so weiß man heute, kann auch wieder umgeschrieben werden. Wir sind nicht Opfer unserer Schmerzen. Das Buch von Prof. Bauer »Das Gedächtnis des Körpers« (Piper-Verlag) zeigt, woher Krankheiten kommen – und wie wir selber unsere Gene regulieren können.

selbst steuern können. Unseren Körper gestalten wir in einem Jahr zu 80 Prozent neu (manche sagen: bis zu 95 Prozent). Unser Gehirn ist plastisch – und wir können es mit einer einfachen Glücksformel verändern. Wie das geht, fühlen Sie auf Seite 274f. Und sogar die meisten unserer Gene können wir jederzeit hoch- oder runterregulieren. Die guten an, die nicht so guten ab. Und die Gene hören auf unseren Atem, die Bewegung, den Schlaf, die Beziehungen und auf unsere Umwelt. Wir können mit unserem Lebensstil ganz stark beeinflussen, wie gut es uns geht. Ein Leben lang.

FEELGOOD – EIN SINN FÜR ALLE FÄLLE

ie fühlt sich der Flaum auf dem Kopf eines Babys an? Die Rinde der Eiche, der Ledersitz im Mercedes … Berührend erfahren wir die Welt. Die krümelige Erde, die sanfte Haut, die feuchte Wange, das struppige Fell, die drahtigen Bartstoppeln, der glatte Apfel, der kalte Schnee, das warme Ei, die zärtliche Hand … Unter dem fünften Sinn verstehen die meisten Menschen den äußeren Tastsinn. Das, was wir mit unseren Fingern, unserer Haut fühlen. Das Wahrnehmen von Druck, Temperatur, von Feuchtigkeit und Beschaffenheit – und Streichelreizen. Das Prasseln des Regens im Gesicht, die Wick-VapoRub-Hand der Mama auf dem Rücken … Das allein ist schon wundervoll – doch unser fünfter Sinn, unser Feelgood-Faktor, kann noch so viel mehr…

VON FÜHLEN BIS HELLSEHEN UND HEILEN

Der fünfte Sinn ist der Sinn, der uns glücklich macht, der uns zeigt, wer wir wirklich sind, der das Gehirn wachsen und Stress schrumpfen lässt, der Energie fühlt und Heilung an jede Körperzelle vermittelt. Nicht nur unsere Haut also fühlt Berührung. Wir fühlen mit dem ganzen Körper. Jede Zelle fühlt mit. Der fünfte Sinn ist Körperwahrnehmung. Nicht nur das, was die Haut wahrnimmt, sondern das, was der ganze Körper fühlt. Nicht nur das Streicheln, das Ertasten, sondern auch das, was der Körper auf feinstofflicher Ebene erfährt. Die Veränderung der Moleküle, der Nervenbotenstoffe und Hormone. Und natürlich auch die energetischen Prozesse. Der fünfte Sinn ist die Basis für eine gute Intuition – und ist eng verschränkt mit den Selbstheilungskräften des Körpers.

»Der fünfte Sinn ist Körpergefühl pur.«

BERÜHRUNG IST LEBENSELIXIER

Die Haut ist unser größtes Organ. Auf zwei Quadratmetern finden rund um die Uhr Fühlen, Ertasten, Erkennen, Begreifen statt. Berührung ist übrigens der einzige reziproke Sinn. Wir können zwar sehen, ohne selbst gesehen zu werden, hören, ohne gehört zu werden, aber wir können nicht berühren, ohne berührt zu werden. Darum hat es auch genauso heilsame Wirkungen, andere zu berühren, wie selbst berührt zu werden. Berührung ist ein Grundbedürfnis. So wichtig für uns wie Atmen, Essen und Trinken. Ohne Berührung wird ein Baby sterben. Auch später, bis ins hohe Alter, erstarrt die Seele ohne Berührung – in grauenhafter Isolation. Ein Mangel an Berührung lässt Körper und Geist verkümmern – und fördert Aggressionen, Sucht und zerstört unsere Selbstheilungskräfte. Und genau das untersucht und belegt das Touch Research Institute (TRI) der Universität Miami. Es wurde 1992 von Dr. Tiffany Field an der Universität von Miami gegründet: »Berührung ist die Grundvoraussetzung für eine optimale Entwicklung von Kindern. Aber auch unter Erwachsenen trägt sie maßgeblich zu Gesundheit, innerer Gelassenheit und Lebensmut bei.« In zahlreichen Studien stellte das Forscherteam um Fields fest, dass Massage eine Vielzahl von positiven Effekten auf die Gesundheit und das Wohlbefinden hat. Und zwar nicht nur Rückenschmerzen lindert, sondern sich positiv auswirkt auf Adipositas, Asthma, Alzheimer, Aggressionen, Angst, Arthritis, Autismus … Wir sind noch bei A – das geht weiter so bis Z. Die Studien findet man auf der Website des Touch Research Institute. Und mehr darüber steht ab Seite 243.

Tasten. Anfassen. Streicheln. Berührung. Das ist der fünfte Sinn. Das – aber noch viel mehr. Wir haben unsere Tastrezeptoren nämlich nicht nur in der Haut sitzen.

BEWEGUNG IST FÜHLEN, IST EMOTION

Emotion ist ein Gefühl, das in Bewegung mündet. In fröhliches Hüpfen, in ängstliches Weglaufen … und

MACHT SINN – EINKAUFSFEELING

Wir umarmen uns immer weniger. Berühren uns immer seltener … Neuerdings achtet man aber auf das perfekte Schließerlebnis des Aschenbechers im Auto. Das definitive Po-Gefühl des Brooks-Radsattel. Der Soft-Touch-Lack des Armaturenbrettes. Der fingerfreundliche Kippschalter … In den neuen Haptik-Labors der Autoindustrie, der Textil- und Lebensmittelindustrie nimmt man den Tastsinn als Kauf-Entscheider plötzlich ziemlich ernst. Weil die Forschung festgestellt hat: Unsere Augen, unsere Ohren sind als Wahrnehmungskanäle ziemlich besetzt. Es lohnt sich, sich um das Wohlgefühl von Popo, Fingerspitzen & Co. zu kümmern. Mehr ab Seite 79.

über dieses Fühlen in Bewegung können wir Altersprozesse ausbremsen, lange jung bleiben – und sogar heilen. Grundlage ist ein Netz von Fühlrezeptoren im Körperinneren. Auf jede Tast-Sinneszelle in unserer Haut kommen Hunderttausende von Sinneszellen im Inneren unseres Körpers. Sie lassen uns wissen, wie wir uns durchs Leben bewegen. Wie der Sessel geformt ist, ob die Wasserflasche halb voll ist, wo wir uns im Raum befinden, wie sich unser Körper mit der Gravitation anfühlt. Sie sagen uns, wer wir sind, wie wir uns in unserem Körper fühlen, sie sorgen für Emotionen, sie empfangen entstressende Streicheleinheiten, schicken energetische Heilbotschaften von aufgelegten Händen ans Immunsystem. Und sie sind sogar hellsichtig. Sie lassen uns im Voraus fühlen, wie wir den nächsten Schritt tun müssen, damit wir nicht von der Leiter fallen. Sie sorgen für Anmut in der Bewegung und für unser Selbstwertgefühl. Und diese Sinneszellen im Inneren des Körpers zeigen uns mit angespannten Muskeln und aufgestellten Haaren, wenn uns etwas zu nahe kommt, was uns nicht guttut: ein Mensch, den wir nicht mögen. Ein Tier, das wir fürchten. Einen Stoff, auf den wir allergisch reagieren. Das alles ist Körpergefühl. Und das kann man doch wunderbar brauchen, oder?

KNOW-HOW BERÜHREN, GEFÜHLE, EMOTION, BEWEGUNG

Alles, was einen nicht berührt, lässt einen gleichgültig. Und Gleichgültigkeit lässt einen erstarren. Wenn einen etwas berührt, dann fließt Energie. Und die Gefühle setzen wir in Bewegung um. Wir verziehen das Gesicht oder wenden uns ab, wenn uns etwas ekelt. Wir zittern oder fliehen, wenn uns etwas Angst einflößt, wir grinsen oder hüpfen, wenn uns etwas fröhlich macht. Darum heißt ein Gefühl, das ein Verhalten auslöst, auch »Emotion« – herausbewegen (aus dem Lateinischen).

Über Bewegung können wir an alte Traumen kommen, die heute noch unser Leben blockieren. Unser Körper speichert alle Erlebnisse, die uns etwas bedeuten, im negativen oder positiven Sinn. Ein Leben lang. Und diese Erlebnisse könnte man über den Körper abrufen. Oft löst eine Massage Verkrustungen auf – und Trauer oder Freude durchströmt uns. Therapeuten setzen auch Atemtechniken ein, um alte, uns blockierende Erfahrungen zu lösen. Und wer einmal eine Woche lang jeden Morgen eine Stunde wild tanzt oder eine Bewegungsmeditation macht, der wundert sich über die Filme, die sich aus den untersten Schichten nach oben bewegen. Wie das mit Tanz funktioniert, erklärt Tanztherapeutin Sabine Walter-Ziemons ab Seite 150. Und wie wir Bewegungskompetenz erreichen, die uns lange jung hält, das erzählt Stefan Knobel, Leiter der European Kinaesthetics Association, ab Seite 144.

GEDANKENLESEN UND DIE SPRACHE DES KÖRPERS

Heute können wir mithilfe der Technik Gedanken lesen. Denn je nachdem, welche Sinneswahrnehmung ein Mensch gerade verarbeitet, welche Gedanken ihn beschäftigen, funkt es in unterschiedlichen Hirnarealen. Und wir wissen immer mehr über diese klugen Gesellen mit den vielen Neuronen dort oben. Weil wir dem Gehirn bei der Arbeit zusehen können – mit Bildern aus Verfahren wie der Elektroenzephalografie, dem EEG oder dem Kernspin. Diese zeigen zum Beispiel, wo es funkt, wenn wir die Hand bewegen, Sex haben, Schmerz fühlen, wenn Freude uns ergreift, wenn wir total gelassen sind, aggressiv, ängstlich oder traurig. Diese Gedanken, verbunden mit Gefühlen, können wir auch in unserem Gesicht lesen, in unserem Körper. Denn Gefühle haben ihren unverwechselbaren Ausdruck in unserer Mimik und Körperhaltung. Wer die Sprache des Körpers versteht, erfährt viel mehr über sich selbst – und seine Mitmenschen. Auch das ist Wahrnehmung mit dem Körpersinn. Mehr im 4. Kapitel.

VOM KÖRPER ZUR SEELE

Kurzzeit-Coaching ist ein Begriff, der in der Szene gerne benutzt wird. Was steckt dahinter? Die Autobahn über den Körper in die Seele. Immer mehr Therapeuten nutzen den Weg über den Körper, über Berührung, über Massagen, über Bewegung in unser Innerstes. In wenigen Sitzungen erreicht der Therapeut über Klopftechniken, Augenbewegungen, spezielle Massagen versteckte Ängste, die in jeder Körperzelle sitzen, und löst so manches Problem schneller als eine mehrjährige Gesprächstherapie. Mehr ab Seite 256.

Kleine Körper-Expedition: FEELGOOD

Hier können Sie – wenn Sie wollen – schon mal vorfühlen: Nehmen Sie Ihre Hände vor den Körper und drücken Sie die Luft von oben nach unten. Circa zehnmal hintereinander. Und sagen Sie laut und deutlich: »Ich bin gut drauf.« Spüren Sie ein wenig in sich hinein. Was fühlen Sie? Und nun machen Sie das Gleiche von unten nach oben, so als ob Sie Ihrem Gesicht Luft zufächeln wollten. Und sagen Sie noch mal: »Ich bin gut drauf.« Merken Sie einen Unterschied? Wenn nicht, dann machen Sie die Übung immer mal wieder. Aufwärtsbewegungen machen leicht und glücklich! Das Körpergefühl wacht schon wieder auf.

EMBODIMENT – DER KÖRPER ALS SPIEGEL DER SEELE

Unsere Gefühle, unsere Emotionen, unser momentaner Energiestatus zeigen sich im Ausdruck unseres Körpers. Dieses Phänomen nennt die Psychologie Embodiment (= Verkörperung). Hierbei handelt es sich um eine Wechselwirkung, denn: Genauso wie die Gefühle unseren Körper beeinflussen, sich nonverbal ausdrücken als Gestik, Mimik, Körperhaltung, können wir mit unserem Körper auch unsere Gefühle verändern. Was Sie alles in der Körpersprache eines anderen Menschen lesen und wie Sie Ihren Körper zum Selbstmanagement nutzen können, mehr Gesundheit, Energie, Charisma tanken, erfahren Sie im 4. Kapitel.

UMARMEN SORGT FÜR FESTE BINDUNGEN

Eine wahre Quelle für mehr als gute Gefühle ist es, den fünften Sinn und seine geheimen Kräfte mit dem Partner zu entdecken – und natürlich zu nutzen. Den Liebeszauber. Der Körper produziert Oxytocin, wenn wir unseren Partner umarmen, beim Orgasmus, aber auch während der Schwangerschaft und der Geburt. Das Hormon macht glücklich und stärkt das Immunsystem. Außerdem macht Oxytocin treu, ganz sicher die Präriewühlmäuse und Männer. Oxytocin kann der Schlüssel sein für eine lebenslange harmonische Partnerschaft. Frau muss nur mit dem Liebeszauber anfangen. Dem Partner so oft dieser will ein Küsschen geben, ihn umarmen – und schon sprudelt das Bindungshormon. Ausgenommen, es handelt sich um die Spezies Mann mit dem Heiratsmuffel-Gen. Mehr ab Seite 208.

DIE HEILKRAFT DER BERÜHRUNG

Wir machen es ganz intuitiv, wenn wir uns verletzen oder Schmerzen haben: Wir berühren uns selbst, halten, reiben oder drücken die verletzte Stelle. Bei Kopfschmerzen massieren wir uns automatisch die Schläfen, bei Bauchschmerzen halten wir uns den Bauch. Das A und O in der Notfallmedizin ist: Den Verletzten ansprechen, seine Hand halten und streicheln. Per Berührung beruhigen. Das kann jeder. Dafür muss niemand Sanitäter sein. Wir wissen ja alle, wie schnell der Offenes-Knie-Schmerz unter Mamas streichelnder Hand verschwand. Natürlich wissen wir auch, dass Akupressur heilt, dass Massage guttut … dass der Osteopath mit seinen Händen das Bindegewebe in den Waden zurechtrückt – und der Nackenschmerz verschwindet. Relativ neu sind die Kurzzeittherapien wie Wingwave und Klopfen, darüber erzählen wir ab Seite 256. Und: Wir kennen Menschen, die vertrauen ihr Magengeschwür neben der Schulmedizin auch den Händen eines Reiki-Meisters an, der nur die Aura des Magens berührt. Im Trend ist Therapeutic Touch. Die in den USA von der Schulmedizin abgesegnete Form des Handauflegens. Stopp – Handauflegen? Ja. Handlauflegen. Nein, wir schreiben hier keinen esoterischen Humbug. Therapeutic Touch ist eine alte Heiltradition, die nicht nur in den USA immer häufiger angewandt wird, sondern auch bei uns – zum Beispiel im fortschrittlichen Berlin, im St. Gertrauden-Krankenhaus – eine Selbstverständlichkeit ist. Das Pflegepersonal unterstützt erfolgreich die Heilung, indem sie Patienten die Hand auflegen. Nein, nicht massieren. Hier wird nicht mal berührt. Nur die Energie heilt.

Es gibt ein Medikament das ...

⋯⟩ hilft hervorragend gegen chronische Schmerzen, z. B. in Gelenken.
⋯⟩ reduziert die notwendigen Medikamente in der Schmerztherapie.
⋯⟩ hilft Krebspatienten, die Behandlung besser zu ertragen.
⋯⟩ beschleunigt die Heilungszeit nach einer Operation.
⋯⟩ wirkt lindernd bei multipler Sklerose, Lupus, Fibromyalgie und chronischem Erschöpfungssyndrom.
⋯⟩ hilft gegen Depressionen.
⋯⟩ drosselt das Stress-Hormon Cortisol.
⋯⟩ senkt den Blutdruck.
⋯⟩ erhöht die Antikörper IgA, stärkt also das Immunsystem.
⋯⟩ reduziert die Anfallhäufigkeit bei Epileptikern.
⋯⟩ lindert bis heilt allergische Symptome bei Asthma, Neurodermitis.

Dieses Medikament heißt: Hände. Heilende Hände. Sie heilen zwar nicht selbst, aber regen die Heilkraft in unserem Körper an. Und darum geht es im 6. Kapitel.

VOM (QUANTEN-)HEILER IN UNS

Mithilfe des Neuen Denkens und der Energiemedizin kann unserer innerer Heiler uns selbst und anderen viel Gutes tun. Immer mehr Menschen entdecken ihn. Mit der noch bodenständigen Energiemedizin oder mit dem etwas abgehobenen Quanteln. Das Buch »Quantenheilung« von Dr. Frank Kinslow ist ein Bestseller. Ebenfalls voll im Trend: MatrixEnergetics. Da meint man wirklich seinen Augen nicht zu trauen, guckt man sich das YouTube-Filmchen an, in dem reihenweise ganz normale Menschen, also so alles von der Hauswirtschaftslehrerin bis zum Siemens-Manager, auf den Allerwertesten plumpsen, infantil kichernd von einer Energiewelle erzählen und »Das macht Spaß« giggeln. Quantler berühren zwei Punkte im Körper und dazwischen fließt dann Energie, die scheint es direkt aus den Beinen zu ziehen, weil alle ob dieser Behandlung umfallen. Und gesund werden. An Körper und Seele. Jedenfalls bringt der eine seine wehe Schulter zum Zwei-Punkt-Quanten-Heiler, der andere sein Burn-out-Syndrom.

> **» Eine Emotion ist ein gelebtes Gefühl. «**

Sein Gehirn meditativ verändern. Die Aura fotografieren. Punkte berühren. Energiemedizin. Quantenheilung. Wie funktioniert das alles? Susanne und ich haben uns auch diese Wunder angeguckt. Sie erspürt. Und natürlich kommentiert. Und das sei schon verraten: Es lohnt sich wirklich, ein bisschen »Neues Denken«, ein bisschen Energiemedizin und damit eine dicke Portion »Magie der Berührung« in sein Leben einziehen zu lassen. Das lesen Sie im 7. Kapitel. Und nun holen Sie sich ein bisschen Fingerfood, eine heiße Tasse Tee – und lesen Sie noch »Wie vom Kopf bis zur Zehe alles zusammenhängt« – eine Aufforderung zum Anfassen.

DAS **BEWEGTE** HIRN

iv grapscht nach dem iPhone. Steckt es in den Mund, kaut zahnlos darauf rum. Freut sich von der Zehe bis zum Frontallappen über das entdeckte Modell iPhone 4, bedeckt es mit Bananensabber und knüpft während dessen Untergangs jede Menge Datenverbindungen im Gehirn. So entwickelt sich Fühlen, Denken und Handeln gemeinsam mit der Verknüpfung von 20 Milliarden Nervenzellen. Die Vernetzung beginnt im Mutterleib, hat ihre aktivste Phase in den ersten drei Lebensjahren – und hört nie auf. Das Gehirn ist plastisch. Und es entwickelt sich so, wie wir unseren Körper benutzen. Wie wir wahrnehmen. Wenn wir viel wahrnehmen, viel erleben, viel erfahren, mit einer großen Portion Neugierde und einer noch größeren Portion Begeisterung, dann kriegen wir ein Superhirn, das uns nicht nur gescheit und flexibel macht, sondern auch sehr, sehr zufrieden. Und weil unser Körper so gutmütig ist, ist es nie zu spät, etwas für ein gescheites, zufriedenes Gehirn zu tun. Und dafür müssen wir nix auswendig lernen, sondern nur die Initiative ergreifen – und uns in lauter neue Dinge hineinfühlen. Mit allen Sinnen, vor allem mit dem großen Körpersinn – und natürlich mit Begeisterung. Also: Gehen Sie (bitte nur mit Begeisterung!) klettern, setzen Sie sich auf ein Pferd, essen Sie einen neuen Käse, probieren Sie mal eine andere Massage, laufen Sie barfuß über die morgentaunasse Wiese … TUN Sie. Tun Sie täglich etwas, was Sie noch nie getan haben. Sie gewinnen so viel.

Lesen Sie mehr über den Gehirndünger namens Begeisterung im Interview mit Prof. Hüther auf Seite 40.

WIE VOM KOPF BIS ZUR ZEHE ALLES ZUSAMMENHÄNGT

Körper, Geist, Seele, Gefühle, Emotionen, Aktion, Reaktion, Lernen, Einprägen, Verändern … Darüber könnte man mehrere Bücher schreiben. Hier ein kurzer Einblick in das Gehirn – vergessen wollen wir es in unserem Körperbuch ja nicht unbedingt. Wer mehr wissen will, findet im Anhang viel Literatur.

Alles, was im Gehirn passiert, wirkt sich auf den Körper aus – und umgekehrt.

Gehirn und Körper sind verbunden mit einem Blutkreislauf, mit einem gefühlten Kilo Nervenbotenstoffen und Hormonen und einem ausgeklügelten 100 000 Kilometer langen Netz an Nervenbahnen. Die gehen vom Körper zum Gehirn: »Ich sehe was, was du nicht siehst …« (afferent). Und vom Gehirn zum Körper: »Hand ausfahren, Glas greifen … « (efferent). Und auf diesen Nervenbahnen ist natürlich ständig was los.

DAS GROSSHIRN – UNSER DENKHIRN

In unserem Großhirn finden neben dem (Nach)denken auch Lernen, Verstehen und Erinnern statt. In der Großhirnrinde, dem Kortex, sitzt unser Bewusstsein. Hier ist der Thron unseres Verstandes, der Ratio. Von einer Milliarde Eindrücken pro Sekunde sortieren wir zehn bis 100 aus, die dürfen zu uns rein. Das nennt sich selektive Wahrnehmung: Wir nehmen wahr, was uns wichtig erscheint – unsere eigene Welt. Und über das denken wir nach. Im Großhirn wird gesehen, gehört, gelernt, erinnert, gerechnet, geplant – und hier findet auch das ewige Grübeln statt.

In Ihrem Gehirn entzünden Milliarden Neuronen jede Millisekunde ein kleines Feuerwerk. Was Ihnen gefällt, was Sie begeistert, speichern Sie in der Großhirnrinde ab. Und für alles, was Sie in Ihrem Gehirn abspeichern – von der neuen Adresse des Friseurs über den Duft eines geliebten Menschen bis zum Tanzschritt – haben Sie ein Muster an Nervenzellen, das losfeuert und Strom fließen lässt, wenn Sie sich daran erinnern. Wenn dieses Muster verblasst, vergessen Sie. Wenn Sie lernen und wiederholen, verstärken Sie das Muster. Und Sie erweitern dieses Muster, wenn Emotionen beteiligt sind, wenn Sie fühlen. Wenn Sie Freude über etwas empfinden, dann werden mehr Datenverbindungsstraßen zwischen Nervenzellen im Gehirn gebaut, die neue Nervenzellen in das Muster integrieren. Das macht den ersten Kuss unvergleichlich, lässt Sie das Walzertanzen nie vergessen. Die beteiligten Nervenzellen blitzen dann alle gemeinsam, wenn Sie eine Erinnerung, Ihr Wissen oder Ihre Fertigkeiten abrufen. Wenn Sie einen Schwank aus Ihrem Leben erzählen oder Klavier spielen. Unser Gehirn besitzt eine hohe Plastizität, das bedeutet, es verändert sich, passt sich an, entwickelt sich weiter – wenn wir es wollen.

Wer aber immer die gleichen Gedanken denkt, baut sich regelrechte Ner-

> **»Die Frage ›Haben Sie Hirn?‹ kann sicher nur der Metzger umfassend beantworten.«**
> ECKART VON HIRSCHHAUSEN, ARZT, KABARETTIST

venautobahnen im Gehirn und verliert seine Flexibilität. Wer jedoch neugierig ist und jeden Tag etwas Neues lernt, mit dem Körper eine neue Erfahrung macht, sich mit Menschen befasst, die andere Meinungen vertreten als er selber, bleibt im Kopf jung. Auch noch mit 99.

WO DIE EMOTIONEN WOHNEN

Das limbische System ist das Zentrum, in dem die Emotionen entstehen. Unser Fühlhirn. Dort findet auch Überleben statt. Es sorgt nämlich dafür, dass wir erstarren, fliehen oder kämpfen. Das limbische System besteht wie das Großhirn aus einem Netz vieler Nervenzellen. Die *Amygdala,* unser Mandelkern, liegt im limbischen System und verknüpft Ereignisse mit Emotionen und speichert diese. Alles, was wir sehen, hören, tasten, wird dort erst einmal mit einer Emotion ausgestattet: »Das ist unangenehm, das ist wichtig, das ist gleichgültig, das macht mir Lust …« In der Amygdala werden auch die negativen Emotionen geboren. Wenn wir uns unwohl fühlen, ängstlich oder wütend sind, leuchtet dieser Gehirnbereich im Tomografen: in grellen Farben. Hier entsteht die Angst. Hier wird vor Gefahren gewarnt. Und weil das limbische System direkt mit unseren Gesichtsmuskeln verbunden ist, zeigt ein zusammengepresster Mund oder eine hochgezogene Augenbraue das, was wir wirklich fühlen. Denn das findet unzensiert seinen Ausdruck im Körper. In Sekundenbruchteilen bevor das Gehirn sich nachdenkend mit der Situation beschäftigt. Darum kann ein FBI-Agent genauso wie ein guter Coach und Therapeut im Menschen lesen. Und auch wir spüren instinktiv, wenn etwas mit dem Gegenüber nicht so ganz stimmt. Wenn seine Worte seiner Körpersprache widersprechen. Darauf lohnt es sich wirklich zu achten. Mit ein bisschen Aufmerksamkeit können Sie sich zum Menschenkenner entwickeln … Und nichts hilft einem im Leben auf so einfache Art und Weise weiter. Wir lassen uns nie mehr für dumm verkaufen, fallen auf keine Lüge rein, trauen keinem

WENN SICH FÜHLHIRN UND DENKHIRN WIDERSPRECHEN

Ein Mensch kann nicht verstecken, was er fühlt: Fragen Sie jemanden, wie es ihm geht. Vielleicht sagt er: »Gut, wunderbar«, und sein Körper sendet: müde, abgespannt, eingesunken. Was glauben Sie ihm? Vielleicht sagt er auch: »Ach, ich bin toooootal im Stress!!!«, aber seine Augen leuchten und das Gesicht strahlt. So jemand erlebt positiven Stress, negativer Stress sieht anders aus. Wenn Sie wissen wollen, ob ein Mensch Sie mag: Beobachten Sie ihn im ersten Moment des Blickkontaktes: Freut er sich? Dann strahlen die Augen, er zeigt ein echtes Lächeln, der Körper ist geöffnet. Das kann er nicht verbergen. Auch wenn er dann grummelt, dass er keine Zeit für Sie hat. Sympathie sieht man. Antipathie ebenfalls: Deshalb erkennen wir sofort, wenn jemand sich bei uns nur einschmeicheln will.

Scharlatan … Nur ein echtes Lächeln erreicht unser Herz. Alles, was der andere an Botschaften mit seinem Verstand produziert, akzeptieren wir unbewusst nicht, wenn es nicht mit seinen Gefühlen übereinstimmt. Wir spüren den Widerspruch. Mehr zum Krimi Körpersprache im Kapitel 4 »Artgerecht halten!«.

GLÜCKSZELLEN

Eine zentrale Schaltstation ist der *Hippocampus*. Er liegt mittig in jeder Hirnhälfte und ist für das Lernen zuständig. Hier wird erinnert und vergessen. Der Hippocampus ist unser Zwischenspeicher vom Kurzzeit- ins Langzeitgedächtnis. Hier wird entschieden, was weiter ins Langzeitgedächtnis wandert, und das sind vor allem die Dinge, die uns tief berühren. Im mesolimbischen System, im Nucleus accumbens, dem »Kern zum Platznehmen«, einem kleinen Zellhaufen, entsteht das Glück. Hier wird Belohnung produziert. Die vielen dort ansässigen Dopamin-Rezeptoren verstärken bestimmtes Verhalten, weil sie es mit Wohlgefühl belohnen. Vom Schokolade-Essen bis zum Joggen. Dort entsteht auch Sucht – und die Lust auf Bungee-Jumping. Die Lust auf einen besonderen Thrill.

DAS TOR ZUM BEWUSSTSEIN

Der *Thalamus* – das Zwischenhirn – gilt als unser wichtigstes Kontrollzentrum. Im Großhirn, im Bewusstsein, kommt nur an, was der Thalamus passieren lässt. Im Zwischenhirn kommen Sinnesreize aus der Umwelt und dem Körper an, werden als unwichtig ausgefiltert oder mit dem Stempel »wichtig« versehen und an das Großhirn weitergeleitet. Ein wichtiger Bestandteil des Thalamus ist der *Hypothalamus*, der Schlaf-Wach-Rhythmus, Hunger und Durst, aber auch den Sexualtrieb steuert und Schmerz- und Temperaturempfinden verarbeitet.

Zusammen mit der wichtigsten Hormondrüse namens *Hypophyse* steuert der Hypothalamus den Hormonhaushalt im Körper und dient als Vermittler zwischen Hormon- und Nervensystem. Die Hypophyse bastelt uns für jedes Gefühl, für jede Emotion, ein chemisches Molekül. Erfahrungen und Erlebnisse, die wir im Gehirn, in unserem Körper speichern, werden mit einem Gefühl codiert. Über die Emotionen wird alles im Körper beeinflusst, die Arbeit des inneren Doktors genauso wie Reparaturarbeiten am Muskel und die Tippgeschwindigkeit an der Tastatur.

LUST ZU **LERNEN**, LUST ZU **VERÄNDERN**

ir stehen uns ja meist selbst im Weg, wenn wir etwas für uns tun wollen. Vor allem, wenn es darum geht, sich mal um seinen fünften Sinn zu kümmern. Sich kraulen lassen, das geht ja noch. Aber sich *beeeeweeeeehhhgen? …* Vielleicht hilft ja Prof. Gerald Hüther so manchem Hirn unserer Leser auf die Sprünge – mit Begeisterung geht alles. Das Interview mit dem berühmten Hirnforscher beginnt auf Seite 40.

WELCHES WISSEN ANKER WIRFT

Begeisterung aktiviert das limbische System, breitet sich wie eine Welle durch das Gehirn aus, aktiviert viel, viel mehr Gehirnsubstanz, als wenn wir ein Gedicht auswendig lernen. Dafür reichen ein paar Neurotransmitter, ein paar Verschaltungen. Und jede Erfahrung, die uns begeistert oder auf andere Weise unter die Haut geht, erzeugt Körperreaktionen: Die Knie werden weich, die Haare stellen sich auf, das Herz klopft schneller, der Atem rast. Und so speichern wir neue Erfahrungen von Stinkekäse-Essen bis Guerilla-Gardening immer zusammen mit der Körperreaktion ab. Auf diese Weise werden unsere Erlebnisse auf allen Ebenen verankert – neuronal, emotional und körperlich. Deswegen können wir auch alte Erfahrungen aus unserem Unterbewusstsein abrufen. Auch wenn sie 30 Jahre alt sind. Und auch wenn sie schmerzhaft sind: Immer wenn wir im Sportunterricht in der Schule am Bock ungelenkig aufdotzten, hat unser Lehrer mit tiefer Stimme gebrüllt: »Noch trampeliger geht es wohl nicht!« Das haben wir zusammen mit aufsteigender Schameshitze und Herzrasen abgespeichert. Und immer wenn wir heute auch nur ein bisschen linkisch mit unserem Körper umgehen, reagieren wir automatisch mit dem Herzrasen, der Schamesröte eines kleinen Buben, eines kleinen Mädchens. Holen diese Hilflosigkeitserfahrung mit all ihren körperlichen Anzeichen in die Gegenwart, auch wenn unsere Reaktion völlig übertrieben ist für die aktuelle Situation. Denn solche

Erfahrungen gehen so tief, dass sie bis in unsere evolutionsbiologisch ältesten Hirnregionen und bis in die Körperzellen gespeichert werden. Sie gehen uns im wahrsten Sinne des Wortes »durch Mark und Bein«. Können wir ändern. Können wir mit neuen Körpererfahrungen überschreiben. So, dass die alten uns nicht länger unglücklich machen können. So arbeitet die Trauma-Therapie zum Beispiel. Und so werden wir Phobien los. Gegen Aufzüge. Gegen Spinnen …

ÜBER DEN KÖRPER(SINN) LERNEN

Die Ureinwohner von Amerika sahen die Schiffe von Kolumbus am Horizont nicht. Sie hatten noch nie ein Schiff gesehen. Es gab in ihrer Vorstellungswelt kein Konzept von einem Ding, das da auf dem Meer auf sie zukommt. Der Schamane aber beobachtete die Veränderung der Wellen. Da musste was sein. Sein Urwissen um das Verhalten der Wellen ließ ihn als Einzigen die Schiffe sehen. Und mit seiner Beschreibung konnten die anderen Indianer sie dann endlich auch sehen. Eine Szene aus dem Film »Bleep«.

»Im Gehirn erzeugt alles, was neu ist, erst mal Irritation«, erklärt der bekannte Gehirnforscher und Neurobiologe Prof. Gerald Hüther von der Universität Göttingen. Diese Irritation will unser Gehirn wieder loswerden und sucht nach etwas Bekanntem, einer bereits erlebten Erfahrung, die es mit dem Neuen verknüpfen kann. Die Verbindung von Neuem mit Bekanntem aktiviert unser Belohnungssystem. Der Körper schüttet Dopamin aus. Die Anspannung verschwindet. So lernen wir Neues in den Kontext unseres alten Wissens und unseres Erfahrungsschatzes einzubauen. So lernen wir Touchscreens am Handy zu bedienen, weil wir das am Geldautomaten schon mal gemacht haben. So lernen wir eine Sprache – über gedankliche Brücken. Das bedeutet aber auch, dass wir, erst mal aus den Kinderschuhen herausgewachsen, nicht in der Lage sind, etwas völlig Neues zu lernen. Wenn uns etwas präsentiert wird, das keinerlei Bezug zu dem hat, was wir schon kennen, halten wir es für Blödsinn und vergessen es wieder. Wie das Beispiel aus dem Film »Bleep« erzählt. Darum ist es so schwierig, manche Menschen davon zu überzeugen, dass etwas wirkt, was sie nicht kennen – darum müssen sie es *spüren*. Darum versuchen wir, Ihren Unbekanntes so gerne negierenden Verstand hier in diesem Buch mit Körpererfahrungen zu überzeugen. Und hoffen, dass Sie

> **»Alle wichtigen Entscheidungen im Leben treffen wir nicht aufgrund unseres gelernten Wissens, sondern aufgrund unserer gemachten Erfahrungen.«**
>
> PROF. GERALD HÜTHER, GEHIRNFORSCHER, NEUROBIOLOGE

einige unserer Informationen begeistern. Denn »Begeisterung« ist das Zauberwort für Tun, für Veränderung. Und Veränderung heißt Leben.

EIN DICKES PFUND INTUITION

Nachts trifft eine junge Frau auf einen Mann im Park. Sie schreit um Hilfe, läuft schnell davon. Oder: Sie geht normal weiter, grüßt freundlich und heiratet ihn ein halbes Jahr später. Zu dieser ersten Entscheidung verhelfen ihr ihre somatischen Marker. Ein Signalsystem des Körpers, das vorhersagen kann, was auf uns zukommt. Wie wird das für uns wohl werden: gut oder schlecht? Flieh oder flirte? Kauf oder lass es? Ob das Signalsystem – man kann es auch Bauchhirn nennen oder Intuition – recht hat mit seiner Vorhersage, liegt freilich an unserem Erfahrungsschatz. Der portugiesische Gehirnforscher Prof. Antonio Damasio geht davon aus, dass wir alle unsere Erfahrungen in einem Erfahrungsgedächtnis speichern. Und genau diese Erfahrungen teilt uns unser Körper über ein Signalsystem mit. Ohne dass wir nachdenken müssen, hilft es uns, eine Entscheidung zu treffen. Und dafür definierte der Gehirn-Philosoph den Begriff »somatischer Marker«: »Da die Empfindung den Körper betrifft, habe ich dem Phänomen den Terminus ›somatischer Zustand‹ gegeben (*soma*: griechisch für ›Körper‹); und da sie ein Vorstellungsbild kennzeichnet oder ›markiert‹, bezeichne ich sie als Marker.« Somit haben Schmetterlinge im Bauch, Hosenrutschherzen, Puddingknie einen gemeinsamen Namen.

Wenn unsere somatischen Marker gar nicht anspringen, dann haben wir keine Erfahrung – und wir nehmen auch nicht wahr. Weil der Bauer nur die Kartoffeln isst, die er kennt. Wir leben am Leben vorbei. Also: Ein bisschen mehr Begeisterung – und die neue Erfahrung zieht im Körper ein. Und Erfahrung für Erfahrung wächst das Ganze zu einem Schatz. Der einen den Sechser im Lebenslotto ziehen lässt.

»DÜNGER FÜRS GEHIRN«

Ein Interview mit Prof. Gerald Hüther von der Universität Göttingen, einem der bekanntesten Hirnforscher Europas www.gerald-huether.de

Waren Sie heute Morgen schon mit Socke im Wald?
Ja. Und ich war sauer, weil er ohne mich zurückgelaufen ist. Ihm passte nicht, dass ich meine Turnschuhe anhatte. Da weiß er: schnelles Tempo.

Sie sind schon gescheit, unsere Mitbürger auf Pfoten. Sie waren also sauer, womit wir bei unserem Thema wären: Emotionen. Glück kann man machen.
Es gibt drei Prinzipien, die man einhalten sollte, damit man die wunderbaren Potenziale unseres Gehirns nutzen kann, die da oben alle noch verborgen sind. Das Erste: Immer genau hingucken. Die Asiaten nennen das Achtsamkeit.

Von Mönchen könnten wir lernen, mehr zu nutzen als die bisher angenommenen durchschnittlichen 5 bis 10 Prozent ...
Wenn man achtsam ist, sieht man mehr. Und wenn man mehr sieht, kriegt man mehr mit. Und wenn man mehr mitkriegt, kann man mit mehr in Beziehung treten. Und wenn man mit mehr in Beziehung tritt, dann entstehen auch komplexere Beziehungsmuster. Und das sind die Vernetzungen in unserem Gehirn. Und diese neuronalen Vernetzungen stehen für Wissen, Erfahrung, Fühlen ... Deswegen ist es immer gut, wenn man mit vielem in der Welt in Beziehung tritt und nicht mit wenigem. Wer mit wenigem in Beziehung tritt, ist unachtsam – und dem geht es bekannterweise nicht so gut. Mit seiner engen Sicht auf das, was ihn gerade mal interessiert, reißt er mehr um, als er zuwege bringt.

Benutzen Sie eine Achtsamkeitstechnik?
Nein. Ich versuche mit dieser Haltung den ganzen Tag unterwegs zu sein. Manche Menschen brauchen Methoden – doch mit diesen strengen sie sich an. Und ich glaube, das ist das Gegenteil von dem, was »achtsam sein« meint.

Wie lautet das zweite Prinzip?
Achtsamkeit steht für die Wahrnehmungsebene. Auf der Ebene der Umsetzung wäre das die Behutsamkeit. Das Gegenteil von Rücksichtslosigkeit. Behutsamkeit heißt: Bevor ich handle, versuche ich die Konsequenzen meines Handelns zu überdenken.

Und das dritte Prinzip?

Das heißt Fehlerfreundlichkeit – vor allem in unserer heutigen Zeit, im Umgang miteinander. Und für uns selbst. Wir wissen, dass wir im Grunde genommen nur aus den eigenen Fehlern lernen können. Darum müssten wir froh sein, wenn wir möglichst viele Fehler machen, dann kann man viel lernen. Dieser dumme Perfektionismus, mit dem wir versuchen, jeden Fehler zu vermeiden, der ist vielleicht gut für die Firma – aber nicht für uns selbst.

Wo bringt uns der hin?

Um uns selbst zu perfektionieren, müssen wir uns selbst wie Maschinen behandeln – weil nur Maschinen optimal funktionieren. Diese Selbstfunktionalisierung aufgrund eines Interesses an einer perfekt vorgegebenen Welt führt dazu, dass uns das Wichtigste abhanden kommt, was wir bräuchten, damit im Hirn etwas in Gang kommt. Sich etwas verändert. Nämlich Begeisterung.

Perfektionismus, Funktionieren ... Das fängt ja schon in der Kindheit an.

Mit fataler Konsequenz: Die Lust am Lernen und am Entdecken und am eigenen Gestalten geht verloren. Man funktioniert zwar noch. Aber es macht keinen Spaß mehr.

Die Folge: Dummheit. Ohne Begeisterung kein Lernen, kein Speichern von Erfahrung.

Ja, hirntechnisch muss es unter die Haut gehen. Die emotionalen Zentren müssen anspringen, das sind Zellgruppen im Mittelhirn. Wenn die aktiviert werden, schütten sie an ihren Fortsätzen, den Synapsen, die neuroplastischen Botenstoffe aus. Die wirken wie Dünger für das Gehirn. Ohne dass diese Düngergießkanne im Hirn aktiv wird, verändert sich nichts. Das Gehirn bleibt, wie es ist. Es bilden sich keine Netze für neue Erfahrungen.

Welche Botenstoffe sind das?

Wir haben zwei Sorten von Botenstoffen im Gehirn. Das eine sind die schnellen Rennpferde, die heißen Glutamat und GABA, mit denen funktioniert unser Kopf automatisch. Die anderen, das sind die hormonähnlichen Dünger, die länger wirken und nachgeschaltete Nervenzellen bis in den Zellkern erreichen. Dort setzen sie Prozesse in Gang, die wir Gen-Induktion nennen. Diese Nervenzellen, die diesen Dünger abbekommen, fangen an, andere Eiweiße zu produzieren als im Routinebetrieb. Und zwar solche, die Sie brauchen, damit neue Nervenfortsätze gebildet werden, im Gehirn neue und festere Kontakte geknüpft werden können. Das ist das, was ich als »gedüngtes« Gehirn bezeichne. Eines, in dem wirklich etwas passiert. Das geschieht leider nicht beim Auswendiglernen von Telefonbüchern oder im Schulunterricht.

Wofür begeistert man sich wirklich, doch nicht für Promi-Meinungen, für Schlankheitspillen, für ... ?

Man begeistert sich nur für das, was wirklich bedeutsam ist. Nicht für andere, sondern für mich. Das Bedeutsamste, was es für uns überhaupt gibt und worauf unser Gehirn immer sofort reagiert, ist unser eigener Körper.

Für unseren Körper ist das Hirn schließlich da.

Das Gehirn steuert alle Prozesse, die im Körper ablaufen, und gleicht sie ab mit dem, was in unserer Außenwelt passiert. Das Hirn fungiert sozusagen als Vermittler zwischen der äußeren Welt und dem Inneren. Auch wenn wir vorausschauend denken können, dient das nicht dem vorausschauenden Denken, sondern dem Schutz unseres Körpers. Dem Schutz vor Ereignissen, die auf uns zukommen könnten, die man dann vielleicht nicht überlebt. Nun wird auch klar, dass die ersten wichtigen Erfahrungen, die wir als Menschen machen, keine Denkerfahrungen sind, sondern Körpererfahrungen.

Das beruhigende Wiegen, das Spüren der Mutter, das Hören ihres Herzschlages, ihr Duft, später ihre liebevolle Mimik ...

Genau. Das Signal, das dann im Hirn erzeugt wird, damit man weiß, dass im Körper etwas Wichtiges unterwegs ist, heißt: ein Gefühl.

Der Blutzucker sinkt, wir kriegen Hunger. Der Feind naht, wir spannen die Muskeln an und fürchten uns ...

Alles, was bedeutsam ist, wird im Hirn aufgeschaukelt und als Gefühl wirksam, sodass es von uns bemerkt wird. So, als ob eine rote Fahne oder eine grüne Fahne hochgezogen würde, als gutes oder schlechtes Gefühl. Und die ersten guten oder schlechten Gefühle kommen aus dem Körper. Hunger, Angst, Liebe, Wärme, Frieren, Freude ...

Aber da denkt doch keiner dran: Du, Körper, bist es, der mir guttut.

Vieles ist so tief eingeprägt und in Netzwerken im Gehirn verankert, dass man gar nicht merkt, dass das Hirn im Grunde für diesen Körper da ist. Es hat sich ja zuerst anhand des Körpers strukturiert.

Schau mal, ich hab hier meinen Zeh. Hallo Hirn, freu dich mit ...

Die ersten Gießkannen der Begeisterung erlebt man als kleines Kind, wenn man etwas mit den Händen greifen kann, seinen Kopf heben kann, der Blick der Bewegung folgt. Das alles sind lustvolle Körpererfahrungen.

Bis dann jemand sagt: Nimm das nicht, sitz still ...

Wird die lustvolle Bewegung des eigenen Körpers von außen gemaßregelt, kann das Kind die Freude daran verlieren. Solche Kinder verzichten darauf, den Bedürfnissen des Körpers nachzukommen. Sie machen lieber das, was von ihnen verlangt wird, oder weil sie es tun müssen, um dazuzugehören. Das gilt auch für das lange Sitzen vorm Computer. Das Bedürfnis, mit anderen zu chatten oder seine Affekte an einem Spiel abzureagieren, kann größer sein als das, was von unten aus dem Körper kommt. Der ruft rauf und sagt: »Das ist nicht gut, dass du so ewig hier sitzt. Das Blut fließt nicht mehr richtig durch die Beine!« Wahrnehmen kann man das ja. Das wird ja ständig nach oben gemeldet. Aber man nimmt es dann eben nicht mehr wahr, weil es bei der Verfolgung der gegenwärtigen Interessen stört.

Kann man das wieder ändern?
Ja klar, da muss man aber Gelegenheit haben, seinen Körper wieder neu kennenzulernen.

Ist das schwer?
Das nehmen wir an, dass das schwer ist. Aber vielleicht ist es auch ganz leicht. Es kann sein, das Sie sich in einen jungen Mann verlieben, der begeisterter Kunstturner ist. Der gerne mit Ihnen künstlerisch Sportgymnastik machen will. Und wenn er Sie liebevoll einlädt, Sie inspiriert und ermutigt, mit ihm gemeinsam so was zu machen, kann ich mir vorstellen, dass Sie sagen: »Okay, ich probiere das mal.« Und wenn es Ihnen Spaß macht, muss er Sie das nächste Mal schon weniger ermutigen. Das, was wir wollen, ist total einfach. Das Problem ist, dass wir gar nicht wissen, was wir wollen.

Das sagen Sie so ...
Weil wir das Wichtige vom Unwichtigen nicht unterscheiden können. Weil so viele auf uns einreden, was wir alles machen sollen. Und das lässt uns keine Zeit mehr zu merken, was wir wirklich wollen.

Viele Menschen haben eine schlechte Körperwahrnehmung, kann man das wieder ändern?
Es gibt viele Menschen, zu denen man sagt: Du hast eine miese Haltung. Und die sagen dann: Stimmt doch gar nicht, ich steh doch ganz gerade. Die merken gar nicht, wie krumm sie stehen. Die haben nichts, woran sie anknüpfen können, weil sie schon seit 20 Jahren ihren eigenen Körper nicht mehr richtig gespürt haben. Ihre eigenen Rückmeldungen aus dem Körper können sie nicht mehr wahrnehmen. Durch die einfache Ermahnung »Steh gerade!« kriegen die es nicht hin. Sie brauchen eine Erfahrung, an die sie andocken können. Wenn die alten Netzwerke für die Körperregulation nicht mehr bewusst zugänglich sind, kann man sie nur einladen, einen Zipfel davon wiederzufinden. Sonst kriegen sie ihr Körpergefühl nicht wieder wach.

Häufig sind zugeschüttete Netzwerke über sinnliche Erfahrung zu greifen. Über Körpererfahrung.

Das kennen Sie: Ein Duft reicht, und auf einmal ist alles wieder so wie in der Backstube in der Kindheit. Plötzlich tauchen die ganzen Bilder wieder auf. Das funktioniert auch mit bestimmten Körperübungen. Die Feldenkrais-Methode arbeitet beispielsweise so. Werden Sie wieder zum Entdecker Ihrer eigenen Beweglichkeit, ist das eine großartige Erfahrung.

Was halten Sie von Handauflegen und Quantenheilung?

Wenn einer das für sich als hilfreich erlebt, dann hilft es auch. Glaube heilt. Wenn einer das als nicht hilfreich einstuft und negativ bewertet, weil er ein Vorurteil gegenüber solchen Methoden hat, dann hilft's nicht. Ein Vorurteil ist auch ein Glaube.

Vorurteile halten uns träge.

Vorurteile ermöglichen es, so zu bleiben, wie man ist, weil das andere bedrohlich wäre. Wir Menschen haben nicht allzu viel Freude an Veränderung. Wenn Sie wirklich anders werden wollen, dann müssten Sie Ihre Vorurteile ablegen. Vorurteile dienen vielen dazu, ein Schutzschild aufzubauen, damit sie nicht in Veränderungen gehen müssen. Dann machen sie auch keine neuen Erfahrungen und dann ändert sich auch nichts mehr im Gehirn.

Müssen wir wieder von einem »Ich-denke-also-bin-ich«-Mensch zu einem »Ich-fühle-also-bin-ich«-Mensch werden?

Ich möchte natürlich ein denkender Menschen bleiben, aber nicht auf Kosten der Gefühle. Und wenn wir alle jetzt wieder in den Gefühlssumpf zurückfallen, aus dem wir uns dank Aufklärung ja mal einigermaßen rausgerappelt haben, dann ist das kein Fortschritt.

Das wissen auch die Buddhisten. Sie sagen, es sei wichtig, dass man das, was man macht, bewusst macht.

Wir sollten uns bewusst machen, dass unsere Gefühle eine wichtige Funktion haben, dass wir sie brauchen. Und das ist eine Denkleistung. Das geht nicht mit dem Gefühl »Ich hab das Gefühl, ich müsste meine Gefühle wiederfinden«. Im Nebel ihrer Gefühle können viele Menschen nichts mehr klar erkennen. Sie müssten also schon gelegentlich ihren Verstand einschalten. Natürlich dürfen Sie den Verstand nicht benutzen, um Ihre Gefühle zu unterdrücken. Beides ist wichtig. Wir brauchen unseren Verstand ebenso wie unsere Gefühle.

Danke für dieses erleuchtende Gespräch ☺

FEELGOOD – DIE SIEBEN MAGISCHEN RITUALE

Nehmen Sie Ihren Körper wahr? Fühlen Sie, wenn er Ihnen erzählt, wie es ihm gerade geht: dass er müde ist und Lust auf ein kleines Nickerchen hat, dass er hungrig ist, aber nur Appetit auf Erdbeeren hat, weil ihm Vitamin C fehlt. Dass sein Herz schmerzt, weil Nachbars Pudel gestorben ist, dass im Bauch Schmetterlinge fliegen, weil ein geliebter Mensch gerade angerufen hat. Dass der Puls rast, weil er sich fürchtet, dass er zu spät kommt. Dass sein Atem ganz ruhig geht, weil er sich so wohlig entspannt fühlt. Dass das Becken locker mitschwingt und uns die Kraft der Mitte verleiht. Dass das Ich den ganzen Körper mit Glück ausfüllen kann. Machen Sie gleich mal die Augen zu und atmen Sie tief ein und denken Sie beim Einatmen »So« und dann atmen Sie tief aus und denken beim Ausatmen »ham« und das machen Sie einfach mal fünf Minuten lang. Erleben Sie diesen magischen Moment mit Ihrem Körper. Er ist unbeschreiblich. Man kann ihn nur fühlen. »So ham« heißt »Ich bin«.

DIE 7 MAGISCHEN RITUALE

Vertrauen Sie Ihrem Körper, setzen Sie ihn für mehr Gesundheit, Zufriedenheit und Charisma ein. Natürlich wissenschaftlich fundiert.

1. Anfassen. Warum es lohnt, den Tastsinn wiederzuentdecken.

2. Berühren. Warum uns Streicheleinheiten so zufrieden machen und wie die richtige Dosis Berührung uns im Leben weiterbringt.

3. Bewegen. Die Berührung des Körpers mit dem Sein, dem Körperbewusstsein. Wie wir unseren inneren Tastsinn schärfen, der uns Erfolg, Glück und Gesundheit schenkt.

4. Artgerecht halten. Den Körper sprechen lassen. Mimik und Haltung wirken nicht nur auf andere Menschen, sondern sie verändern auch unsere Körperchemie.

5. Umarmen. Wie wir über unseren Körpersinn Liebe gewinnen und einen geliebten Menschen an uns binden.

6. Hand auflegen. Die Entdeckung der Heilkraft der Berührung – von Handauflegen über Therapeutic Touch und Akupressur bis zum Massieren.

7. Energie spüren. Ungewöhnliche Wege, wie man sich sofort entstresst, das Selbstbewusstsein stärkt, Gesundheit tankt und das Universum Wünsche erfüllen lässt.

1.

BITTE ANFASSEN! WARUM ES SICH LOHNT, DEN TASTSINN WIEDERZUENTDECKEN

DIE AUGEN KÖNNEN UNS TÄUSCHEN. DAS FÜHLEN NICHT. ES IST UNSER ÄLTESTER SINN, DER TASTSINN, DER UNS VERTRAUEN SCHENKT – IN DIE WELT UND IN UNS SELBST.

VORTASTEN ZU MEHR VERTRAUEN UND SELBSTBEWUSSTSEIN

ie Finger prüfen: glitschig, länglich, warm … Ah, ein Stück Spargel. Wo ist das Glas? Die Finger fahren vorsichtig am Tellerrand entlang, über die Serviette, dann über die raue Tischdecke, die einfach rot-weiß kariert sein muss. Ah, da … das Glas, kühl, glatt, nach der Baumwoll-Exkursion, den Fingern schmeichelnd. Unglaublich, wie die anderen Sinne explodieren, wenn wir nur einen abstellen, die Augen mal zumachen. Das sollten wir wirklich öfter tun im Leben. Zum Beispiel bei einem Essen im Dunklen. Einfach »Blind Dinner« bei Google eingeben, für das nächste Wochenende mit einem geliebten Menschen buchen – und ruhig im Dunklen dann auch mal sein Gesicht ertasten, die Hände … Oder Sie wählen gleich die Action-Variante:

INTEROZEPTIONSTRAINING: BLIND AM FELSEN

»Du schreibst doch ein Buch über den Tastsinn? Das finde ich wahnsinnig interessant,« sagt Claudia und sprudelt ihr Unterhachinger Kletterpark-Erlebnis in den Telefonhörer. »Gestern hat der Trainer gesagt: ›Heute klettern wir blind!‹ Ich dachte: Oh Gott, da komm ich doch sehend kaum hoch. Und dann bin ich da völlig leicht und unbeschwert, viel schneller als mit offenen Augen, bis nach oben gekraxelt. Das war eine unglaubliche Erfahrung.«

»Kannst du erklären, warum?«, hab ich sie gefragt. »Ja, ich denke: Das Auge limitiert dich. Das glaubt man gar nicht. Mit offenen Augen habe ich immer gedacht, *du musst die großen Vorsprünge und dicken Griffe erwischen, um dich daran hochzuziehen*. Und wenn du ohne zu sehen fühlst, der ist zu klein, das reicht nicht – dann kommst du viel schneller und leichter hoch. Denn du fühlst viel mehr, als du siehst. Und du kannst dich auf dein Gefühl viel besser verlassen als auf deine Augen.« Meine Freundin, die vor dem Klettern so viel Angst hatte, hatte blind gar keine mehr. Tja, quod erat demonstrandum: sie kam, sah nicht – und siegte. Wer seine Körperwahrnehmung schult, erntet Selbstbewusstsein und Sicherheit.

Mit verbundenen Augen klettern. Das ist Interozeptionstraining. Mit dieser Methode schult man die Fähigkeit, Signale aus dem Körperinneren wahrzunehmen. Wo ist mein Fuß, hält mein kleiner Finger das ganze Körpergewicht? Reicht der Felsvorsprung für einen sicheren Halt aus? Interozeption ist die Fähigkeit eines Menschen, seinen Körper wirklich wahrzunehmen, den Herzschlag am Fels bis in die Fingerspitzen zu spüren. Gäbe es beim Klettern einen mobilen Kernspintomografen, könnte man ins Gehirn gucken und dort die Inselrinde leuchten sehen – der Teil der Großhirnrinde, in dem auch die Empathie sitzt.

Man kann seine Körperwahrnehmung trainieren. Zum Beispiel indem man sich beim Klettern die Augen zubindet. Da wird man automatisch viel achtsamer. Konzentriert sich mit dem ganzen Körper auf das, was man gerade tut. Ich habe das auf meinem Pferd erlebt. Augen zu, ohne Sattel, ohne Zaumzeug ein unglaubliches Gefühl von Vertrauen entwickeln – nie war ich mir meiner selbst so bewusst wie im Galopp auf dem bloßen Pferderücken. Nur seine und meine Bewegung – als Eins-Sein. Und nie war ich mir so sicher. Meiner selbst so sicher. Darum trainiert jede Achtsamkeitsübung die Körperwahrnehmung, unseren fünften Sinn. Das tut auch Meditation. Mönche schlüpften öfter mal für die Gehirnforscher in die Röhre. Und dort stellte man fest: Regelmäßiges Meditieren aktiviert und vergrößert die Inselrinde. Mehr darüber ab Seite 276ff.

DAS SCHLOSS DER SINNE

In Wiesbaden, im Schloss Freudenberg, steht alles unter dem Motto von Friedrich Schiller: »Der Mensch ist nur da ganz Mensch, wo er spielt.« In diesem Erlebnis-Schloss kann man alles anfassen und ausprobieren und alle Sinnesfähigkeiten spielerisch erkunden. Die Besucher bringen Wasser zum Sprudeln – alleine durch schnelles Reiben am Gefäß mit nassen Fingern. Wenn man harte Granitsteine sanft streichelt, erklingen harmonische Töne. Zwei Kugeln, die durch ein Seil verbunden an der Decke hängen, symbolisieren die Beziehungen zwischen zwei Menschen. Der neugierige Besucher stößt eine Kugel an und beobachtet, was mit der anderen passiert. Sie fängt auch an zu schwingen, ganz automatisch. Doch wenn eine Kugel zu viel Schwung hat, bremst sie die andere aus. Natürlich gibt es im Schloss Freudenberg auch einen Dunkelpfad mit Dunkelrestaurant und große Krüge, in denen sich Stoffe, Mehl und Reis verstecken und den Tastsinn fordern. Die Prismen im Schwarz-Weiß-Raum offenbaren, ob man ein Himmelsgucker oder ein Bodengucker ist. Und draußen erfährt man, wie aus Mist Gold gemacht wird. Ein tolles Erlebnis, das alle Sinne aktiviert und wo sich vor allem der vernachlässigte Tastsinn voll entfalten kann.

www.schlossfreudenberg.de

WIE WIR **DIE WELT ERTASTEN** – UND UNS SELBST

er bekannteste europäische Erforscher des Tastsinns heißt Dr. Martin Grunwald. Er ist Psychologe an der Uni Leipzig und Leiter eines Haptik-Forschungslabors. Dort beobachtet er, wie Einzeller auf Glasscheiben mit Kratzern umgehen, misst per Haptimeter unsere Tastsinn-Empfindlichkeit, erforscht die Sitzfreundlichkeit von Sesseln, die Nasenfreundlichkeit von Taschentüchern, untersucht, welches Papier ein Männermagazin braucht, damit es jedem Höhepunkt standhält, erfindet wachrüttelnde Lenkräder für Einschläfer im Auto und machte als Doktorand der Psychologie eine Entdeckung, die ihn sein Leben lang beschäftigen sollte, die ihn zum »Haptiker« machte. Mit Leib und Seele. Probanden erfassten mit den Fingern ein Relief und sollten es anschließend zeichnen. Das konnten die meisten ganz gut. Bis auf die sehr dünnen Teilnehmer: Ihre Zeichnungen des Ertasteten sahen abenteuerlich aus. Und das machte den Forscher sehr, sehr stutzig. Seitdem erforscht Dr. Grunwald den Zusammenhang zwischen der für den Tastsinn zuständigen Gehirnregion (parietaler Kortex) und Magersucht (Anorexia nervosa). Ein Bild von uns, von unseren Ausmaßen, machen wir uns nämlich nicht über den Blick in den Spiegel, sondern über den parietalen Kortex. Der Gehirnteil im Hinterkopf schafft sich aus den vielen einlaufenden Informationen der Tastsensoren von Haut, Muskeln, Sehnen und Gelenken ein echtes inneres Bild von uns. Ein im Grunde sehr realistisches. Es sei denn, man hat einen schlechten Tastsinn. Dann sieht man sich hässlich dick, obwohl man ziemlich mager ist.

DER TASTSINN IST …

Da es viele Definitionen gibt, verwenden wir hier die umfassende, die von Haptik-Forscher Dr. Martin Grunwald aus seinem Buch »Der bewegte Sinn« (Birkhäuser Verlag): Tastsinn = taktile + haptische Wahrnehmung = Körpersinn. Zum Tastsinn gehört die Oberflächensensibilität sowie die Tiefensensibilität. Tasten, Kontakt mit der Umwelt, erfordert Bewegung. Darum zählt Dr. Grunwald jede Form der Tastwahrnehmung zum fünften Sinn, zum Tastsinn – egal ob von Haut, Gelenken, Sehnen oder Muskeln hervorgerufen.

Freilich wurde Dr. Grunwald erst mal nicht so richtig ernst genommen, als er Magersüchtige in einen Neoprenanzug steckte und dafür Forschungsgelder sammeln ging … Aber es dauerte nicht lange und er tastete sich vor zu Weltruf. Lesen Sie das Interview mit dem berühmten Haptik-Forscher auf Seite 54.

Für den Tastsinn gibt es so viele Definitionen wie Denker. Hier unsere Denkweise: Wir verstehen unter Tastsinn, genauso wie Dr. Grunwald, den Berührungssinn plus Bewegungssinn – weil beides zusammengehört. Weil Berührung uns immer auch bewegt. Und Bewegung uns berührt. Das macht Sinn, oder?

DIE TASTREZEPTOREN: JEDE MENGE SPEZIALISTEN

Man könnte denken, da sitzt ein Tastrezeptor in der Haut und der nimmt einfach alles wahr: den Windhauch, die fiebernde Stirn, die Stechmücke, das Ruckeln der U-Bahn, den Stein im Schuh, das Nahen eines Feindes. Nein, so ist es natürlich nicht. Die Natur macht alles besser. Wir verfügen über die verschiedensten Tastrezeptoren, die jeweils einen ganz bestimmten Reiz weiterleiten. Merkel-Zellen reagieren auf Druck, Meissner-Körperchen und Haarfollikelrezeptoren registrieren Berührungsreize, Vater-Pacini-Körperchen feuern bei Vibrationen, Ruffini-Körperchen fühlen Dehnungen, Nozizeptoren empfinden Schmerz, Wärme- und Kälterezeptoren messen die Temperatur.

Eine besondere Rolle nehmen die Propriozeptoren ein. Forscher entdeckten die Sinneszellen in der Tiefe unseres Körpers erst Anfang des 20. Jahrhunderts. Diese Tiefensensoren in Muskeln, Sehnen und Gelenken informieren unser Gehirn ständig über Stellung, Spannkraft und Bewegung der Körperteile.

In der Haut liegt das sogenannte CT-Netz, auf Streicheln spezialisierte Nervenfasern. Sie reagieren gezielt auf langsame, gleitende Berührung und schicken ihre Information direkt zum Gehirn in den cerebralen Kortex, der für positive Gefühle zuständig ist. Durch jede Streicheleinheit wird die Bindung zur streichelnden Person gefestigt, und zwar über eine eigene Datenautobahn, die der Schmerz nicht benutzen darf. Darum empfinden wir Streicheln bei Schmerzen als so heilsam.

DIE TASTORGANE: MEHR ODER WENIGER VIELE ANTENNEN

Das beste Tastorgan ist die Zunge. Haarfeine Risse auf dem Zahnschmelz entdeckt sie – der Zahnarzt nicht mal mit der Lupe. Die Zunge ist so dicht mit Tastrezeptoren besetzt, dass sich eine Art Vergrößerungseffekt einstellt, der, was Fischgräten betrifft, mitunter Leben rettet. Auf den Fingerkuppen drängen sich die Rezeptoren so dicht, dass wir Stellen unterscheiden können, die nicht mal einen halben Millimeter von-

RETRO-FINGERSCHMEICHLER

Kennen Sie noch das gute alte Daumenkino? Die Mini-Kinos ließ sich John Barnes Linnet bereits 1968 unter dem Namen Kineograph patentieren. Wenn wir unserem Auge mindestens 16 Bilder pro Sekunde hintereinander zeigen, sieht es einen Film, das nennt sich stroboskopischer Effekt. Beim Fingerfilm-Verlag kann man sein eigenes Daumenkino entwickeln lassen. Mit Filmchen von Firmen, Produkten, Hochzeiten, Familienfesten, Urlauben, Kindern, Lieblingshaustieren und mehr.

Alle Infos auf: www.fingerfilme.de

einander entfernt sind. Darum können Blinde mit den Fingern eine Relief- oder Punktschrift lesen. Einen eher niedrigen TQ (Tastquotient) hat der Rücken. Die Tastrezeptoren liegen zum Teil mehrere Zentimeter auseinander. Deswegen ist es auch so schwierig, schnell zu finden, wo genau er verspannt ist oder juckt.

Übrigens fühlen Frauenhände besser als Männerhände: Die Tastfähigkeit hängt aber nicht vom Geschlecht, sondern von der Handgröße ab. Wissenschaftler der Universität Ontario ließen männliche und weibliche Probanden geriffelte Kunststoffscheibchen ertasten. Dabei verwendeten sie immer feinere Rillen, ähnlich wie der Augenarzt die Buchstaben immer kleiner stellt. Ergebnis: Kleinere Finger konnten selbst eng nebeneinanderliegende Rillen ertasten. Ihre größere Anzahl von Nervenzellen pro Fläche führt zu einer höheren Sensitivität, genau wie eine größere Anzahl von Bildpunkten (Pixeln) auf einem Foto.

FUNKVERBINDUNG ZUM GEHIRN

Die vielen Rezeptoren senden ihre Signale ins Gehirn. Der somatosensorische Kortex verarbeitet die Tastinformationen und macht sie uns bewusst. Ein Netz von vielen Millionen Tastrezeptoren durchzieht den Körper. Bekannt aus empfindlichen Bereichen wie den erogenen Zonen, dem Mund und den Fingerkuppen, eher unbekannt aus dem Inneren des Körpers. Neben der »taktilen Wahrnehmung«, also der Oberflächensensibilität, verfügen wir nämlich noch über die »kinästhetische Wahrnehmung«, das bedeutet Tiefensensibilität.

Aus Gelenken, Sehnen, Muskeln funken Tastsensoren ständig zum Gehirn, wenn sich die Muskelspannung ändert oder eine Sehne dehnt. So weiß das Gehirn, wo wir stehen, berechnet, wie wir den Stein am besten übersteigen, wann der nächste Fuß mit welcher Bewegung dran ist.

Die Sensoren in Muskeln und Gelenken müssen vor allem dann in Aktion treten, wenn Schuhsohlen den Tastsinn unserer Füße blockieren. Das ist den ganzen Tag so. Besonders erschreckend für das System sind übrigens hübsche hohe Absätze. Unten an der Fußsohle liegen dicht gedrängt Rezeptoren, die dem Gehirn jede noch so kleine Deformation des Fußes melden, damit es für uns ausknobelt, wohin und wie wir den nächsten sicheren Schritt tun.

»HAPTIK SCHLÄGT ALLES«

Ein Interview mit dem Psychologen Dr. Martin Grunwald, Universität Leipzig – Deutschlands führendem Haptik-Forscher.

Guten Morgen, Dr. Grunwald. Wir haben Vollmond. Haben Sie auch so schlecht geschlafen?

Ja. Ganz schlecht. Hier im Labor haben alle schlecht geschlafen. Der Mond hebt das Meer um einen Meter. Warum soll unser Körper, der ja bis zu 80 Prozent aus Wasser besteht, nichts davon fühlen?

Womit wir beim Thema wären: Fühlen. Ihr Lebensmotto lautet: »Haptik schlägt alles!«

Ja. Die Elementarleistung jedes Lebewesens ist unmittelbar an haptische Wahrnehmungsleistung gebunden. Reproduktion geht nicht ohne Kontakt. Den eigenen Körper erhalten geht nur über Kontakt.

Der Tastsinn ist ja auch der erste, der sich entwickelt.

Er wird als erster Sinn um die achte Woche herum im Fötus angelegt. Im Experiment ist nachweisbar, dass dieser kleine Wurm von 2,5 Zentimetern bereits Hautreizungen verarbeitet. Alle anderen Sinne kommen viel später ins Spiel. Ohne den Tastsinn geht gar nichts. Sie könnten nicht auf Ihrem Stuhl sitzen, nicht ohne Lebensgefahr mit einer Gabel hantieren. Er ist die Grundlage für alle anderen Wahrnehmungsprozesse.

Nehmen wir mit dem Tastsinn auch uns selbst wahr?

Ja. Der Tastsinn ist ein sehr komplexes Gebilde. Und nur eine seiner Dimensionen ist, dass wir die Welt berühren. Weit wichtiger ist: Immer, wenn wir uns bewegen, stellt uns der Tastsinn koordinierende, kontrollierende Informationen zur Verfügung. Der Tastsinn ist die Basis für unsere gesamte Körperwahrnehmung. Wie breit, wie dick, wie träge, wie schlank wir uns fühlen – das sind lauter Informationen, die uns der Tastsinn von Millisekunde zu Millisekunde zur Verfügung stellt.

Also führt das Faulsein dazu, dass die Selbstwahrnehmung verkümmert?

Ja. Wir leben in einer Zeit, in der wir uns viel zu wenig bewegen. Motorik und Sensorik gehören immer zusammen. Tastorgane sitzen ja auch in den Gelenken.

Und der Tastsinn ist einfach unglaublich feinfühlig.

Ich habe das mal überschlagen: Wir haben 800 Millionen Tastrezeptoren in der Haut und im Inneren des Körpers, in den Muskeln, Sehnen, Gelenken ... Das Auge hat nur 5 Millionen Sehzellen. Wir können mit dem Finger einen Hubbel von einem Tausendstel Millimeter wahrnehmen. Damit wir diesen Hubbel sehen können, müsste er hundertmal größer sein. Und: Unsere Tastrezeptoren sind rund um die Uhr auf »on«.

Der Tastsinn ist somit auch der wichtigste Sinn?

Natürlich. Wir brauchen keine Augen und keine Ohren, um uns fortzupflanzen und uns zu ernähren. Organismen sind auf dieser Welt, um sich zu erhalten und zu reproduzieren. Erhalten heißt: Essen und Trinken und Pflegen und Flüchten, sprich die Vermeidung toxischer Reize, vom Hundebiss bis zum Fliegenpilz. Und was die Vermehrung betrifft, ist auch klar: Wir wählen unseren Partner hauptsächlich über die Haptik.

Über Sex ...

Über den gesamten Tastsinn des Körpers. Er schenkt uns diese wundervollen Gefühle, die fangen beim Streicheln an. Darum ist er auch in der Beziehung der wichtigste. Nehmen Sie die Sinnkrise, die uns oft zwischen 40 und 50 überfällt. Welcher Sinn ist denn meistens betroffen? Die Interaktionen zweier Körper haben so eine Power, dass wegen einer neuen haptischen Erfahrung, einer Affäre, eine 25-jährige Ehe und zwei Kinder sausen gelassen werden.

Wahrscheinlich weil der Tastsinn auch der älteste Sinn ist.

Bevor die Menschen sprechen konnten, haben sie körperlich kommuniziert. Darum ist es heute noch so: Wenn auf der körperlichen Ebene etwas nicht stimmt, macht man sich auf der Verstandesebene etwas vor. Was nützt uns ständige Liebesbekundung, verbal, per E-Mail, per Skype. Der entscheidende Schritt, um diese Botschaften zu verinnerlichen, muss ein körperlicher sein. Hören, lesen hilft da nichts. Das muss man schon fühlen. Haptik schlägt alles. Ohne Körperkontakt stimmt die Beziehung nicht. Sexualstörungen sind der verlängerte Arm einer desaströsen Beziehung.

Schenkt uns ein guter Tastsinn auch ein positives Selbstbild?

Man muss merken, dass man sich sehr viel Gutes tut, wenn man sich bewegt, sich in der Dusche nicht nur einfach sauber macht, sondern sich zum Beispiel mit einer Bürste traktiert. Es ist für unser Gehirn gut, wenn es komplexe körpereigene Reize erhält. Ein adäquater Tastsinn, ein gesund funktionierendes Tast-Wahrnehmungs-System ist die Basis dafür, dass wir uns positiv sehen können. Der Tastsinn ist wahrnehmungsleitend.

Und was hat unser fünfter Sinn mit dem Essen zu tun?

Viel. Nahrungsaufnahme ist ein ganzkörperliches Ereignis. Nur ist diese körperliche Dimension des Essens kaum einem bewusst. Die meisten wissen nicht mehr, was sie gestern Abend gegessen haben. Ganz zu schweigen davon, was das, was sie gegessen haben, im Körper auslöst. Schon die einfachste Wahrnehmung »Ich bin satt« ist bei vielen Menschen gestört.

Eine Störung der Körperwahrnehmung kann katastrophale Ausmaße annehmen ...

Wer unter Störungen der Körperwahrnehmung leidet, ist nicht in adäquater Weise auf dieser Welt. Alles ist ein körperliches Erleben. Es handelt sich um die Störung in einem der zentralsten neuropsychologischen Körpersysteme. Das ist so, als würden Sie eine Gedächtnisstörung haben.

Zu wem gehe ich dann, zum Analytiker oder zum Haptik-Forscher?

Für viele Therapeuten scheint es den Körper ihrer Patienten nicht zu geben. Der Körper wird aber nicht nur benutzt, um den traurigen Kopf durch die Gegend zu tragen. Nur über den Körper kann man Probleme mit dem Körperschema lösen – dem Bild, das wir von unserem Körper im Gehirn haben. Gehen Sie in die Uniklinik Charité nach Berlin. Die arbeiten mit 60 Neoprenanzügen. Auch die Unikliniken Mainz und Salzburg haben unsere Forschungen integriert.

Und wer trägt diese Neoprenanzüge?

Menschen mit Angststörungen, Depressionen, Magersucht, Borderline-Syndrom ... Die leiden alle unter Körperschemastörungen.

Bitte ein Beispiel.

Stark Untergewichtige überschätzen ihre reale Körperdimension. Der Körper im Gehirn dieser Menschen hat mit der Wirklichkeit nichts zu tun. Sie fühlen sich als Tonne und wiegen nur 35 Kilo. Das gleiche Phänomen trifft man auch bei stark Übergewichtigen an. Sie wissen gar nicht, welche Dimensionen ihr realer Körper einnimmt.

Der Neoprenanzug verhilft zu mehr Körperwahrnehmung?

Wir haben uns die Frage gestellt: Wie können wir dem Gehirn helfen, die körpereigenen Reize schneller und adäquater zu verarbeiten? Die Antwort ist: Man muss dem Gehirn mehr körpereigene Reize zur Verfügung stellen als bisher. Wenn wir auf die Körperoberfläche eines Menschen starken Druck ausüben und sich diese Druckempfindungen in dem Moment ändern, in dem er sich bewegt, kann das dem Gehirn helfen festzustellen, wo sein Körper zu Ende ist, wo seine Gelenke momentan sind – und dass er gar nicht so breit ist. Wir haben bei Patienten sehr gute Erfolge mit dem Tragen von Neopren-Ganzkörperanzügen erzielt.

Das heißt, man kann sein falsches Körperschema im Kopf auch wieder verändern?

Das Feedback der Körpergrenzen ist die größte Schulung. Das macht die normale Kleidung nicht. Aber ein Neoprenanzug. Er setzt einen starken, nicht ignorierbaren Druckreiz, und zwar – das ist wichtig – in dem Moment, in dem man sich bewegt. Und das innere Körperbild passt sich an. Anorexie-Kranke erschrecken über ihr eigenes Magersein, Adipöse über ihre gewaltigen Körperdimensionen.

Mit Übergewichtigen arbeiten Sie seit Neuestem mit einem Gürtel ...

Ja. Sie tragen einen 30 bis 40 Zentimeter breiten Neoprengürtel dreimal am Tag zwei Stunden lang – möglichst beim Essen. Nach und nach bekommen sie eine Vorstellung davon, dass sie sehr, sehr dick sind.

Und was haben sie davon?

Therapien haben nur einen Sinn, wenn im Gehirn die Körperdimensionen realistisch angekommen sind. Wenn ein Adipöser im Gehirn einen deutlich schlankeren Körper hat, akzeptiert er weder eine Diät noch Verhaltensmaßnahmen. Und realisiert nur die Waage das Abnehmen, verändert sich das Körperschema auch im Gehirn nicht und er wird schnell wieder zunehmen.

Wie lange trägt man diesen Gurt?

Das kommt auf das Alter an, je älter die Patienten, desto schwerer die Reorganisation des Schemas im Gehirn. In unserer Studie – wir arbeiten mit Menschen, die 140, 180 Kilo wiegen – dauerte es im Schnitt 20 Monate. Wir wollen ja verhindern, dass sie wieder in alte Verhaltensmuster zurückfallen. Wenn sie abnehmen, muss gleichzeitig die Botschaft im Gehirn ankommen: Dein Körperschema hat sich verändert.

Was halten Sie von Körpertherapien wie Feldenkrais, Tanzen oder auch Laufen?

Alles, was den Körper in den Mittelpunkt stellt, ist zu begrüßen. Statt zu quatschen und in Kindheitserinnerungen zu wühlen, müssen Körpererfahrungen gemacht werden. An erster Stelle! Dann erst, später, die kognitive Aufarbeitung.

Wie können wir testen, ob unser Übergewicht, unsere Traurigkeit, unsere Angstphobie an einem falschen Körperschema, an mangelndem Tastsinn liegt?

Dafür haben wir ein haptisches Memory entwickelt. Unter einer Zweikomponenten-Trennschicht steckt ein Relief, das kann man nicht sehen, sondern nur fühlen. Und anhand der Erkennungszeiten und Fehler können wir die haptische Wahrnehmungsfähigkeit des Probanden testen. Und damit auch die Veränderung über die Zeit.

Wen testen Sie alles damit?

Zum einen ist es wichtig, im Vorfeld zu testen, ob Ausbildungsanwärter auch die Fähigkeiten haben, um Physiotherapeuten, Osteopathen oder manuelle Therapeuten zu werden. Diese Schulen setzen den Test schon ein. Wir testen für die Holzindustrie auch Holzprüfer, die den ganzen Tag Holz abtasten, den Schleifprozess beurteilen müssen. Zum anderen können wir mit dieser Methode die Fortschritte der Tastsinnschulung während der Reha messen, zum Beispiel bei Schlaganfallpatienten. Im medizinischen Bereich laufen die Tests auch bei Angstpatienten, Depressiven, Parkinsonkranken, Magersüchtigen ... Und: Das Haptik-Memory wird auch schon in der Pädagogik eingesetzt. Um spielerisch die Leistung des Tastsinns bei Kindern zu beobachten.

Was halten Sie von Handauflegen und Quantenheilung?

Das hilft natürlich. Wie? Das muss erforscht werden. Wir kennen die Biochemie dieser Stimulationsformen noch längst nicht alle. Entscheidend ist doch, dass es nachweislich immer wieder körperliche und psychische Reaktionen gibt. Die Forderung an die Wissenschaft ist, das aufzuklären. Eine Wissenschaft, die nur bestätigt, was man eh schon weiß, ist keine Wissenschaft.

Be-griffen! Danke für dieses Gespräch!

SECONDHAND-LEBEN ADE!

s war einmal völlig normal, dass man die Birne auf Beulen abtastete, bevor man sie kaufte, dass man ein Buch umblätterte, eine Zeitschrift knisterte, dass man sein Spielzeug aus Kastanien bastelte, Kuhfladen untersuchte, das gerade geborene Kälbchen kraulte, im Flokati rumkullerte, in der Erde wühlte, am Sauerampfer kaute, mit der Steinschleuder auf Büchsen schoss, Hänge runterkugelte, eine Telefonscheibe mit dem Zeigefinger drehte, einen Brief in den Briefkasten warf. Wie gesagt: Nun ist alles ein bisschen kühler da draußen. Distanzierter. Hektischer. Fremder. Virtueller. Die meiste Zeit wird am Computer gespielt. Die meisten Stunden kochen wir nicht in der Küche, sondern im TV mit Lafer und Co. Konsumiert wird secondhand: das Leben anderer aus dem Fernseher, aus den Blogs im Internet. Warum eigentlich? Nie stand uns die reale Welt so offen wie heute. Wir können eine indonesische Jackfruit tasten und den Gestank an den Fingern mit nach Hause nehmen. Wir können mitten in der Stadt an Felsen hochkraxeln – in Kletterhallen, wir können sogar auf Kuschelpartys wildfremde Menschen berühren.

DER WUNSCH NACH EIN BISSCHEN MEHR ANFASSEN

In der realen Welt wollen immer mehr Menschen Öko-Apfelrunzeln fühlen, Kräuter in die Erde stecken, den Hund im Büro akzeptieren, sich mit Materialien umgeben, die sinn-voll sind, ihnen guttun. Der Holzkochlöffel konkurriert mit dem Plastikteil und auch im Kinderzimmer ziehen wieder vermehrt Naturmaterialien ein, Dinkelkornkissen lösen Schaumgummi ab … Mittelaltermärkte sind im Trend, mit Wein aus dem Krug, Tinte aus dem Fass, Worten aus der Feder, groben Wolljacken, handgemachten Kerzen und Seifen, knittrigen Leinenhemden, handgeschnitzten Pfeilen und Bögen. Auch in der Nachbarschaft besinnen wir uns immer häufiger auf kindliche Wahrnehmungsfreuden, wie barfuß über den Rasen laufen, mit den Fingern essen, ein Baumhaus bau-

● ● ● ● ● ● ● ● ● ● ● ●

DIE STEINE DER WEISEN

Viele Menschen glauben an die Wirkung von Steinen. Der kleine, eigene Edelstein in der Tasche stärkt Immunsystem und auch die Seele. Es heißt: Der Bernstein macht zum Beispiel selbstsicher, hilft Entscheidungen zu treffen, stärkt den inneren Doktor gegen Asthma. Der Granat macht Mut, schenkt Energie und stärkt das Herz. Tun das Steine wirklich? Mit Sicherheit, solange man daran glaubt. Vielleicht schon alleine dadurch, dass man ein wunderbares Material anfasst. Es tut oft auch der im Urlaub gefundene Glücksstein.

en, Fisch am Steckerl in der Grube grillen, auf der Holzschaukel schwingen, die Hausratte streicheln … Zumindest auf dem Land. In der Stadt gehen wir in den Streichelzoo, in den Schrebergarten der Schwiegereltern und machen einen Ausflug zum Ferien-Bauernhof … Oder fröhnen dem Guerilla-Gardening, dem Kampf im Großstadt-Dschungel, mit Samen-Munition. Im Trend liegt: Anfassen. Natur. Pur. Mit der Garantie, sich viel besser zu fühlen. Der Tastsinn hat nämlich einen direkten Draht zum limbischen System im Gehirn. Über das Anfassen ernten wir Glücksgefühle – und mitunter sogar Heilung.

MATERIAL IST SO WERTVOLL, WIE ES SICH ANFÜHLT

Wir sollten uns wieder viel mehr mit den Dingen um uns herum beschäftigen. Ihnen Achtsamkeit schenken. Sie mit allen Sinnen wahrnehmen. Auch tastend. Nicht nur den Heilstein. Auch die Grapefruit, die Rose, den Käfer, den Stuhl, die Münze, die Jeans, das Foto, die alte Kommode. Jedes Ding hat seine Geschichte zu erzählen. Je mehr wir lernen, dem einzelnen Ding wieder unsere Aufmerksamkeit zu schenken, es wertzuschätzen, es zwischen den Fingern zu fühlen – desto weniger Masse brauchen wir. Rudolf Steiner hat das 1909 auf die Frage »Wo findet man den Geist?« so ausgedrückt: »Trachte so viel als möglich, Interesse für die Gegenstände und Tatsachen des Lebens zu haben. Was ist aber eigentlich Interesse? (…) Wenn wir geneigt sind, die Dinge als Individualitäten zu nehmen und uns zu sagen: Sie haben uns immer etwas zu sagen.« Fangen Sie mit der Grapefruit, der Rose an. Was erzählen sie denn? Und irgendwann landen Sie bei Ihrem Herzschlag, bei Ihrem Atem, bei einem Mantra wie »So ham«, »Ich bin«. Spätestens ab Seite 120.

Das Amulett verkörpert den fünften Sinn. Wenn man die Wirkung des Tastsinns mit einem Gegenstand erklären will, dann natürlich mit dem Amulett. Aus dem Lateinischen übersetzt heißt *amuletum* »Kraftspender«. Ein Amulett ist ein Ding, ein Gegenstand, der magische Kräfte hat. Ein Stein, ein Schmuckstück, eine Münze, ein Kreuz, ein Medizinbeutel … Das Amulett bringt Glück, schenkt

Kraft, schützt vor Schaden. Früher hängten sich die Menschen die Krallen oder Zähne der Tiere um, die sie erlegt hatten, um ihre Kraft zu gewinnen. In der Geschichte der Medizin nimmt das Amulett eine wichtige Rolle ein. Es schützt vor Krankheiten, vor dem bösen Blick oder wirkt bei Liebeskranken als Zauber.

» Sie können Gott berühren, indem Sie eine Blume oder die Luft berühren oder einen anderen Menschen anfassen. « THICH NHAT HANH

Das Amulett, der Talisman, wirkt heute noch. Wir schenken es unseren Kindern um Beispiel in Form eines Kuscheltieres. Doch wir alle sollten ein Amulett haben. Es verkörperlicht unseren Glauben. Es schenkt uns ein kleines Stückchen Spiritualität. Das tut so gut in der kühlen Welt des Verstandes. Und es ist immer greifbar, wenn wir ein bisschen Glück brauchen, Gesundheit, Liebe, Kraft oder Energie …

● ●

Kleine Körper-Expedition: BARFUSSEN

Über unseren inneren und äußeren Tastsinn gelangen wir auch noch zu einem positiven Selbstbild. Wer ihn schult, erntet Zufriedenheit. Wir könnten jetzt empfehlen: Fassen Sie mit geschlossenen Augen verschiedene Gegenstände an. Genau hinfühlen. Aber wir gehen noch einen Schritt weiter: Befreien Sie 30 000 Nervenenden, 26 Fußknochen, 33 Gelenke, 20 Muskeln und 114 Bänder aus den toten, steifen Tierhäuten – und entdecken Sie barfuß die Welt: Laufen Sie über die kalten Fliesen im Bad, über das Holzparkett im Wohnzimmer, machen Sie auf dem Teppich kehrt und verlassen Sie das Haus. Asphalt, Wiese, Waldboden, Wurzelwerk, Kieselwege. Da gibt's viel zu fühlen. Und zwar im ganzen Körper. Nicht wundern, wenn sich der Nacken entspannt, das Bauchweh verschwindet, Fröhlichkeit hochsteigt. Auf den Fußsohlen liegt eine Landkarte unserer Organe. Jedes Organ hat seine eigene Zone und wenn man sie massiert, belebt man die Zonen, normalisiert und stärkt man die Organfunktionen – und entspannt den Menschen.

Kleine Nebenwirkung: Barfußlaufende Naturvölker haben keine Plattfüße und leiden nie unter Fußpilz. Die haben es einfach nicht feucht zwischen den Zehen. Und nicht so eng! Tipp: In ganz Deutschland gibt es Barfußpfade. Und die kann man ruhig auch mal blind mit einem zweibeinigen Blindenhund entdecken!

DER WEG ZUM GLÜCK FÜHRT ÜBER **ACHTSAMKEIT**

chtsamkeit heißt: mit allen Sinnen den Augenblick genießen. Und unser größter Sinn ist der Körpersinn. Wenn Sie etwas tasten, dann wäre es schön, wenn Achtsamkeit mit im Spiel ist. Denn mit Achtsamkeit machen Sie Dinge wertvoll – und auch Menschen, denen Sie achtsam begegnen, bringen Sie so mehr Wertschätzung entgegen.

»Das Glück ist jeden Morgen neu. Jeden Tag und jeden Augenblick, es braucht nur Achtsamkeit, um es zu spüren«, schreibt der berühmte Benediktiner-Mönch Anselm Grün in »Jeder Tag ein Weg zum Glück«. Thich Nhat Hanh, der berühmte vietnamesische Mönch und Zen-Meister, sagt: »Wer rennt und hetzt, kann nicht achtsam sein. Spürt nicht, dass er atmet, spürt nicht, dass seine Füße den Boden berühren, spürt nicht, dass er lebt. Im Zen-Buddhismus üben wir, jeden Moment unseres Lebens so achtsam und friedvoll wie möglich zu gestalten.« Er lehrt in Frankreich im buddhistischen Kloster Plum Village den Menschen Mitgefühl und Achtsamkeit.

ZWEI GELEHRTE, EINE ÜBERZEUGUNG

Ist das nicht faszinierend? Zwei wunderbare Gelehrte zweier Religionen aus gegensätzlichen Himmelsrichtungen sagen das Gleiche. Achtsamkeit ist der Weg zum wahren Glück. Die folgenden Zitate haben wir von beiden gefunden – denken Sie einfach ein bisschen darüber nach. Und bringen Sie ab jetzt mehr Achtsamkeit in Ihr Leben, in Ihr Anfassen …

Thich Nhat Hanh: »Jeder Mensch, der Achtsamkeit praktiziert, kann nicht nur seine Welt, sondern die ganze Welt verändern.«
Pater Anselm: »Der achtsame Mensch ist der nachdenkliche Mensch, nicht der, der immer an irgendetwas denkt, der ständig grübelt, sondern der, der die Augen aufmacht, der mit seinem Denken bei dem ist, was er tut.«

Thich Nhat Hanh: »Solange man sich ständig seinen Problemen und Befürchtungen überlässt, seinem Nachgrübeln über Vergangenes, seinem Sorgen über die Zukunft, ist man kein freier, kein erfüllter Mensch.«

Pater Anselm: »Lass dich auf das Gewöhnliche deines Alltags ein. Vertraue darauf, dass du dort alles findest, was du suchst.«

Thich Nhat Hanh: »Es geht nicht darum, etwas zu erreichen, etwas zu werden, sondern darum, voll und ganz zu sein, wo und wie man ist. Also das, was man tut, mit voller Aufmerksamkeit zu tun.«

Pater Anselm: »Lerne die Kunst zu sein, intensiv zu leben. Probiere einfach, bewusst zu gehen. Versuche, beim Spazierengehen bewusst jeden Schritt zu spüren, wahrzunehmen, wie du die Erde berührst und sie wieder verlässt. Versuche, langsam und bewusst deine Tasse in die Hand zu nehmen. Lebenskunst ist etwas ganz Alltägliches.«

Thich Nhat Hanh: »Wenn ich ein Glas Wasser trinke, versuche ich das so achtsam wie möglich zu machen, ich versuche so achtsam wie möglich zu gehen, zu sprechen, zu sitzen, zuzuhören, zu atmen.«

Pater Anselm: »Sei achtsam und behutsam mit dir selber und mit den Dingen ... Und sei achtsam mit den Dingen, die dir anvertraut sind. Im Umgang mit den Dingen drückt sich deine innere Haltung aus. Wie du mit den Dingen umgehst, gehst du auch mit dir um.«

Thich Nhat Hanh: »Achtsamkeit bringt Erfüllung, Freiheit, Weisheit, also tiefes Verstehen und wahren inneren Frieden.«

● ●

Kleine Körper-Expedition: EIN TAG VOLLER ACHTSAMKEIT

⋯⟩ Sie wachen auf. Was hören Sie?

⋯⟩ Wie fühlt sich das Wasser unter der Dusche auf der Haut an?

⋯⟩ Wie sieht der Mensch aus, der Ihnen als Erstes begegnet? Müde, fröhlich, angespannt ... Lesen Sie seine Mimik. Sprechen Sie ihn darauf an. Hören Sie zu. Und nehmen Sie ihn in den Arm.

⋯⟩ Sie essen einen Apfel. Wie fühlt er sich an, wie riecht, wie knackt, wie schmeckt er?

⋯⟩ Sie gehen aus dem Haus: Stellen Sie das Geratter im Kopf ab und gucken Sie sich die Welt an. Wirklich. Was hören, fühlen, riechen Sie? Was sehen Sie? Was sieht Ihr Herz?

⋯⟩ Legen Sie bei allem, was Sie tun, eine Achtsamkeitssekunde ein, in der Sie sich bewusst machen, was Sie tun.

⋯⟩ Lassen Sie sich nicht hetzen, nicht unter Druck setzen. Dieser Tag ist auch so viel zu kurz.

⋯⟩ Sagen Sie zu den Menschen, die Ihnen heute begegnen, Danke.

⋯⟩ Vielleicht sagen Sie auch zu Dingen Danke. Es ist doch schön, dass es sie für Sie gibt.

WARUM WIR WOLLEN, WAS WIR **ANFASSEN**

uf dem Oldtimer, ein Mercedes von 1930, im Schaufenster am Ode-onsplatz steht: »Bitte nicht anfassen.« Die Augen verschlingen ro-ten Lack, Chromfelgen, Ledersitze … und die Hände hält man wie ein kleines Kind hinter dem Rücken fest. Bitte nicht anfassen, das heißt: unseren ältesten Sinn ausschalten, nicht mitleben lassen. Im Museum, beim Bummeln, beim Einkaufen, beim Essen …

Doch da tut sich was. Wir dürfen wieder anfassen. Oder wir tun es ein-fach – ohne Genehmigung. Sie vermehren sich rasch. Sie haben eine Mission. Die Mission Grün. Guerilla-Gärtner oder grüne Piraten bepflanzen öffentliche Plätze, Verkehrsampeln, Hinterhöfe oder leere Pflanzkübel. Ohne Genehmi-gung vom Grünflächenamt. Mit Samen, Erde und Gießkanne bewaffnet ziehen sie los. Eine Revolution des Spürsinns! Für eine Umwelt zum Anfassen.

FINGERFOOD EROBERT (WIEDER) DIE GEMÜTER

1518 schimpfte Martin Luther: »Gott behüte mich vor Gäbelchen!« Und König Ludwig XIV. (1638–1715), der kultivierte, prächtige »Sonnenkönig«, griff noch lieber »mit den Pfoten ins Ragout«. Doch 100 Jahre später gabelten Adlige und reiche Bürger ihr Essen auf. Und heute essen weltweit 900 Millionen Men-schen mit Besteck. Nicht viele! Mit Stäbchen essen 1,2 Milliarden Menschen, in China übrigens seit 3500 Jahren. Ja und der Rest? Der große Rest? Fast 5 Milliarden Menschen essen mit dem Besteck der Natur. Mit ihren Fingern.

Und man will kein Plastik mehr um sein Essen, lieber mit den Fingern in der Ökokiste krabbeln. Nicht nur, weil in Plastikverpackungen oft krank, dick und alt ma-chende Weichmacher drin sind. Im Zeitalter des Internet-Shoppings wollen wir wenigstens im Laden um die Ecke wissen, was wir kaufen. Dort können wir die Produkte anfassen. Das macht uns auch sicher. Selbstsicher. Was wir fühlen,

● ●

Kleine Körper-Expedition: FINGERFOOD

»Riech mal da dran!«, sagt mein Mann Wolf und bringt mir leuchtend rote Strauchtomaten. Ich rieche und tatsche. Fest, saftig. Das Wasser läuft im Mund zusammen. Es lohnt sich, die Hände, auch was unser Essen betrifft, öfter mal ins Spiel zu bringen. Nichts macht Gaumen und Seele gleichermaßen glücklicher als eine Lammkeule aus der Hand beim Rittermahl mit Burgfräulein in einem Burggewölbe, dazu Wein aus Krügen, Gauklerprogramm – wie zu König Artus' Zeiten. Oder ein echtes Couscous in Marokko. Oder einfach eine Hühnerkeule zu Hause. Fingerfood weckt die Lust auf ein einfaches, simples, ursprüngliches Leben – auf das Genießen mit all unseren Sinnen.

dem trauen wir. Trauen wir mehr als dem, was wir nur sehen. Das gilt nicht nur für Felswände, sondern auch für Äpfel und sogar für Toaster …

Langsam, aber sicher dürfen wir auch beim Einkaufen wieder mehr anfassen. Denn längst weiß die Industrie: Unser Tastsinn kauft mit. Von der Haptik schließt der Kunde auf die Qualität. Nicht wie etwas aussieht, sondern wie es sich anfühlt, entscheidet über den Kauf. Und haben wir erst einmal etwas in der Hand, geben wir es nicht mehr so gerne her – wenn uns die Haptik gefällt.

DAS ZUSPECKENDE HANDY UND DIE DICKE »FREUNDIN«

Die Optik eines Produktes lässt sich leicht imitieren, das Gefühl aber nicht, und das heißt: kratzige Schafwolle oder anschmiegsamer Kaschmir … Wir wollen, was uns ein gutes Gefühl gibt. Darum muss der Winterpulli Wärme vermitteln und ein Duschgel kühl in der Hand liegen, frisch wirken. Das Handy von morgen hat einen Touchscreen – und wird dicker mit der Zahl der E-Mails im Postfach … Was wir anfassen, bewerten wir, versehen wir viel ausgiebiger mit unseren Gefühlen als das, was wir nur angucken.

» Informationstinnitus: Der durchschnittliche Wortschatz eines Deutschen liegt bei 8 000 bis 10 000 Wörtern. Wie soll man sich da 60 000 beworbene Markennamen merken? «
WERBEWIRKUNGSSTUDIE ADVERNOMICS GMBH
2005

Der flauschige Öko-Pulli, die sexy Satin-Bettwäsche, die coole Breitling-Uhr … Die Wirtschaftswissenschaftlerin Dr. Susanna Meyer untersucht in ihrer Studie »Produkthaptik« die assoziative Kraft unseres Tastsinns. Glatte, weiche Flächen verbinden wir mit Behaglichkeit und Entspannung, glatte, kühle Flächen mit Erotik. Raue und warme Texturen stehen für Natürlichkeit und eine harte Konsistenz wirkt majestätisch. Derzeit entwickeln Forscher Handys, die zuspecken, wenn man viele Fotos damit macht, und dünner werden, wenn der Akku leer ist. Übrigens bekommen Kinobesucher heutzutage dicke, flache Popcorntüten anstatt hohe dünne, weil es zufriedener macht, etwas Solides in der Hand zu halten. Und: Alle großen Lebensmittelfirmen verfügen über Haptik- und Sensoriklabors, in denen das Mundgefühl eines Produktes bis ins kleinste Detail erforscht wird. Sensory Scientists sorgen sich um die optimale Konsistenz von Imitatfleisch, Chips, Keksen, Puddings & Co. – und verderben damit nicht selten Foodwatch, Ernährungsprofis und informierten Konsumenten den Appetit.

Übrigens: Die letzte Ausgabe der Zeitschrift »Freundin« war so dick, dass sie nicht durch meinen Briefkastenschlitz passte. Anzeigenkunden haben schon längst die »Ad Specials« entdeckt, Pröbchen, Postkarten, Booklets kann man rausfummeln, anfassen, probieren … sie erhöhen das Interesse des Käufers am Produkt um bis zu 31 Prozent. Wir fühlenden Wesen wollen anfassen, ausprobieren, bevor wir etwas kaufen. Deswegen forschen Experten ja wie verrückt am marktreifen virtuellen Handschuh für die Internet-Einkäufer.

DIE FINGERKUPPE KAUFT MIT

Dr. Martin Grunwald, Europas führender Haptik-Forscher, wird immer öfter von Unternehmen zurate gezogen, wenn es um die Entwicklung neuer Produkte und Werbestrategien geht. Für ihn ist klar: Die Fingerkuppe kauft mit! Produkte, die sich besser anfühlen als die der Konkurrenz, verkaufen sich einfach besser. Dabei ist es egal, ob es sich um einen Joghurt, ein T-Shirt, eine Broschüre oder ein Auto handelt. Apropos Auto: Bei kaum einem anderen Produkt beschäftigt sich der Kunde vor dem Kauf so intensiv und lustvoll mit den verschiedenen Modellen wie beim fahrbaren Untersatz. Chrom fühlen, reinsetzen, Sitz einstellen, Lenkrad anfassen, Gaspedal drücken, Armaturen streicheln, Aschenbecher aufklappen. Und in kaum einem anderen Industriezweig wird so viel an der Haptik geforscht. Bei Audi gibt es Ingenieure, die sich ausschließlich mit dem perfekten Schließerlebnis des Auto-Aschenbechers beschäftigen. Wir brauchen einfach den Klick als Bestätigung, wenn wir etwas schließen, sonst haben wir das Gefühl, es sei noch offen. Wir lieben unser tastenfreies Touchscreen-Handy, wollen aber auf jeden Fall ein kleines Vibrieren als Bestätigung, wenn wir auf einen Buchstaben drücken. Wir wollen einen rüttelnden Staubsauger, denn nur dann haben wir das Gefühl, dass der Dreck aus dem Teppich auch wirklich rausgesaugt wird. Aber wollen wir ein Auto, das von alleine Gas gibt und bremst? Zwar mag die Elektronik vielleicht schneller sein als unsere Reaktionsfähig-

● ● ● ● ● ● ● ● ● ● ● ●

WIEDERERKENNUNG

Die Forschung weiß: Haptische Reize bleiben stärker im Gedächtnis haften, sogar besser als das, was wir riechen. Düfte erkennen wir zu 40 Prozent. Bekannte Gegenstände wie Spülschwämme und Kaffeefilter identifizieren wir beim Ertasten mit verbundenen Augen mit doppelt so hoher Trefferquote.

keit, aber die Macht des Fußes über das Pedal möchten wir doch nicht missen. Dann schon lieber die Automatik im Lenkrad, die uns per Vibrationen aus dem Sekundenschlaf weckt.

NOCH EIN PAAR GRIFFIGE IDEEN

Mit ihren Produkten sprechen immer mehr Firmen auch unseren Tastsinn an – mal sinnig, mal un-sinnig. Einige Beispiele:

Bierbauch: Die dickbauchige »Steinie«-Bierflasche von Veltins verschwand, weil sich ihre Kästen nicht mit Standardkästen stapeln ließen. Ein Austausch der bei Bauarbeitern so beliebten Flasche gegen eine normal geformte bescherte große Umsatzeinbrüche. Die kompakte »Steinie«-Flasche wurde wieder eingeführt – in einem überarbeiteten Kasten. Die Brauerei Beck & Co. war übrigens die erste, die weiche Tragegriffe für Bierkästen einführte. Belohnt wurde sie mit einem Umsatzzuwachs von über 10 Prozent innerhalb eines Jahres.

Geteiltes Leid: Die Firma Adelholzener erfand den teilbaren Wasserkasten. Beim Anheben an den Griffen zerlegt sich der Kasten von selbst in zwei Teile, die man bequem mit je einer Hand tragen kann.

An die Ecke gedacht: Ganz praktisch dachte die schwedische Rheumavereinigung, die sechseckige Deckel anstelle von runden für Gläser und Flaschen entwickelte. Diese lassen sich mit schmerzenden Fingern viel leichter öffnen.

WARUM DER TASTSINN
ÜBERLEBENSWICHTIG IST

iese kleinen Tierchen namens Einzeller, wir kennen sie stark vergrößert unter dem Elektronenmikroskop, besitzen keinen einzigen Nerv. Dennoch hat der Einzeller manches mit uns gemeinsam: Auch er bewegt sich und kann tasten. Allerdings hat der Einzeller keine Augen, keine Ohren … dieses Tierchen besteht tatsächlich aus einer einzelnen Zelle und die ertastet Kratzer auf einer Glasplatte zum Beispiel im Labor von Dr. Martin Grunwald, Deutschlands berühmtestem Erforscher des Tastsinns. Neugierig grapschend bewegt sich dieser schlichte Organismus weiter, erkundet seine kleine Welt in der Petrischale des Wissenschaftlers. Auch für ihn sind Bewegen und Ertasten die Grundvoraussetzung für das Erkennen. Genauso wie für uns.

Der Tastsinn ist der erste Sinn, der sich im Mutterleib ausprägt. Und über ihn verarbeiten wir die ersten Informationen. Babys ertasten sich schon im Mutterleib ihre Welt. Sie nuckeln am Daumen, kratzen sich an der Nase, zupfen an der Nabelschnur … Da sind sie gerade mal 2,5 Zentimeter groß und acht Wochen alt. Sie sehen nix, hören nix, haben aber schon ein Körperbewusstsein. Das Tastsystem verschafft dem Fötus schon früh eine Körperidentität: *Hier bin ich, rund herum ist es weich begrenzt, am Däumchen nuckeln tut einfach gut.*

UNSER GANZER KÖRPER IST EIN TASTORGAN

Nicht nur unsere Hände tasten. Viele Tastantennchen namens Rezeptoren liegen in der Haut und leiten die Botschaften *streicheln, drücken, heiß* ans Gehirn weiter. Man spricht von taktiler Wahrnehmung. Und die ist äußerst spezialisiert. Auf einem Quadratzentimeter Fingerspitze sitzen 240 dieser Antennchen. Jedes einzelne Haar hat 50 verschiedene Rezeptoren, die alle etwas anderes messen. Fürs Streicheln haben wir auf langsame Bewegung spezialisierte Nervenfasern, welche die Botschaften zum Gehirn leiten.

Wie viele Rezeptoren aus dem Körperinneren die mannigfaltigen Informationen zum Gehirn weiterleiten – davon hat kein Forscher auch nur einen blassen Schimmer. Okay, Dr. Grunwald hat wenigstens eine ungefähre Ahnung: »Wir haben 5 Millionen Haare, nur 1 Millionen davon auf dem Kopf. 80 Prozent unserer Haut ist behaart. In jedem Haar, in jedem Follikel sitzt ein Netzwerk von Rezeptoren, etwa 50 verschiedene. Das heißt, wir verfügen über 250 Millionen Rezeptoren ums Haar auf der Haut. Meine Vermutung: Insgesamt haben wir 600 bis 800 Millionen Tastrezeptoren. Und die informieren rund um die Uhr den Boss dort oben aufs µ genau über Dehnungszustand, Temperatur, Stellung im Raum …«

(K)EIN LEBEN OHNE TASTSINN

Machen Sie die Augen zu. Und nun fassen Sie mit der Hand an Ihren Fuß. Gefunden? Klar. Wo, das sagen Ihnen Ihre *Propriozeptoren*. Ohne Eigenwahrnehmung könnten wir nicht im Dunkeln das Licht anmachen und nicht gehen, ohne ständig auf die Füße zu starren. Das wissen wir von Menschen wie Ian Waterman. Er hat eine Autoimmunkrankheit, die Sinnesnerven vom Genick abwärts zerstört. Seine Tastkörperchen aus Muskeln, Gelenken, Sehnen, Haut können keine Informationen mehr ans Gehirn senden. Er hat keinen Körpersinn. Macht jemand den Lichtschalter aus, klappt er zusammen. Ian Waterman kontrolliert jeden Schritt, jede Aktion seiner Muskulatur mit den Augen. Das hat er gelernt, damit er nicht im Rollstuhl sitzen muss. Er kann den Sessel, in dem er sitzt, nicht fühlen, er kann kein Fahrrad fahren, er kann nicht tanzen, nicht durch Schütteln abschätzen, ob das Sparschwein voll ist oder leer. Jede Bewegung und sogar das Sitzen kosten ihn hundertprozentige Konzentration. Fällt sie weg, fällt er in sich zusammen. Er ist körperblind. Ahnen Sie, was Ihr Körpersinn alles für Sie tut?

Millionen von Rezeptoren sind ständig aktiv. Auch in der Hängematte übermitteln sie dem Gehirn den Spannungszustand des Körpers. Schicken ihre Infos über das Rückenmark zum Großhirn. Dieses schafft auf wundersame Weise Ordnung in die Heerscharen von Informationen, damit wir die Nase kratzend erwischen, das Glas den Mund erreicht, der nächste Schritt vor dem anderen landet … Keiner weiß genau, wie. Ein gigantisches Rezeptor-Netz schenkt uns Sicherheit in der Bewegung, schenkt uns Selbstsicherheit – und sorgt dafür, dass wir gescheit werden.

DAS FINGERSPITZENGEFÜHL DER ROBOTER

Unser Tastsinn lässt sich nicht kopieren. Es ist auch noch nicht gelungen, eine Hand mit all ihren Fähigkeiten künstlich nachzubauen. Klar gibt es Roboterarme, die greifen können – allerdings kein rohes Ei. Unser Gehirn kann nämlich mehrere Sinneseindrücke kombinieren. Wir spüren: Das Weinglas ist groß, breit, schwer, aus Glas und nicht aus Plastik. Und wir schätzen über die Dicke der Glaswand ab, wie fest wir zupacken können. Gleiches gilt für ein rohes Ei oder einen Tennisball. Was wir als Kinder im Umgang mit den verschiedensten Gegenständen gelernt haben, tun wir heute unbewusst und instinktiv. Wie komplex alle diese Handlungen sind, wird uns erst bewusst, wenn wir versuchen, sie künstlich nachzuahmen.

Forscher der Universität Berkeley haben künstliche Haut entwickelt, die superdünn ist und aus Nano-Teilchen besteht. Diese organischen Halbleiter nehmen Berührung wahr und leiten die elektrischen Impulse an den Rechner weiter. Die Nano-Haut soll grobschlächtigen Robotern zu ein wenig Fingerspitzengefühl verhelfen. Damit sie künftig den Tisch decken und einen Nagel einschlagen können.

WARUM DER TASTSINN UNGLAUBLICH PRAKTISCH IST

Im Dunkeln tasten wir uns ziemlich sicher zur Türe, bevor wir in die Wanne steigen, fühlen wir erst einmal die Temperatur. In den Apfel beißen wir dann, wenn er sich auf Druck als knackig erweist. Tastend erforschen wir unsere Umwelt, lernen zwischen heiß und kalt zu unterscheiden, zwischen rau und glatt, trocken und feucht, hart und weich, spitz und stumpf, borstig, krümelig, sandig, cremig. Und zwischen gut und böse. Auch unsere Intuition schärft der Tastsinn. Mehr darüber auf Seite 77.

Bleiben wir zunächst bei den handfesten Künsten unseres Körpersinns. Treppen düsen wir ohne zu überlegen rauf, unser Tastsinn schenkt uns nämlich auch optimale Orientierung im Raum. Nur: Ist eine Stufe ein paar Millimeter höher als die anderen, klatschen wir mehr oder weniger gekonnt auf die Nase – je nachdem, wie wir unseren Tastsinn im Fallen ausgebildet haben. Das Gehirn wird nämlich über die internen Tastsensoren nur auf die Höhe der ersten Stufe programmiert. Gut so, weil wir ziemlich langsam wären, müsste das Gehirn jede Stufe neu berechnen. Die Evolution hat sich da schon was überlegt! Genauso findet der Fuß schnell die Bremse im Auto und der Finger das »F« auf der Tastatur … Tasten, lernen, speichern, benutzen!

Ein blindes Rätsel. Helen Keller (geb. 1880) erkrankte mit zwei Jahren an einer Hirnhautentzündung, wurde taub und blind. Was sie an Sprache gelernt hatte, verlor sie wieder. Über Jahre fand niemand Zugang zu diesem Mädchen, das unter heftigen Wutausbrüchen litt, weil es sich nicht verständigen konnte. Erst die Blindenlehrerin Anne Sullivan fand einen Weg, Helen in ihrer Welt zu erreichen. Sie gab ihr einen Becher Wasser, ging mit ihr zum Brunnen, ließ das kalte Nass über ihre Hand laufen und buchstabierte in die andere Hand: W-A-T-E-R. Helen verstand und begann die Gehörlosensprache zu lernen. Über ihren Tastsinn lernte sie, sich zu verständigen, später sogar zu sprechen. Sie ging aufs College, lernte Fremdsprachen und wurde eine sehr berühmte Schriftstellerin.

Da blinde Menschen einen besser entwickelten Tastsinn als Sehende haben, ist daraus ein Beruf für sie entstanden: »Medizinische Tastuntersucherin« (MTU). Bundesweit bieten Bildungswerke für sehbehinderte und blinde Frauen diese Ausbildung an. Dort lernen die Frauen zum Beispiel Brustkrebs zu ertasten. Selbst kleinste Knötchen von 3 Millimetern Größe können die MTUs finden. Für Frauen mittleren Alters eine wichtige Chance, denn Ultraschalluntersuchungen werden erst bei 50-Jährigen routinemäßig durchgeführt. Die Untersuchung kostet 20 bis 40 Euro. Leider wird sie bisher nur von wenigen Krankenkassen bezahlt.

> **» Erzähle es mir – und ich werde es vergessen. Zeige es mir – und ich werde mich erinnern. Lass es mich tun – und ich werde es behalten. «**
> KONFUZIUS

BEGREIFEN KOMMT VON GREIFEN

Die Mutter steht für Urvertrauen, Liebe, Wärme, Nähe, Geborgenheit und Verständnis. Wenn Kinder nach der Geburt auf den Bauch der Mutter gelegt werden, sind sie ruhiger, schreien weniger und halten mehr Blickkontakt. Der Tastsinn ist der wichtigste Sinn, wenn das Baby dann mit seinen kleinen Fingerchen die Welt entdeckt.

Jedes Anfassen, jede Berührung, jeder Körperkontakt, den es im Laufe seines kleinen Lebens sammelt, ist ein Puzzleteil, das sein Erwachsensein prägen wird. Jedes Anfassen und jede Berührung fördert die Entwicklung eines Kindes – Tasten ist die Voraussetzung für die Entwicklung eines gesunden Selbstbewusstseins, Beziehungsfähigkeit und eines regen Geistes. Darum muss ein Kind ganz viel anfassen dürfen. Und in den Mund stecken. Haben wir früher übrigens auch als Erwachsene getan. Tun Naturvölker heute noch. Ist etwas unbekannt, prüfen sie dies mit ihrem Mund – dem Organ mit den meisten Tastkörperchen: Sie beißen hinein …

EIN KIND ERKUNDET SEINE WELT MIT DEM GANZEN KÖRPER

Es krabbelt zum Blumentopf, steckt sich die Erde in den Mund, in die Nase, die Ohren … Na ja, hier sollte man vielleicht eingreifen. Aber sonst lieber nicht.

> **»Der edelste aller Sinne ist der Tastsinn, denn in ihm wohnt die Seele. Dehnt sich der Tastsinn aus, wächst zugleich auch die Seele.«**
> CHARAKA SAMHITA

Jedes »Nicht Anfassen!« verhindert die Bildung von Netzwerken, von Datenautobahnen im Gehirn. Und jedes »Sitz still!« verhindert ein Stück Erkenntnis und ein noch größeres Stück Glück. Das sieht man nämlich in den Augen eines Kindes, das mit roten Gummistiefeln durch die Pfützen springt. Dr. Grunwald: »Ohne Bewegung, ohne Ertasten kein Erkunden. Wenn Kinder ihre Umwelt nicht haptisch erforschen können, verhindern wir eine gesunde, stabile Gehirnentwicklung.« Und auch der Berührungsreiz selbst wirkt als Hirnstimulanz. »Körperkontakt ist das Nonplusultra für die frühkindliche Hirnentwicklung – nicht das Internet.«

TASTEN MACHT SICHER

Das ist jetzt ganz wichtig: Genauso wie wir lernen, dass »das haarige Teil, das ›Wuff‹ macht, ein ziemliches Stinktier ist und Fido heißt«, genauso lernen wir, mit unserem Tastsinn die Welt einzuordnen. Eine Schultasche wiegt mehr als eine Aktentasche, eine Holztür lässt sich leichter öffnen als eine Stahltüre. Bordsteine sind nicht zum Stolpern da, auf Kanaldeckel steigt man nicht mit Stöckelschuhen, glatt ist rutschig … Wenn wir all die Dinge um uns herum zu wenig mit dem Körper erfahren, sie nicht ertasten, dann begrenzt das nicht nur unser Wissen, sondern auch unser Dasein. Als träge Tollpatsche leben wir gefährlich. Und sehr, sehr anstrengend. Weil das Hirn immer erst nachdenken muss, wie wir den nächsten Schritt tun sollen, den nächsten Handgriff …

Selbst für Selbstbewusstsein muss man zugreifen. Wie bewegen wir mit unserem Körper ein Fahrrad, wie tanzen wir Tango …? Das Kind macht eine Bewegung zum ersten Mal, zum zweiten Mal … und irgendwann wirbelt ein Breakdance-Derwisch durchs Wohnzimmer. Ist ein Bewegungsablauf einmal erlernt, kann das Gehirn auf einen Reiz automatisch die richtige Reaktion folgen lassen. So lernen wir den Körper zu beherrschen. Und auch dieses Wissen ist längst Standard: Das Selbstbewusstsein hat seine Wurzeln im Körperbewusstsein. Das Wissen um das eigene Sein in der Welt. Wer früh gelernt hat, sich diese Welt zu ertasten, sie zu begreifen, fühlt sich in ihr sicher. Haben unsere Eltern uns das (be-)greifende Erobern verwehrt, fehlt unserem Körper unendlich viel wichtiges Wissen. Und das hat schwerwiegende Folgen: Auch unser

ARTGERECHTES LEBEN: KINDER RAUS!

Im diesem Moment fliegt eine neue Buchbesprechung in meine Mailbox. Malte Roeper, mehrfach ausgezeichneter Dokumentarfilmer, Autor und Dramaturg, schrieb »Kinder raus! Zurück zur Natur: artgerechtes Leben für den kleinen Homo sapiens«. Malte Roeper verbrachte selbst den Großteil seiner Kindheit in einer Hütte in den Bergen Tirols, kletterte als Extrembergsteiger die Eigernordwand hoch. Er sagt: »Draußen formten sich Muskulatur, Motorik, räumliche Orientierung, Kreativität und Spiritualität – Techniken der Jagd wie das Zielen, Werfen, Schleichen, Laute-Imitieren eingeschlossen. Und das Draußensein ist voller Sinneseindrücke wie: Wind, Sonne, lila Flecken an den Händen von den Blaubeeren oder das Summen der Insekten in einer Sommerwiese. Je mehr wir Kinder erfahren lassen, dass wir ›draußen zu Hause‹ sind, desto artgerechter, desto besser wächst der kleine Homo sapiens heran. Draußen zu sein ist für Kinder ein elementares Grundbedürfnis. Sie benötigen es genauso wie Bewegung, Körperkontakt und elterliche Liebe.«

Körperbewusstsein ist viel schwächer als das eines Menschen, der als Kind mit dem Tiger gespielt hat, auf dem Seil getanzt ist, den steilen Felsen erklommen hat, seine Welt mit all seinen Sinnen begreifen durfte. Die gute Nachricht: Wir können unseren Körpersinn schärfen, unsere Körperwahrnehmung trainieren, unser Selbstbewusstsein stärken. Und auch dafür ist es nie zu spät.

DER EINZIGE SINN, DEN WIR NICHT ABSTELLEN KÖNNEN

Wir können blind leben, wir können ohne Geruchssinn leben, ohne Geschmack und ohne etwas zu hören. Wir können die Augen schließen, die Ohren dicht machen – aber wir können nicht unsere Haut »deckeln«, unsere Körperwahrnehmung nicht abstellen. Unsere Tastsinneszellen sind immer auf »on«. Gut so, sonst blieben wir ziemlich dumm. Der Leipziger Haptik-Forscher Dr. Martin Grunwald drückt das natürlich gewählter aus: »Motorik und Sensorik gehören zusammen. Physischer Umweltkontakt durch aktive Bewegung ist die Voraussetzung für elementarste Formen von Erkenntnis.« Klar. Doch das weiß kaum einer: Der Tastsinn antwortet nicht nur auf die Frage: »Na, wer bist du denn?« Er zeigt uns etwas, was oft viel, viel wichtiger zu wissen wäre – er gibt Antwort auf die Frage: »Wer bin ich?«

DER WEG ZUM RICHTIGEN **GESPÜR**

s mutet freilich ein wenig merkwürdig an, wenn wir einen Menschen, den wir sonst nur in Armani-Anzug, Boss-Krawatte, Breitling-Uhr und Prada-Schuhen kennen, dabei sehen, wie er im schlabberigen Outdoor-Outfit mit beiden Armen um eine Buche hängt. Mancher Manager zahlt viel Geld, damit man ihn mit in den Wald nimmt und ihn darin coacht, einen Baum zu umarmen. Warum? Vielleicht weil dieser Mensch nicht mehr richtig umarmen kann. Weil er kein Vertrauen mehr hat. Kein Vertrauen zu den anderen Menschen, kein Vertrauen in sich selbst. Und vielleicht auch, weil der Verstand das Zepter übernommen hat. Alles von der Ratio bestimmt wird. Das Gedankenmühlrad dort oben einfach keine Ruhe mehr gibt. Und unser wahres Erfolgsgeheimnis, die Intuition, nicht mehr durchdringen kann. Wenn ein Mensch erkennt, dass sein ganzes Leben irgendwie den Bach runtergeht, dass die Arbeit immer anstrengender, der Schlaf immer schlechter, die Beziehungen immer rarer, der Alkohol immer wichtiger werden – dann ist er bereit, etwas zu ändern. Lernt eine der unzähligen Meditationstechniken. Oder macht eine Körpertherapie (siehe Seite 158), die einen wieder zum Leben bringt – oder er beginnt ganz einfach und umarmt einen Baum. Und dann traut er sich vielleicht auch, sich Menschen gegenüber wieder etwas mehr zu öffnen. Schritt für Schritt. Der Baum kann auch ein Pferd sein, auf dem man ohne Sattel reitet, oder eine Nacht, die man im Freien schlafend verbringt, einen Fels, den man erklettert … Es geht darum, mit allen Sinnen Natur zu erfahren.

SELBSTSICHERHEIT DURCH ANFASSEN

Tasten, anfassen, berühren … das weckt Vertrauen. Das Vertrauen, das wir als Kind so selbstverständlich allen und allem um uns herum entgegengebracht haben – dem riesigen Hund, der uns Auge in Auge über das Gesicht schleckt, dem Menschen, der uns liebt. Anfassen weckt eine Kraft, die uns sicher macht. Selbstsicher.

Und Berührung löst starre Haltung, weckt Intuition. Nur: In einer Welt, in der immer weniger berührt wird, verlernen viele Menschen, wie wichtig es ist zu berühren – und erstarren, wenn sie berührt werden. Verlieren ihre natürliche Sicherheit. Um wieder Geschmeidigkeit ins Gefühlsleben zu bringen, muss so mancher unter uns einfach mit einem Baum anfangen … um wieder mehr Gespür für das Leben zu entwickeln.

Die einen nennen es »das Nirwana berühren« … Der buddhistische Mönch Thich Nhat Hanh hat vom Glück geschrieben, einen Baum zu berühren. Das muss man einfach mal probieren. Mit den Händen die Jahre der Rinde ertasten. Die Nase in das Holz stecken. Die Kraft spüren, die vom Stamm her fließt. Berührung ist die innigste Form des Seins. Aber auch der Kontakt zum Nichtsein. So sagt Thich Nhat Hanh: »Nirwana ist die endgültige Dimension des Lebens, ein Zustand von Gelassenheit, von Frieden und Freude. Du kannst Nirwana jetzt gleich berühren – beim bewussten Atmen, Gehen und Teetrinken.«

… die anderen »ein Gespür entwickeln«. Wir können zu diesem, dem erstrebenswertesten aller Zustände, im Hier und Jetzt kommen, dann, wenn wir den Augenblick berühren. Mit all unseren Sinnen. Das Jetzt sehen, hören, riechen, schmecken, fühlen. Tasten ist der sinnlichste Sinn. Er schubst uns gleich ins Sein. Ins Dasein. Wir fühlen. Und das ist einfach wunderbar. Die Hormone tanzen, die Nervenbotenstoffe produzieren Glück und unser Bauchhirn wacht auf. Wir können ein »richtiges Gespür« entwickeln, weil wir das Schnattern im Kopf ein wenig zum Schweigen bringen. Das nennt man auch Achtsamkeitstraining.

ÜBER DEN FÜNFTEN ZUM SECHSTEN SINN – UND ZUM ERFOLG

Eigentlich sollten Sie jetzt eine Pause einlegen. Hinausgehen. Einen Baum umarmen. Im Stadtpark? Wo der Apotheker vorbeikommt? Freilich. Warum nicht? Was meinen Sie, wie Sie sich fühlen, wenn Sie einfach mal was Verrücktes tun. Etwas Unkonventionelles. Wie Sie an Ihrem Mut wachsen. Sie machen einen Stopp im Hier und Jetzt. Sind einfach achtsam. Ohne große Technik. Macht man sich da nicht lächerlich? Elvira Recke, Pädagogin und Lebenstherapeutin, die Manager im Wald am Baum und mit der Wünschelrute schult, erzählte vor ein paar Jahren schon in einem Interview: »Es deutet sich ein Umschwung an.

Die Welt will uns nicht mehr alles nur logisch und rational erklären. Die Menschen besinnen sich wieder mehr auf die sinnliche Wahrnehmung. Weil man mit Sinnlichkeit die Lebensqualität steigert und das Leben reichhaltiger macht.«

Wie fühlt sich denn eine Handvoll Heu an? Die Haut des Partners? Wann hat man das letzte Mal die Hitze der Wangen gefühlt, den zarten Bauch gestreichelt? Pro Zentimeter 2170 Tastkörperchen forschend über die Nase gleiten lassen … Eine feine sinnliche Wahrnehmung ist die Grundlage für Intuition. Für eine Eingebung. Für den sechsten Sinn. Den Sinn, auf den Erfolg aufbaut. Die Quelle der Kreativität. Die Basis der richtigen Entscheidung. Der großen Entscheidungen, ob man nun diesen Mann heiraten, diesem Finanz-Guru trauen, das Haus kaufen, den Job annehmen soll …

Das richtige Gespür – Erfolg kommt aus dem Bauch. Der sechste Sinn existiert und jeder hat ihn. Er ist die Summe unserer Erfahrungen, gespeichert in unserem Körper. Aus dem Bauch heraus etwas entscheiden bedeutet, eine bestimmte körperliche Reaktion zu spüren. »Da habe ich kein gutes Gefühl.« Oder: »Das fühlt sich gut an.« Wir spüren, wenn uns jemand anlügen will. Hören die Nachtigall trapsen. Wir verfügen über ein unsichtbares, aber intaktes Navigationssystem, das uns im Alltag die Richtung zeigt – und uns die großen Entscheidungen des Lebens richtig treffen lässt. Nur manchmal ist es verschüttet. Dann wird es Zeit, es aus dem Dornröschenschlaf zu wecken. Geht ganz einfach: Indem wir die anderen Sinne schärfen, trainieren wir die Basis für unseren sechsten Sinn, unsere Intuition. Und der größte Sinn ist unser Körpersinn. Je besser das Körpergefühl, desto ausgeprägter das Bauchgefühl. Wer fühlt, was andere nicht fühlen, tankt Selbstsicherheit und hat Vertrauen in die Welt. Darum entscheiden selbstsichere Menschen in vielen Situationen mit dem Gefühl. Erst recht, wenn wenig Zeit zum Überlegen bleibt. Und meistens – so zeigt die Erfahrung – sind Intuitionsmenschen die Erfolgsmenschen. Weder Einstein noch Goethe noch Jef Raskin haben etwas mit dem Kopf erfunden.

● ● ● ● ● ● ● ● ● ● ● ●

DIE INTUITION

Wir wissen: am Schreibtisch wohnt die Intuition nicht. Große Einfälle gebiert man in der Badewanne. Unter der Dusche. Beim Laufen. Beim Tanzen. Beim Berühren des Augenblickes. Dann, wenn der Kopf schweigt, wenn wir im Körper sind und der Bauch seine Chance bekommt. Intuition hat mit Entspannung zu tun. Und über unseren Körpersinn empfangen wir eine Ruhe, die uns sonst kein Sinn schenkt. Über den Körpersinn können wir optimal entspannen. Unser Gehirn in den Alpha-Zustand schicken. Eine Art Trance, in der wir Dinge erfahren, die wir im normalen Wachbewusstsein niemals mitkriegen würden. Nein, das ist keine Esoterik, sondern Gehirnforschung pur!

Kreativität kommt aus dem Bauch. Also los, gehen Sie gleich raus und umarmen Sie einen Baum. Sie können ja mit einem kleinen anfangen.

Kann das Bauchgefühl auch irren? Grundsätzlich können wir uns auf unser Bauchgefühl verlassen, denn es greift auf unseren gesamten Erfahrungsschatz zurück. Nur wenn es um Dinge geht, mit denen wir bisher gar keine Erfahrungen gemacht haben, kann sich der Bauch auch mal irren. Ein potenzieller neuer Partner, der überhaupt nicht dem bisherigen »Beuteschema« entspricht, könnte genau der richtige sein. Doch wir sehen noch nicht mal die Möglichkeit, weil wir mit diesem Typ Mann oder Frau noch keine Erfahrungen gesammelt haben.

FASSBARER ERFOLG

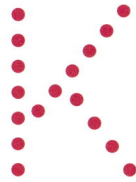 eine Angst, wir schreiben hier kein »So haben Sie endlich Erfolg in Ihrem Leben«-Buch. Denn es gibt Wichtigeres: Gesundheit, Liebe … Trotzdem: ein bisschen Erfolg wollen wir doch alle haben. Anerkennung tut uns einfach gut. Und manchmal wollen wir uns ja auch einfach etwas leisten können. Zum Beispiel einen Staubsauger …

Als die fünfte Leiche unseren Keller zum größten Staubsauger-Friedhof Truderings anwachsen ließ, sagte mein Mann Wolf: »Ich kaufe jetzt den besten, den es gibt.« Er investierte (was ich niemals in meinem Leben getan hätte) ein Vermögen in einen Staubsauger. Und um diesen samt seinen technischen Raffinessen der haushaltsarbeitnichtsehrzugetanen Frau des Hauses nahezubringen, kam ein Staubsaugervertreter aus Augsburg angereist. Marco B., ein netter junger Mann in Anzug und Krawatte. Verblüffend war erstens: seine Frisur. Die Haare standen so, als wären sie mit einer gewaltigen Portion Festiger von einem 1000-Euro-Sauger hindrapiert worden. Verblüffend war zweitens: der Staubsauger selbst.

MANCHE MENSCHEN VERLIEBEN SICH IN MASCHINEN

Das konnte ich noch nie so richtig glauben. Nur … nach einer Stunde staubsaugen war ich völlig irritiert. Ich konnte nicht fassen, wie mir ein Staubsauger dermaßen ans Herz wachsen kann. An dem stimmte einfach alles – das sanfte Vibrieren, das schnittige Design, das heimelige Surren. Ständig drückte mir Marco B. etwas in die Hand, tastend ließ sich der Tiger erobern: die vollelastischen ergonomischen Schläuche biegend, die Spezialistenwälzchen austauschend, die Parkettbürsten schiebend, den Müllbeutel einlegend, die gelben Damit-geht-alles-auf-Rauten drückend. Das ist wirklich der coolste Staubsauger der Welt. Der Porsche unter allen Staubsaugern. So praktisch. So gut anzufassen. So hübsch. *Ja, bin ich denn bescheuert … ?* Nein. Der nette Mann aus Augsburg wusste einfach, wie man Herzen für Dinge erobert. Über den Tastsinn. Über das Fühlen. Tja. Und das ist nur eine Geschichte, die man zum

Thema Erfolg und Körpersinn erzählen kann. Interessiert? Na dann, kommen Sie mit – oder Sie blättern weiter zur »Liebe« (S. 202) oder zur »Gesundheit« (S. 225).

DER PERFEKTE HANDSCHLAG

Es ist eine ziemliche Zeit her, da bewarb sich bei uns ein junger Journalist für eine Projektmitarbeit. Bis zum Händeschütteln hatte er gute Karten. Das kennen Sie auch: Ein gut gekleidetes, intelligent aussehendes, unterwäschemodelverdächtiges, sympathisches Gegenüber ergreift Ihre Hand – und fällt als neuer Angestellter/Partner/Coach/Schwiegersohn/Vertrauter sofort durch. Wir empfangen: Feucht. Schwach. Quallig. Alles – nur kein Händedruck. Der erste Eindruck? Geht gar nicht! Nur eines wäre schlimmer gewesen: links und rechts ein Küsschen. Das machen nämlich die jungen Leute heute. Laut einer Studie der Manchester-Metropolitan-Universität geben sich 74 Prozent der Erwachsenen die Hände und unter Teens und Twens tun das nur noch 45 Prozent. Warum? Die wahrscheinlichste Vermutung heißt doch tatsächlich: aus hygienischen Gründen. Scheint so, als traute man dem Handschlag ablösenden Küsschen auf die Wange mehr.

Die Handschlag-Formel. Im Laufe unseres Lebens geben wir unseren Mitmenschen bis zu 15 000 Mal die Hand. Und 70 Prozent der Händeschüttler wissen nicht mal, wie das richtig geht. Prof. Geoffrey Beattie von der Uni Manchester, eine der führenden Figuren der nonverbalen Kommunikation, sollte für die US-Autofirma Chevrolet herausfinden, wie man optimal die Hand reicht – in diesem Fall natürlich, um den Erfolg der Autoverkäufer zu erhöhen. Nicht nur bei der Begrüßung sollte ein Verkäufer Vertrauen wecken, sondern auch beim Kaufabschluss – jeweils per Handschlag. Beattie entwickelte daraufhin die Formel für den perfekten Handschlag:

$$PH = \sqrt{(e2 + ve2)(d2) + (cg + dr)2 + \varpi\{(4{<}s{>}2)(4{<}p{>}2)\}2 + (vi + t + te)2 + \{(4{<}c{>}2)(4{<}du{>}2)}$$

Zum Nachmachen zusammengefasst, sieht das folgendermaßen aus: Die Handflächen sollten trocken, warm und nicht zu rau sein. Die Hände treffen sich auf halber Höhe, etwas näher beim Gegenüber, der Druck der ganzen Hand ist fest (aber nicht zu fest!). Idealerweise schüttelt man die Hände drei Mal – nicht länger als zwei oder drei Sekunden –, blickt dem Gegenüber in die Augen, hält den Blick und lächelt von Herzen bis zu den Augen.

● ●

Kleine Körper-Expedition: HÄNDE SCHÜTTELN

Suchen Sie sich einen Händeschüttel-Partner und probieren Sie mal aus, wie die verschiedenen Händedruckweisen wirken.

···⟫ Distanzierter Händedruck: mit maximal ausgestrecktem Arm und größter Distanz zum anderen.

···⟫ Intimer Händedruck: sehr nah beieinander stehen und den anderen noch ein wenig heranziehen. Die zweite Hand dazunehmen.

···⟫ Schlaffer Händedruck (»kalter Fisch«): Hände vorher mit kaltem Wasser kühlen und schlaff hinhalten.

···⟫ Schraubstock: Die Hand des anderen ganz fest nehmen und nicht mehr loslassen.

···⟫ Frontal-Handschlag: dominant, mit stechendem Blick, ausgestreckter Hand auf den anderen zugehen, fester Handschlag, laute Stimme.

···⟫ Politiker-Schütteln: schütteln, schütteln, noch mal schütteln, derweilen lächeln, lächeln …

···⟫ Normal: kurz drücken, fest, mit freundlichem Blick in die Augen.

So. Und das machen Sie jetzt gleich mal nach … Unsere ehrliche Meinung? Das wird Ihnen nach Formeln nie hundertprozentig gelingen. Entweder man kann von Herzen die Hand geben – oder man kann es nicht. Es gibt allerdings Wege, es zu lernen: Meditieren Sie, üben Sie sich in Achtsamkeit, schenken Sie Ihrem Gegenüber Beachtung. Dann können Sie auch von Herzen die Hand reichen. Ganz ohne Formel. Bis dahin schütteln Sie halt mit dem richtigen Druck, zur richtigen Zeit …

Sie wollen wirklich Erfolg haben? Dann sollten Sie den Menschen mit dem Herzen begrüßen. Wie das geht? Freuen Sie sich über diesen Menschen, der Ihnen die Hand drücken will. Schenken Sie ihm all Ihre Aufmerksamkeit. Mit all Ihren Sinnen. Dieser Augenblick gehört ihm. Der Händedruck ist oft die erste Berührung, die wir mit einem fremden Menschen teilen. Es lohnt sich, diese Geste immer wieder neu zu zelebrieren.

WER GIBT WEM WIE UND WARUM DIE HAND?

Jeder kennt diese übermotivierten Jungmanager, deren Hände wie im Westernsaloon vorgeschossen kommen … Ursprünglich signalisierte der Handschlag übrigens, dass sich in der geöffneten Hand keine Waffe befindet, keine Pistole, kein Schwert. Die Begrüßung war also eher eine Geste des Misstrauens als des Willkommens. Heute entscheidet der Ranghöhere oder der Ältere darüber, ob und wem er die Hand gibt. Ein Bewerber darf höflich zuerst »Guten Tag« sagen, sollte aber tunlichst abwarten, dass man ihm die Hand entgegenstreckt – und auch bald wieder loslassen. Das lange und auffällige Schütteln gehört sich nur für Politiker, die vor der Kamera Einigkeit demonstrieren. Auf über 2000 Jahre alten Münzen kann man sehen: Schon die Römer gaben sich die Hände. Im Neuen Testament steht, dass man Paulus in Jerusalem die »rechte Hand der Bruderschaft gewährte«. Und seit dem Mittelalter gilt der Handschlag unter Kaufleuten als Vertragsabschluss und bezeugt gegenseitiges Vertrauen. Der Kaufmann besiegelte mit der Hand sein Wort. Heutzutage ist diese Geste leider nicht mehr besonders verbindlich, bedauert Prof. Jürgen Wegemann von der Fakultät Wirtschaft der Universität Gießen in seinem Buch »Der ehrbare Kaufmann«.

VERTRAUENSVERLUST

In einem Interview mit dem Handelsblatt sagte Prof. Jürgen Wegemann von der Wirtschaftsfakultät der Universität Gießen: »Der Handschlag drückt in seiner Symbolik treffend das Handeln eines ehrbaren Kaufmanns aus. Wer den Vertrag mit einem Handschlag besiegelte, der hatte Vertrauen zu seinem Geschäftspartner. Heute fehlt dieses Vertrauen in der Wirtschaft weitgehend und der Handschlag nach schriftlichem Vertragsabschluss ist zu einer inhaltslosen Geste verkommen. Wenn wir es schaffen, die Vertragspartner davon zu überzeugen, dass Vertrauen kostengünstiger ist als aufwendige Verträge, dann werden wir dem Handschlag wieder eine inhaltliche Bedeutung beimessen können.«

GRÜSS-GOTT-KULTUR

In anderen Kulturen ist es nicht immer üblich, sich die Hand zu geben. In Somalia droht die Todesstrafe, wenn sich nicht-verwandte Männer und Frauen in der Öffentlichkeit die Hand reichen. In den meisten arabischen Ländern ist Handschlag und Umarmung unter Männern bei der Begrüßung aber weitverbreitet. Und der Koran empfiehlt: »Wenn ihr mit einem Gruß gegrüßt werdet, so grüßt mit einem schöneren wieder oder erwidert ihn.« Ist der Händedruck beim Verabschieden länger als bei der Begrüßung, hat man einen guten Eindruck hinterlassen. Japaner verbeugen sich leicht, in China ist das Händegeben durchaus üblich – allerdings ganz weich. In vielen asiatischen Ländern sollte man beim Essen und Trinken nur die rechte Hand benutzen, die linke gilt als unrein. Man braucht sie auf der Toilette. Eskimos und einige andere Naturvölker reiben übrigens zur Begrüßung Wangen und Nasen aneinander – mit dem Vorteil, dass man gleich ein bisschen am anderen schnuppern kann.

Wer es als Herr etwas stilvoller mag: Der Handkuss bei Damen ist mittlerweile etwas aus der Mode gekommen – kommt aber immer noch gut an. Laut Knigge durfte man früher nur verheirateten Frauen die Hand küssen oder älteren Damen ab 30 (!) Jahren und noch dazu nur in geschlossenen Räumen oder auf Bahnsteigen. Heutzutage sieht man das nicht mehr so eng: in Chat-Foren verschickt man »Küss-die-Hand-Smileys«. Denn – und das ist doch schön – im Grunde sorgt so ein gekonnter Hauch über den Handrücken in der weiblichen Welt nach wie vor für Eindruck. Allerdings nicht im Iran. Dort diskutieren Politiker im Wahlkampf schon mal, was verwerflicher ist: seiner Lehrerin die Hand zu küssen oder einer Europäerin in Italien die Hand zu schütteln – wie es zwei Iraner zuvor getan hatten.

Unser Fazit: Wer eine Reise tut, sollte sich vorab auf alle Fälle über die landesüblichen Begrüßungszeremonien informieren.

WIE DER KÖRPERSINN UNSER DENKEN UND VERHALTEN LENKT

Es gibt einen regelrechten Superman-Trick fürs Ernstgenommen-Werden. Man drückt seinem Gegenüber einfach etwas Schweres in die Hand – einen Briefbeschwerer, einen Türstopper, einen Stein … Schon ziemlich interessant, was sich Wissenschaftler so alles ausdenken. Man muss schließlich erst mal auf die Idee kommen, herausfinden zu wollen, wie unser Tastsinn unseren Eindruck von einem andern Menschen beeinflusst – ohne dass wir diesen berühren. Oder ob ein schweres Dokument in unserer Hand unsere Entscheidung, einen Menschen einzustellen, beeinflusst. Genau das hat ein US-Forscherteam um Joshua Ackerman vom Massachusetts Institute of Technology in Cambridge untersucht.

Das Ergebnis: Der Tastsinn beeinflusst nicht nur unseren Eindruck, sondern auch Entscheidungen und Verhalten – und dabei ist uns das völlig unbewusst.

DAS WICHTIGSTE IST NATÜRLICH: GESUND BLEIBEN!

Erkältungen und auch Magen-Darm-Erkrankungen werden am ehesten über die Hände übertragen. Wir langen ständig in Virenherde, von der Türklinke über den Telefonhörer bis zum Haltegriff in der U-Bahn. Und diese Viren verbreiten wir dann noch beim Händeschütteln.

Im Kühlschrank sitzen 11,4 Millionen Keime pro Quadratzentimeter. Auf der Tastatur 40 000, auf dem Fußboden tummeln sich 10 000. Viel schlimmer ist die Erdnussschale. Wenn wir in einer gemütlichen Kneipe zum Bierchen aus einem Tellerchen ein paar Erdnüsslein snacken, dann nehmen wir die urinale keimbesiedelte Hinterlassenschaft von 27 Personen auf. So eine Studie: Die größte SAU (schmutzigstes anzunehmendes Utensil) ist die Hand. 31 Prozent der Männer und 17 Prozent der Frauen waschen sich nach dem Toilettenbesuch nicht die Hände.

Kurz könnte man das etwa so zusammenfassen: Wer uns einen Goldbarren in die Hand drückt, dem verkaufen wir die eigene Großmutter.

WENN KLEMMBRETTER BEWERBUNGSGESPRÄCHE ENTSCHEIDEN

Wie wir schon wissen, entdecken wir als Allererstes über unseren Tastsinn die Welt. Deswegen hat dieser Sinn einen so entscheidenden Einfluss auf unser Unterbewusstsein, auf unser Begreifen der Welt. Auch als Erwachsene. Um genau das zu beweisen, drückten die US-Forscher den Probanden ihrer Studie ein Klemmbrett in die Hand und schickten sie in ein Bewerbungsgespräch. Die eine Gruppe bekam ein sehr schweres Klemmbrett mit Unterlagen, die andere ein leichtes. Die Teilnehmer der Gruppe mit dem schweren Notizbrett beurteilten ihre Gegenüber durchweg als höher qualifiziert als die der leicht ausstaffierten Gruppe. Und die mit der schwereren Last bekundeten auch viel häufiger, ihr Gegenüber habe ein Interesse an der angebotenen Stelle.

In einem ähnlichen Versuch legten die Testteilnehmer ein Puzzle. Eine Gruppe bekam sandpapierraue Teile, die andere weiche Puzzle. Danach ließen die Forscher die Probanden eine Filmszene beurteilen. Die Sandpapier-Gruppe sah die Akteure als rau und schwierig, während die anderen Probanden die Darsteller als viel netter empfanden.

Ist das nicht unglaublich? Als Kind haben wir erfahren: Weiche, zarte, sanfte Berührung bedeutet Sicherheit und Wohlbefinden. Und als Erwachsene beeinflusst das Ertasten eines weichen oder rauen Gegenstandes, wie wir die nächste Lebenssituation empfinden, begreifen – und wie wir handeln.

DER HARTE STUHL, DER WEICHE BALL UND DIE HEISSE TASSE

Auch der Allerwerteste spricht gerne ein Wörtchen mit. Das fand die Forschertruppe heraus, indem sie ihre Probanden auf zwei verschiedene Stühle setzte. Eine Gruppe nahm auf einem harten Holzstuhl Platz, die andere auf weichen Sesseln. Anschließend mussten sie über den Preis eines Autos verhandeln. Wer auf der harten Unterlage saß, ging kaum Kompromisse ein. Der körperliche Kontakt mit harten Dingen lässt uns einfach härter urteilen.

Tasten wir etwas Hartes, lässt uns das die Welt auch als härter wahrnehmen, das hat ein amerikanisch-kanadisches Forschungsteam der Tufts University, Medford festgestellt. Die Wissenschaftler gaben ihren Probanden entweder einen harten oder weichen Ball in die Hand und forderten sie auf, ihn eine Zeit lang zu drücken. Dann zeigten sie ihnen Gesichter, die mit einem Bildbearbeitungsprogramm geschlechtsneutral gemacht wurden. Die Probanden mit den weichen Bällen dachten, es handele sich um Frauen, die mit den harten Bällen sahen bei den gleichen Bildern eher männliche Züge. Ist das Klischee vom starken Mann und der sanften Frau wirklich so tief in unseren Genen verankert? Scheint so. Jedenfalls wenn es um die Vergabe von Führungspositionen geht. Frauen, die sich auf Bewerbungsfotos mit breiten Schulten, kantigem Kinn und strenger Frisur zeigen, haben laut einer Mannheimer Studie bessere Chancen als weiblicher und sanfter wirkende Mitbewerberinnen.

> **» Ein Händeschütteln, eine leichte Berührung, ein Wangenküsschen öffnet meist die Türen, die folgende Situation wird nicht mehr so kritisch beäugt. «**

Während eines Bewerbungsgespräches hat man viel bessere Karten, wenn der potenzielle Chef oder die Chefin eine Tasse Kaffee oder Tee in der Hand hält. Denn viele Studien zeigen, dass sich Menschen mit warmen Händen wohlwollender anderen gegenüber zeigen als Menschen mit kalten Händen. Stellt man sie vor die Wahl: Du kriegst als Belohnung ein kleines Geschenk für dich – oder einen Gutschein für einen Freund, wählen die warmen Hände den Gutschein. Die kalten Hände beschenken lieber sich selbst. Wir sprechen nicht umsonst von einem »warmen Lächeln« oder einem »kalten Herzen«.

DER SCHUTZZAUBER, DIE SCHULTER UND DAS RISIKO

»Kommen Sie mit!«, sagt die Autoverkäuferin. Lässt uns einen Schritt Vortritt und berührt sanft unsere Schulter. Eine Sekunde. Und schon gehen wir 6,47-mal wahrscheinlicher das Risiko ein, die rote Schrottlaube zu kaufen. Es gibt viele Studien, die zeigen: Kurzer Hautkontakt lässt uns das Risiko lieben.

Allerdings muss die Berührung von einer Frau kommen. Das führen Jennifer J. Argo von der University of Alberta und Jonathan Levav von der Columbia University auf unsere behütende Mutter zurück. Wenn wir auf kleinen, dicken Beinchen auf immer größeren Radien durch die Gegend stapfen, um unsere Welt zu entdecken, legt Mami immer wieder die Hand auf unsere Schulter. Und wir fühlen uns in der unendlich großen Welt so sicher. Dieser Schutzzauber erhält sich bis in die Erwachsenenwelt hinein. Er wirkt, sobald wir uns auf Entdeckungsreise begeben, egal ob wir uns an die Börse wagen, einen 4000-er

● ● ● ● ● ● ● ● ● ● ● ●

**KLEINER ERFOLGSZAUBER:
GOLD ODER KAFFEE**

Wer ernst genommen werden will, etwas erreichen will, sollte sein Gegenüber in einen weichen Stuhl setzen und etwas Schweres in die Hand drücken. Am besten etwas Wertvolles. Einen Goldbarren? Ein Goldbarren wiegt 1 Kilo und kostet 31 000 Euro. Und er ist glatt ... Auch gut: eine heiße Tasse Kaffee.

erklimmen, ein Hauch von einem Abendkleid kaufen, am Roulettetisch sitzen oder einen Abenteuerurlaub buchen. Eine kurze, freundliche Berührung der Schulter lässt uns viel, viel lieber ein Risiko eingehen. Macht uns mutiger. Auch Händeschütteln wirkt ein wenig. Nur Männerhände haben keine Lust auf Risiko-Wirkung.

WARUM BERÜHRUNGEN RESTAURANTGÄSTE GROSSZÜGIGER MACHEN

Hat Berührung einen Einfluss auf die Höhe des Trinkgelds? Das interessierte Forscher von der Universität von Mississippi. In verschiedenen Restaurants wurden »Berührtage« und »Nicht-Berührtage« eingeführt. An den Berührtagen sollten die Kellner ihre Gäste leicht am Arm oder der Hand berühren, an den Nicht-Berührtagen war Berühren verboten. Unabhängig vom Geschlecht sowohl des Kellners als auch des Gastes zeigten sich die berührten Gäste großzügiger: An den Berührtagen kamen bis zu 5 Prozent mehr Trinkgeld in die Kasse.

... und Sportler erfolgreicher. In der Öffentlichkeit sieht man ja nicht so oft, dass sich Männer berühren. Beim Sport ist das ganz anders. Da wird geklopft, gerauft, umarmt … Gut so. Denn Fußballteams, die sich oft berühren, sind viel erfolgreicher als Teams, die das nicht tun. Die Forschung zeigt: Anfassen fördert den Teamgeist, die Motivation und den Willen zum Sieg. Und das funktioniert nicht nur beim Fußball: Um herauszufinden, wie körperliche Berührungen die Leistung eines Teams steigern können, untersuchten Wissenschaftler der Berkeley-Universität eine Saison lang die Mannschaften der National Basketball Association. Das Ergebnis: Je häufiger sich die Spieler eines Teams auf die Schulter klopften, umarmten und berührten, desto mehr Siege steckte das Team ein. Und auch der einzelne Spieler profitiert: Diejenigen, die die meisten Körperkontakte zu ihren Mitspielern hatten, warfen die meisten Körbe. Nun, das sollte man sich mal auf einen Zettel schreiben und an den Spiegel hängen: »Heute Schulter klopfen, umarmen, berühren!« Beim Zähneputzen einprägen – und tagsüber immer wieder tun. Das macht nicht nur im Sport erfolgreich.

VERKAUFS-MODELL: ABSTRAKTES GREIFBAR MACHEN

»Wie alt sind Sie?«, fragt der Versicherungsverkäufer und zückt einen roten Ein-Meter-Zollstock. Der Kunde antwortet verblüfft: »43.« Der Verkäufer nimmt den Zollstock, tippt auf 43 Zentimeter, bricht das Holz an der 77-Zentimeter-Marke durch und drückt ihn dem Kunden in die Hand: »Da Sie ein Mann sind, beträgt Ihre durchschnittliche Lebenserwartung 77 Jahre. Das bedeutet, Sie haben jetzt noch etwa 34 Jahre vor sich. Wie wollen Sie die verbringen?« Die Chancen, dass dieser Kunde eine Altersvorsorge abschließt, sind bis zu 100 Prozent höher als ohne die Demonstration. Der Zollstock ist eine haptische Verkaufshilfe, dem Kunden etwas begreiflich zu machen, was er sich nur schwer vorstellen kann. Einen Porsche kann der Kunde anfassen, er kann sich reinsetzen und eine Probefahrt machen. Mit einer fondsgebundenen Rentenversicherung kann er das nicht.

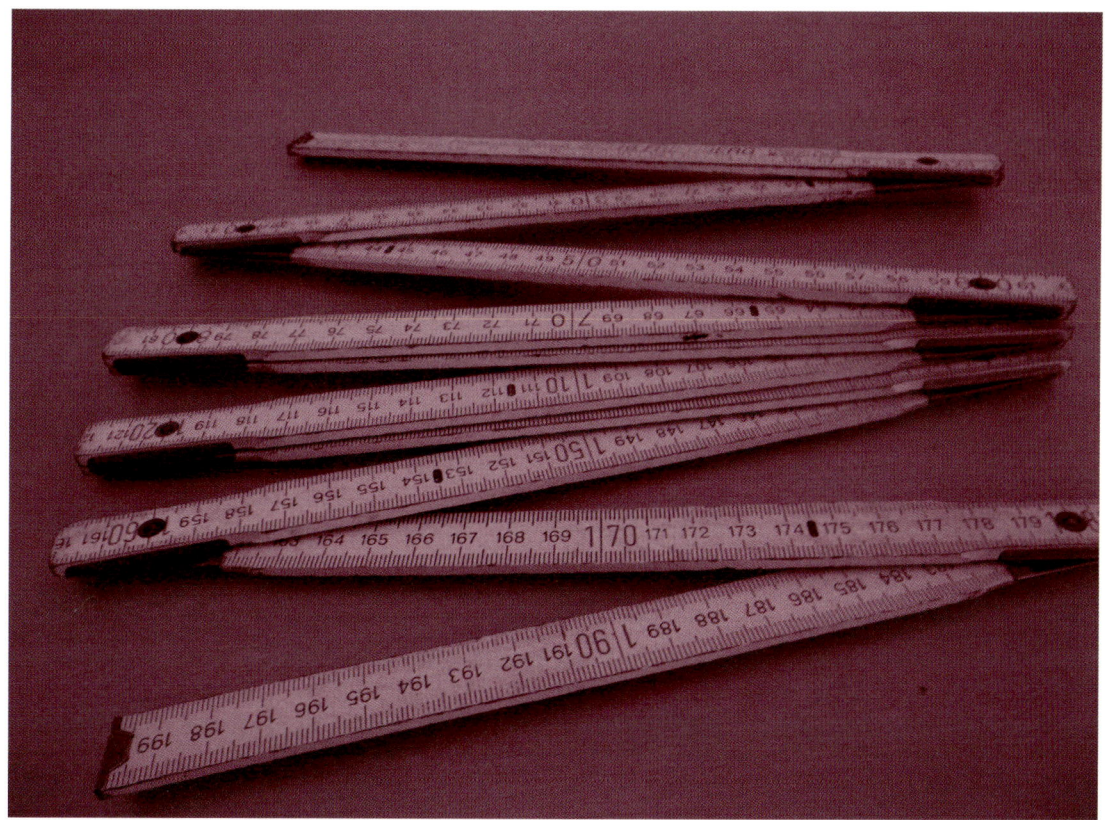

DER ENDOWMENT-EFFEKT – WARUM ANFASSEN WERTE SCHAFFT

Auf dem Basar in Marrakesch drückt man einem Kunden die Wasserpfeife in die Hand – denn dann kauft er sie viel eher. Das heißt Endowment-Effekt. Besitztums-Effekt. Funktioniert auch mit sehr, sehr teuren Staubsaugern. Was wir erst einmal in der Hand halten, das bewerten wir viel höher als das, was wir nur angucken. Sollte man mal unseren Finanzministern erklären. Das wäre eine einfache Möglichkeit, den Konsum anzukurbeln – und gleichzeitig den Müllberg zu reduzieren. Man müsste ein Man-darf-wieder-Anfassen-Gesetz beschließen. Alle Produkte aus ihren Plastikverpackungen nehmen. Denn was wir anfassen, kaufen wir auch viel eher. Der Wirtschaftswissenschaftler und Verhaltensökonom Richard Thaler, Professor an der Universität Chicago, hat dem Endowment-Effekt schon vor 30 Jahren seinen Namen gegeben. Lange bevor er Barack Obama beriet.

Der Endowment-Effekt bringt Menschen sogar dazu, komplett unlogisch zu handeln. In einem Experiment der Ohio State University und der University of Illinois drückten die Forscher Probanden eine Kaffeekanne im Wert von 4 Dollar in die Hand. Sie durften diese entweder 10 oder 30 Sekunden in den Händen halten. In der anschließenden Versteigerung bot die Zehn-Sekunden-Gruppe im Schnitt gerade mal 2,44 Euro für die Kanne. Mehr als die Hälfte der Probanden der 30-Sekunden-Gruppe überbot sogar den offiziellen Ladenpreis. Was wir anfassen, was wir halten, was wir gefühlt besitzen, bekommt für uns einen hohen Wert, je länger der Kontakt, desto höher die Wertschätzung. Das wissen alle, die bei eBay handeln. Wer mitsteigernd einmal vorne lag, also kurz das Gefühl des Besitzes genoss, ist bereit, weiterzusteigern und mehr zu bezahlen. Dadurch kommen so absurde Geschäfte zustande wie der Verkauf eines 100-Euro-Ikea-Gutscheins für 125 Euro.

Folgende kleine Körper-Expedition mal ausprobieren: Lassen Sie Freunde den Wert eines Gegenstandes schätzen, die einen dürfen nur angucken, den anderen drücken Sie ihn in die Hand. Wer schätzt mehr? Wetten, dass …?

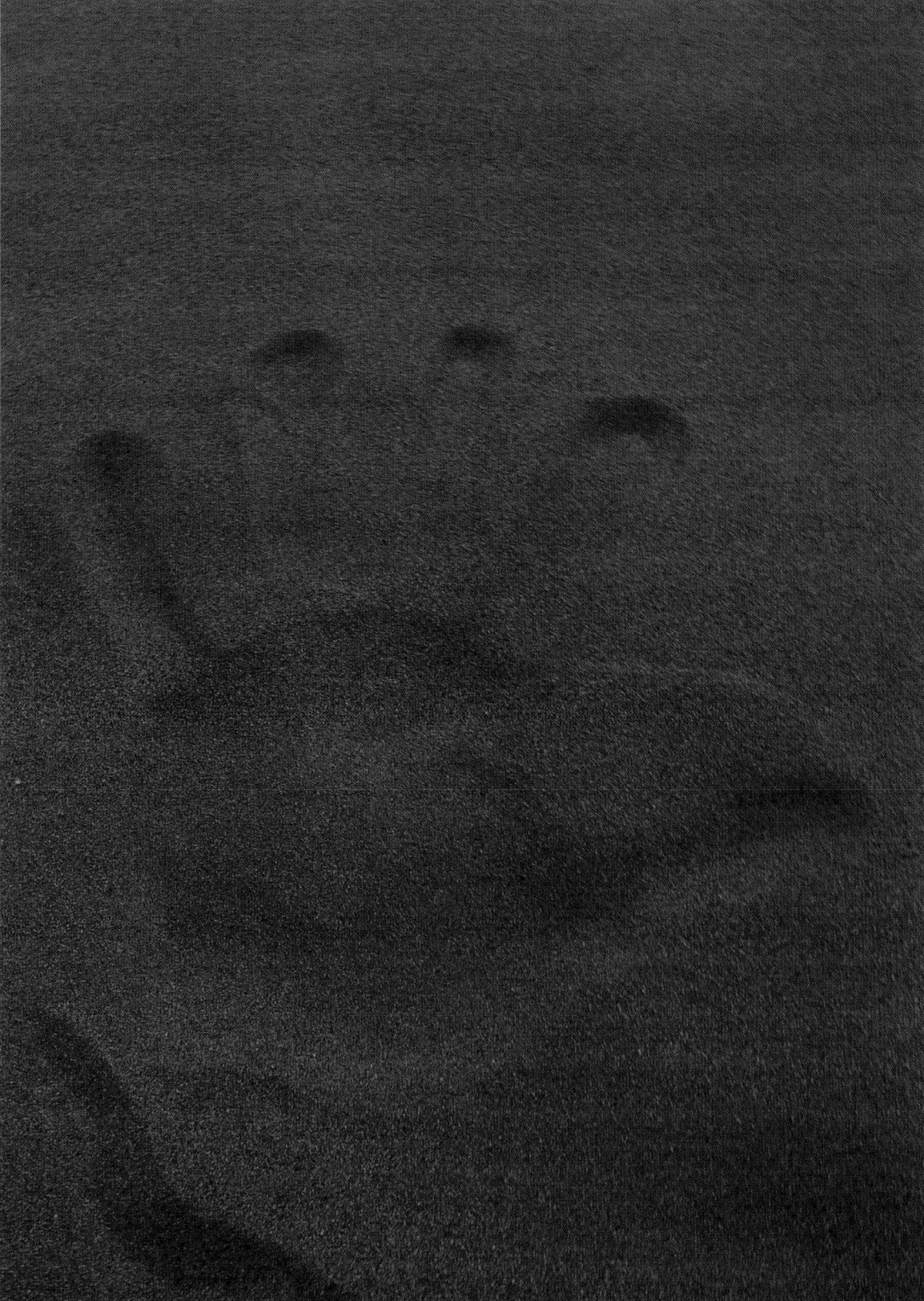

»BERÜHRUNG SCHAFFT VERTRAUEN«

Karl-Werner Schmitz ist Deutschlands führender Experte und Trainer für haptisches Verkaufen. Er ließ 1987 das erste Patent für eine haptische Verkaufshilfe eintragen. Sein Lebensthema: Wie lässt sich etwas Abstraktes, wie zum Beispiel eine Lebensversicherung, greifbar machen? Susanne unterhielt sich mit ihm über den Verkaufskanal »Tasten«:

Herr Schmitz, was bedeutet haptisches Verkaufen?

Haptisch verkaufen heißt, bewegungs-erlebnisorientiert verkaufen. Die beiden Hauptkanäle Sehen und Hören sind bei den meisten Menschen heutzutage verstopft, völlig überladen mit Werbe- und Produktinformationen. Den Kommunikationskanal »Tasten« mit einzubeziehen heißt, einen neuen Zugang zum Kunden zu finden. Der Verkäufer redet nicht mehr so viel, sondern gibt dem Kunden etwas in die Hand, lässt ihn fühlen, erleben. Haptisch verkaufen bedeutet: das Unsichtbare begreifbar machen.

Das ist vor allem bei abstrakten Produkten wie Versicherungen, Dienstleistungen und Weiterbildungen wichtig – dafür nutzen Sie haptische Verkaufshilfen.

Genau. Ein Versicherungsverkäufer kann seinem Kunden das Manko der staatlichen Rente mit vielen Worten erklären – oder er kann es ihm einfach zeigen. Wir haben einen übergroßen Geldschein entwickelt, den gibt der Verkäufer dem Kunden in die Hand: »Das ist Ihre Kaufkraft heute.« Dann nimmt er ihn wieder zurück, zerreißt ihn in zwei ungleiche Teile und gibt dem Kunden das kleinere mit den Worten zurück: »Das ist Ihre Kaufkraft im Alter, wenn Ihr Einkommen so bleibt, wie es ist ... Wollen Sie den anderen Teil auch haben?« Das ist unglaublich wirkungsvoll und dauert nur zwei Minuten. Der Kunde braucht ein Erlebnis, das ihn emotional berührt, und das kann man nur mit Bildern, Geschichten und Beispielen oder eben mit haptischen Verkaufshilfen erzeugen. Einem Kunden kann nichts Besseres passieren, als dass ihm ein Produkt gut erklärt wird. Je besser er es versteht, desto einfacher kann er entscheiden, ob er es haben will oder nicht.

Raten Sie den Verkäufern auch, ihren Kunden leicht am Arm zu berühren?

Ja. Berührung schafft Vertrauen. Jemand, der berührt, lügt nicht. Das ist zumindest meine Erfahrung. Wenn ein Mensch lügt, fasst er einen anderen in dem Moment nicht an. Das wissen wir instinktiv.

Auch der innere Tastsinn soll in den Verkauf mit einfließen ...

Ich sage meinen Seminarteilnehmern immer, sie sollen sich nach der Pause auf einen anderen Platz setzen. Umsetzung kommt von um-setzen. Geistige Bewegung hat mit körperlicher Bewegung zu tun. Das funktioniert auch wunderbar beim Kunden. Wenn nichts mehr geht, wechseln Sie den Platz oder womöglich den Ort. Bringen Sie den Kunden erst mal körperlich in Bewegung.

Wie demonstrieren Sie in Ihren Vorträgen die Wirkung von Berührung?

Ich suche mir eine Testperson aus dem Publikum und begrüße sie auf verschiedene Weisen.

1. Ich sage nur »Guten Tag« und drehe ihr den Rücken zu.
2. Ich sage »Guten Tag«, schaue sie freundlich an, halte Abstand.
3. Ich sage »Guten Tag« und gebe ihr die Hand.
4. Ich umarme sie nur und sage nichts.

Bei der Umarmung ist es immer ganz still im Raum. Alle spüren, dass da etwas anders ist. Manchen ist das peinlich, zu nah, andere sind berührt. Berührung sagt mehr als tausend Worte.

Mehr Infos unter: www.haptische-verkaufshilfen.de

DEN KUNDEN IN BEWEGUNG BRINGEN

Der Körpersprache-Experte Samy Molcho (»Körpersprache und Beruf«) löst vertrackte Situationen mit Bewegung. Der Kunde sitzt verschlossen, mit verschränkten Armen ruhig auf seinem Stuhl. Seine Körpersprache zeigt Abwehr. Einen angebotenen Kaffee lehnt er ab. Wie kann man diesen Menschen öffnen? Nicht mit Worten. Samy Molcho reicht ihm den Kaffee über die Tischhälfte hinaus. Den kann der Kunde nicht ablehnen. Wir geben ihm etwas, erzeugen ein Gefühl. Er bewegt eine Hand in Richtung Kaffeetasse, um sie entgegenzunehmen, bewegt dann seinen ganzen Körper. Lächelt. Ist bereit, etwas anzunehmen. Geistige Bewegung erfolgt aus körperlicher Bewegung.

2.

BERÜHREN – KOSTBARER KÖRPERKONTAKT

ZUM ÜBERLEBEN BRAUCHEN WIR NICHT
NUR LUFT UND NAHRUNG, SONDERN AUCH
STREICHELEINHEITEN. DENNOCH BERÜHREN WIR
UNS IMMER WENIGER. HÖCHSTE ZEIT,
DAS ZU ÄNDERN.

BERÜHREN IST DIE SPRACHE DER SEELE

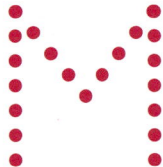achen Sie jetzt mal die Augen zu, denken Sie an Berührung. Was sehen Sie? Ich sehe: Eine Mutter hält den Kopf ihres Babys, zwei Männerhände umschließen das Gesicht einer Frau, eine schöne Hand streichelt zärtlich einen glatten, zarten Bauch. Ein Mädchen kuschelt seine Wangen an die Nüstern eines Pferdes. Kräftige Finger spielen mit den Locken eines Mädchens. Eine kleine Kinderhand greift in die große Hand seines Opas. Eine starke Hand berührt einen zarten Oberarm … Jeder Mensch hat seine eigenen Bilder von Berührung. Berührung ist eine universelle Sprache, aber auch sehr individuell. Jeder hat sein individuelles Bedürfnis nach Körperkontakt. Jeder hat seine individuelle Dosis, die er mag, seine Intimzone, in die er nicht jeden lässt …

STREICHEL-ENTZUG UND SEINE FOLGEN

Nur Frischverliebte streicheln sich 38,9-mal am Tag. Lang Verheiratete reden weniger als sieben Minuten und die Streicheleinheiten fallen oft noch karger aus. Ist Streicheln wirklich etwas, das wir uns heutzutage in Einheiten verabreichen müssen? Du kriegst eine, ich zwei – und der keine. Singles leiden unter Streicheleinheiten-Entzugserscheinungen – und das treibt kuriose Blüten wie Kuschelpartys, auf denen sich bis zu 50 Wildfremde auf Matratzenlagern gegenseitig Nähe schenken. Und »intensiv berührt« sind von dem, was sie da gerade tun. Das Modewort der spirituellen Szene heißt »berührt«, am besten gleich noch »intensiv«. So sprinten die Berührungs-

» Nichts verbindet zwei Menschen so stark wie eine zärtliche Berührung. Nichts trennt zwei Menschen so schnell wie eine falsche Berührung. «

durstigen vom Intensiv-Wasserkuscheln zum Intensiv-Flirt-Seminar und sammeln berührende Erlebnisse, um ihr wahrscheinlich ziemlich langweiliges Leben aufzuwerten. Schade, dass dieser inflationäre Sprachgebrauch von so etwas

Einfachem und Natürlichem wie einer Berührung deren Wert mindert. Und leider bleibt auch die Natürlichkeit oft auf der Strecke, sprich auf der Kuschelparty-Matratze. Susanne sagt: »Viele von den Teilnehmern sind unentspannt, vor allem am Anfang.« Wundert mich nicht, wäre ich auch, wenn eine Horde wildfremder Menschen in meine genetisch und kulturell vorgegebene 45-Zentimeter-Intimzone eindringt. Trotzdem: Die meisten Teilnehmer strahlen danach, als hätten sie einen Joint geraucht. Berühren macht glücklich – sogar auf der Kuschelparty-Matratze. Und Berühren ist zudem auch noch gesund. Aber freilich nur, wenn Tabuzonen eingehalten werden – und die Dosis stimmt.

DAS ABC DER NONVERBALEN KOMMUNIKATION

Berührung ist die erste Sprache, die wir lernen. Es lässt sich leicht ein guter Draht zu einem Menschen herstellen, wenn man ihn am Oberarm berührt – allerdings sollte man nicht unfeinfühlig herumtatschen, sondern schon Kultur und Rangordnung beachten. Und dann braucht es keine Worte. Es überraschte Forscher immer wieder, welche Bandbreite an Emotionen und Signalen eine kleine, flüchtige Berührung übertragen kann – vergleichbar mit der ausdrucksstarken Sprache unseres Gesichtes.

Eine Berührung erfolgt unmittelbar, direkt – keine Form der Kommunikation ist so nah, so intensiv, so reich, so leise, so tief. Ein Handschlag verbindet. Na ja, oder vertreibt – wenn er nass und quallig ist … Ein Über-die-Wange-Streichen tröstet – oder setzt herab. Legt jemand kurz seine schützende Hand auf unsere Schulter, wiegt uns das in kindlicher Sicherheit. Oder verängstigt, weil der Handaufleger zeigt: Ich habe Macht. Das sollte zum Beispiel jeder Arzt wissen – und feinfühlig anwenden. Nicht nur, weil eine Visite mit Berührung von uns als doppelt so lang empfunden wird und die Patienten danach ihre Medikamente bereitwilliger nehmen.

BERÜHRUNG IST …

Die philosophische Definition: Berühren schafft eine Brücke zwischen zwei Lebewesen. Anrührend, die Rührung, die man ob einer Berührung empfindet. Berühren heißt aber auch Anpacken, Fassen, Greifen – und schon ist die Berührung eine aktive Bewegung. Berührt sein, er-griffen sein … das beschreibt Gefühle. Wir sind gerührt und bewegt. Berührung ist also eine Bewegung, die uns bewegt. Und deswegen ist Bewegung die Berührung mit dem Sein.

Die traurige Definition: Berührungen können verschieden sein. Bestimmt, liebevoll, zärtlich, aber auch unangenehm, hart, schmerzhaft. Berührung ist Begegnung, ist Interaktion. Darum kann Berührung nicht nur in Sicherheit wiegen, sondern auch Ängste auslösen. Berührung kann in Tabuzonen eindringen, Schamgefühle wecken, Ohnmacht und Abhängigkeit aufzeigen. Berührung hat in unserer Zeit an Licht verloren. Sie steht im Schatten von Kindesmissbrauch und sexueller Belästigung.

Kleine Körper-Expedition: EMOTIONEN BERÜHREN

Forscher der DePauw University in Indiana gaben Probanden eine Liste von Emotionen. Diese sollten sie per Berührung an unbekannte Personen mit verbundenen Augen übertragen. Die folgenden acht Emotionen wurden mit 70-prozentiger Genauigkeit übertragen. Heißt: Die Berührung selbst ist Kommunikationsmittel und nicht nur Unterstützer in der Kommunikation. Einfach einmal ausprobieren: Wie würden Sie diese Emotionen durch eine Berührung ausdrücken?

Stolz +++ Freude +++ Wut +++ Angst +++ Sorge +++ Liebe +++ Trauer +++ Verachtung

Eine kurze Berührung kann auch schüchternen Männern beim Flirten helfen. Der Psychologe Nicolas Guéguen probierte es selbst in einem Nachtklub aus: Er forderte Damen auf, mit ihm zu tanzen oder ihm ihre Telefonnummer zu geben. Wenn er sie vorher sanft am Arm oder an der Schulter berührte, sagten sie eher Ja, als wenn er sie berührungslos fragte. Aber Vorsicht! Auch hier gilt: Nicht jeder Mensch reagiert auf Berührung gleich.

DA IST DOCH WAS FAUL: GEFÄHRLICHE HEMMUNGEN

Die selbstlose Berührung als Ausdruck von Liebe ist wunderbar, erfüllend, heilsam. Berührung ist das Kommunikationsmittel unseres Körpers. Und unsere Eltern zeigen uns mit ihren absichtslosen Berührungen, wie sehr wir geliebt sind, wie sehr wir angenommen werden. Wir alle suchen unsere individuell unterschiedlich ausgeprägte Dosis an Nähe. Als Kind. Ein Leben lang.

Studien zeigen: Eine Beziehung lebt so lange, solange es mehr Körperkontakt gibt als das trockene Begrüßungs- und Abschiedsküsschen. Die wichtigste Kommunikationsform der Liebe ist Körperkontakt – ohne etwas zu wollen.

Ich habe gar nicht gemerkt, wie Xavi plötzlich Schuhgröße 43 hatte. Ich durfte ihn immer fest in die Arme nehmen. Knuddeln. Auf den Kopf küssen und sagen, dass ich ihn so lieb hab. Mein Neffe ist mittlerweile 15. Ich darf das immer noch. Das ist immer fantastisch, immer wie ein Wunder. Leider nicht immer normal.

Wer sein Kind am Strand eincremt, wird schief angeguckt. Darf man gemeinsam in die Badewanne gehen? Wie lange darf man mit der Tochter im Bett kuscheln? Studien zeigen: Wenn Frauen ihre Kinder eincremen, verstummen sie, sobald sie in die Nähe des Geschlechtsbereiches kommen. So liefern sie dem Unterbewusstsein des Kindes folgendes Futter: *Dort ist doch was faul, da stimmt doch was nicht, da unten.* Das haben sie schon von ihren Müttern mitbekommen. Und so pflanzen sich die einst von der Kirche ausgesäten Schamgefühle unbewusst weiter von Generation zu Generation. Und darum leben heute – trotz Aufklärung, trotz 68er, trotz freier Liebe, trotz Bhagwan – so viele Menschen mit einem völligen Unkontakt zum eigenen Körper. Mehr sogar: Man ist selbst die Persona non grata. Der Körper existiert nicht nur nicht – man mag ihn auch nicht. Wie soll man ihn dann einem anderen Menschen zum lustvollen Geschenk machen? Missbrauch ist die eine Seite der grausamen Medaille. Aber Eltern, die ihre Kinder nicht genug berühren, nicht natürlich berühren, nicht die Lust, die Freude am eigenen Körper entwickeln lassen, zerstören auch das gute Körperbewusstsein, eine lange Gesundheit und eine gesunde Sexualität.

DER WEG ZUM GLÜCK FÜHRT ÜBER KÖRPERGEFÜHL

Wer zu Hause ist in seinem Körper, der spürt, was sich der Körper wünscht (nicht der Kopf!): eine Hängematte, eine Walkingrunde – oder Geborgenheit, Streicheleinheiten. Nur der spürt auch Glück. Viele Menschen können ihren Körper nicht richtig wahrnehmen. Fühlen nicht, wie ihr Herz schlägt, wie sich der Puls anfühlt. Sie spüren nicht, wie steif das Becken ist. Dass der Körper ein Gefühl der Sicherheit in jede Zelle schickt, wenn wir nach einem Ein-Bein-Stand mit beiden Füßen gut geerdet auf dem Boden stehen, oder dass eine freundliche Hand auf der Schulter unser Innerstes einen Neuropeptid-Cocktail des Vertrauens mixen lässt. Unser größter Körpersinn ist das Fühlen. Und dem Fühlen Aufmerksamkeit zu schenken, ist ein Weg zur Zufriedenheit, zum persönlichen Glück. Dazu mehr ab Seite 118.

SELBSTBERÜHRUNGEN LINDERN SCHMERZEN

Wenn etwas wehtut, berühren wir uns automatisch mit der Hand an der schmerzenden Stelle – und verringern damit den akuten Schmerzreiz. Warum das so ist, haben jetzt Forscher der Universität London entdeckt: Die Berührung hemmt die Übertragung des Schmerzreizes ins Gehirn. Vor allem wenn zusätzlich noch ein Wärme- oder Kältereiz dazukommt. Alle unsere Körperwahrnehmungen werden im Gehirn abgebildet – angenehme Reize ebenso wie Schmerzreize. Sie »stören« sich gegenseitig, deshalb kann Berührung den Schmerzreiz überlagern.

DIE CLEVERE **CHEMIE DER BERÜHRUNG**

erührt uns ein lieber Mensch – idealerweise liegen wir dabei faul rum und lassen uns ausgiebig kraulen, schütten wir gleich mal eine Menge Drogen aus. Im frühen Alter solche, die uns wachsen lassen, später solche, die uns anhänglich machen. Berührt uns ein Verkäufer, schenken wir ihm (in der Regel, natürlich nicht immer) Vertrauen, berührt uns ein Arzt, wacht unser innerer Doktor auf. Wachstum, Immunsystem, seelische Balance, Aufmerksamkeit – all das stärkt eine richtige Berührung.

DIE MOLEKÜLE DER STREICHELEINHEIT

Auf sanfte, willkommene Berührungen reagiert unser Körper mit der Produktion von Oxytocin – dazu gesellen sich Serotonin und Endorphine. Gemeinsam senkt das den Spiegel an Stresshormonen, Ängste schwinden, wir fühlen uns behaglich und schöpfen Vertrauen zu unserem Gegenüber. Unser Gehirn schüttet unter erfreulichem Hautkontakt auch Dopamin aus – und das vermittelt in Gemeinschaftsarbeit mit dem Oxytocin emotionale Intelligenz, macht uns fähig, soziale Kontakte zu knüpfen.

Dass unser Gehirn durch Berührungen wesentlich mehr aufnimmt und lernfähiger wird, dafür sorgt ein niedriger Cortisolspiegel in Kombination mit dem Wohlfühlhormon Oxytocin und der allgemeinen Aktivierung unseres parasympathischen Nervensystems.

Da auch das Norephedrin mitmischt, macht uns Berührung sogar aufmerksam, lässt uns leichter im Hier und Jetzt leben – Berührung fördert Achtsamkeit. Und außerdem hilft eine berührende Hand, eine intensive Situation zu ertragen, den Zahnarztbohrer, die Achterbahn, die Schwiegermutter … Sie wird durch das Oxytocin als weniger gefährlich erlebt. (Liebe Schwiegermama Else, du bist natürlich nicht gemeint!)

Auf den Gipfel unserer Leistungsfähigkeit hievt uns dann die angekurbelte Endorphinproduktion, Norephedrin hält wach, Dopamin macht uns zufrieden. Das alles können wir mit einer Berührung in Gang setzen. Das ist doch unglaublich! Ist aber wahr. Steht im Handbuch der Körperpsychotherapie auf Seite 535. Im Aufsatz von Lisbeth Marcher vom Bodynamic Psychology Institute Kopenhagen, die sich dem Thema der therapeutischen Berührung verschrieben hat.

DAS UNGLAUBLICHE NETZWERK KÖRPER–GEIST

Der Philosoph Descartes hat vor 300 Jahren mal gesagt, Körper und Seele wären getrennt. Mit dieser Ansicht ist er in den letzten Jahren ziemlich angeeckt. Vor allem seit der Entdeckung der Neuropeptide, dem Bindeglied zwischen Bewusstsein, Psyche, Körper und Immunsystem. Neuropeptide bastelt sich der Körper in Reaktion auf Gedanken und Emotionen. Sie transportieren Infos zwischen Organen, Gehirn und Immunsystem – und koordinieren alle Körperaktivitäten. Außerdem beweisen sie, dass Seele und Körper, Denken und Immunsystem unzertrennlich miteinander verbunden sind und immer gemeinsam agieren. Kennen wir aus der Psychoneuroimmunologie. Frisst jemand seine Wut in sich hinein, fließen die chemischen Moleküle der Wut durch seinen Körper und docken an unendlich vielen Zellen im Körper an –

und beeinflussen sie. Irgendwann macht das ein Organ tatsächlich zornig: eine Laus läuft über die Leber und sie funktioniert nicht mehr richtig. Ist jemand glücklich, bilden die Zellen überall im Körper eine Flut von Neuropeptiden namens Endorphine. Mit denen uns der Körper auch gegen Schmerzen feit und den Marathon gewinnen lässt (»Runner's High«).

Die Bezeichnung Endorphine ist eine Kombination der Begriffe »endogen« und »Morphin« – also interne, vom Körper gebildete Morphine. Am meisten schütten wir bei einer Geburt davon aus. Ihre Wirkung ist so gewaltig, dass sie uns sogar schwere Unfälle überstehen lassen.

Berührung mit Fernwirkung: Candace Pert, Professorin am Institut für Physiologie und Biophysik der Georgetown University, wies nach, dass es überall im Körper, an jeder Zelle Antennchen, sprich Rezeptoren, für Neuropeptide gibt. Und eine Berührung kann die lokale Produktion von diesen Botenstoffen anregen, die dann ihre Wirkung überall im Körper verteilen. Das erklärt auch, warum Handauflegen Wunden heilt, Akupunktur die inneren Organe stärkt, Massagen gegen Alzheimer helfen, die Wirkung eines Kusses auf das Immunsystem, einer Katze auf die Ehe und eines Tattoos auf die Neuropeptid-Produktion.

DÜNGER HAUTKONTAKT UND GIFT BERÜHRUNG

Die ersten emotionalen Bindungen entstehen durch körperlichen Kontakt. Er ist das Fundament für die weitere Entwicklung – emotional wie intellektuell.

Über unsere rund zwei Quadratmeter Haut grenzen wir uns ab von der Welt. Und über unsere Haut öffnen wir uns: Hier dringt Liebe ein. Aber auch Gift. Über Berührung spüren wir, dass uns jemand lieb hat. Dass jemand für uns da ist. Dass wir nicht alleine sind. Berührung brauchen wir zum Leben. Nicht zu berühren ist Körperverletzung, ja Mord. Kaiser Friedrich II. (1194–1250) machte ein grauenhaftes Experiment. Er hieß Ammen Babys zu stillen, verbat ihnen aber, mit ihnen zu sprechen, sie zu streicheln, zu herzen, auf den Arm zu nehmen. Er wollte herausfinden, welche Sprache die Babys entwickeln. Ergebnis: keine. Alle Babys starben.

Die armen Äffchen mit der Maschendrahtmutter. Wie halten es Affen ohne Berührung aus? An der Universität von Wisconsin zogen Wissenschaftler Rhesusaffenkinder mit einer Ersatzmutter aus Frotteestoff und einer aus Maschendraht auf. Gemein: Die Maschendrahtmutter hatte eine eingebaute Milchflasche, die Frotteemutter nicht. Die Kleinen klammerten sich die meiste Zeit an die Frotteemutter, der wärmere Körperkontakt war ihnen wichtiger als die Milchflasche. Wenn sie Hunger hatten, beugten sie sich – an die Frotteemutter geklammert – zu der Maschendrahtmutter hinüber, um zu trinken.

Nichts verbindet zwei Menschen so stark wie eine zärtliche Berührung. Nichts trennt zwei Menschen so schnell wie eine falsche Berührung. Kindsmissbrauch und sexuelle Nötigung haben den natürlichsten Akt der Welt in unserer Gesellschaft angreifbar gemacht. Wer wem wann wie nahe kommen darf, ist streng geregelt. Das verhindert zwar Übergriffe, aber auch spontanliebevolle Berührung.

Bis auf den förmlichen Händedruck und eine schulterklopfende Mini-Umarmung ist Hautkontakt außerhalb engster Beziehungen für viele ein Tabu – das nur dann aufgehoben wird, wenn starke Emotionen ins Spiel kommen: Traurigkeit, Hilfsbedürftigkeit, Siegestaumel, Angst. Nur dann unterstellen die meisten dem Berührenden kein sexuelles Motiv.

Wir brauchen Hautkontakt zum Überleben wie Wasser und Brot. Berührung schenkt Sicherheit, Wärme und Geborgenheit. Mindert Aggressivität. Und zwar messbar: über das Hauptstresshormon Cortisol. Ein Mangel an Berührung ist auch einer der Gründe, warum Gewalt zunimmt. Nur: Natürliche Berührungen werden immer seltener. Berührung hat schon im Kindergarten ein schlechtes Image.

In den USA haben die Erzieherinnen so viel Angst, des sexuellen Missbrauchs bezichtigt zu werden, dass sie die Kleinen lieber gar nicht anfassen – oder nur, wenn unbedingt nötig. In manchen Kindergärten gelten sogar das Kind schützende »Null-Kontakt-Regeln«, nach denen Betreuerinnen es nach einem Sturz zwar aufheben dürfen, es aber keinesfalls einfach so auf den Schoß nehmen sollen. Eigentlich unglaublich: Gleichzeitig ist nach einer Untersuchung aus dem Jahr 2008 noch in 21 Bundesstaaten die Prügelstrafe erlaubt.

WENN **NÄHE** ABSTÖSST

trahlend und elegant leuchtet am Anfang das Auge, dunkel und diffus steht am Ende der Tastsinn.« Diese Worte können Sie lesen in »Der bewegte Sinn«, das Buch von Haptik-Forscher Dr. Martin Grunwald. Darin erfahren Sie, dass Aristoteles den Tastsinn ganz, ganz weit hinter all die anderen Sinne stellte. Der griechische Philosoph bezeichnete den Tastsinn als »niederen Sinn« und stellte ihn hinter das Sehen, Hören, Riechen und Schmecken an die fünfte Stelle.

DER VERACHTETE SINN

Sehen ist rein, Tasten ist alles andere als das. Aristoteles sagte: »Dieser Sinn ist demnach derjenige, der am allergemeinsten unter all den Sinnen Anlass zu Ausschweifungen bietet, und so scheint er mit Recht der verächtlichste zu sein, weil er uns nicht zukommt, sofern wir Menschen sind, sondern sofern wir mit den Tieren Ähnlichkeit haben.«

Die Vernunft, der Verstand, das logische Denken standen bei den Griechen hoch im Kurs. Der Körper mit seinen Bedürfnissen eher weniger. Und der Tastsinn galt dann über Jahrhunderte hinweg als niederer Sinn – außer für ein paar ganz gescheite Ausnahme-Köpfe. Der Kirche war das natürlich mehr als recht, sie verkündete über Jahrhunderte, dass Körperliches und Sinnliches unlauter, schamhaft oder böse seien. Die Frau war dem Mann Untertan und käufliches Objekt – wer die »Wanderhure« gelesen hat, ahnt, auf welch brutale Weise.

Der deutsche Geschichtsschreiber und Journalist Joachim Fernau beschreibt in seinem Buch »Und sie schämeten sich nicht – eine Geschichte der Liebe«, was mit der Liebe und dem Liebemachen im Mittelalter passierte. Die Inquisition trieb die Menschen dazu, mehr als vorsichtig miteinander umzugehen. Keiner traute dem anderen. Denn reine Vermutungen genügten und Frauen landeten als Hexe auf dem Scheiterhaufen. Einer der Hauptgründe, warum die Menschen Hexen verbrannten, war der Verdacht, eine Frau hätte Sex mit dem Teufel gehabt. Und als Beweis diente schon ein Muttermal.

VERSCHWINDEN UND COMEBACK DES HANDAUFLEGENS

Mit der Inquisition verschwand viel altes, heilkundliches Wissen aus den Köpfen der Menschen. Heilen durch Handauflegen war bis dahin durchaus üblich gewesen. Wurde dann aber als Scharlatanerie abgetan, landete in der esoterischen Ecke und findet erst heute wieder einen wissenschaftlich akzeptierten Platz. Mehr ab Seite 225.

Im 17. Jahrhundert rief René Descartes das Zeitalter der Ratio ins Leben: Mit seiner Erkenntnis »Cogito ergo sum« – »Ich denke also bin ich!«. Und freilich trug zum Untergang des Handauflegens und der sonstigen Berührungskultur auch die moderne westliche Medizin ihr Scherflein bei. Sie konzentrierte sich nur noch auf die Reparatur einzelner, nicht mehr funktionierender Körperteile und verlor immer mehr den Blick auf den ganzen Menschen. Sogar die Therapeuten verbannten die Berührung aus ihrem Heilköfferchen. Sigmund Freud, Begründer der Psychoanalyse, verbot, den Klienten anzufassen, um ihn nicht zu beeinflussen. Vorher nutzte Freud Berührung sogar, um den Zugang zum Unbewussten seiner Patienten einzuleiten. Er legte seiner Patientin Lucy R. die Hand auf die Stirn uns sagte: »Jetzt wird Ihnen was einfallen unter dem

Druck meiner Hände.« Und Freud freute sich riesig (wahrscheinlich aber eher ohne viel Körpersprache), dass ihr jedes Mal eine Erinnerung kam. Der Psychoanalytiker Karl Menninger riet später sogar davon ab, den Klienten die Hand zu geben. Damals wollten die Therapeuten die Patienten vor Missbrauch schützen. Heute sehen sie den Menschen Gott sei Dank wieder ganzheitlich. Die Erfahrung »Ersatzteillager für die Schulmedizin« und »Langzeitstudie für den Analytiker« hat dazu geführt, dass der Mensch wieder in seinem Körper ankommt. Das erzählt Wolf Schneider, Naturwissenschaftler und Philosoph. Seit 30 Jahren hält der Herausgeber der Zeitschrift »Connection«, das Magazin für Lebenskunst, Weisheit und Heilung, Vorträge und Seminare. Sein erstes Seminar hieß: »Tanz und Massage«. Und zwar, »weil ich so sehr überzeugt war, dass Bewegung und Berührung der Schlüssel zum Lebensglück sind«. Wissen Sie, liebe Leser, wie man sich freut, wenn man an so einem Buch sitzt und so ein Zitat findet?

DEN TASTSINN WAHRNEHMEN UND WERTSCHÄTZEN

Dass der Tastsinn eigentlich unser komplexester Sinn ist, der differenzierteste, der tollste – darauf sind die Menschen erst im Laufe der Zeit gekommen. Und dass wir heute über ihn reden, ihn wahr-nehmen und wert-schätzen, das haben wir vor allem auch Dr. Martin Grunwald zu verdanken – seinen vielen Vorträgen, seinem Wirken, seinem Buch »Der bewegte Sinn«.

Zunächst entdeckte und benannte der gescheite Mensch verschiedene Sinne für die Muskeln, für das Gleichgewicht, für den Schmerz, für die Temperatur, den Druck … Dann entdeckten Forscher den inneren und äußeren Tastsinn, der unserem Gehirn eine Vorstellung von der Welt vermittelt. John Locke schreibt in seinem Buch »Versuch über den menschlichen Verstand«, dass es die Hauptaufgabe unserer Sinne sei, uns auf das hinzuweisen, was dem Körper schadet oder nützt. Und das muss man erst einmal begreifen, mit der Hand auf dem Herd, dem Pfeffer auf der Zunge … Die Berührung dient als Grundlage für Wahrnehmung allgemein. Der Braten berührt die Zunge, das Licht die Augen, die Oper die Ohren.

»Der Mensch ist das vernünftigste Tier, weil er Hände hat«, sagte Anaxagoras, und Johann Gottfried Herder, der Denker der Aufklärung, meinte, der

> »Der Arzt schätzt die Computertomografie. Der Patient schätzt die Hand, die sich ihm entgegenstreckt.«
>
> NORMAN COUSINS,
> WISSENSCHAFTSJOURNALIST, BEGRÜNDER DER
> THERAPEUTISCHEN LACHFORSCHUNG

Tastsinn gebe uns ein »Grundgefühl« und prägte den Ausruf: »Ich fühle mich! Ich bin!« – »Berührt sein« wird zum Schlagwort der Eso-Szene – und heute bemühen sich auch immer mehr Therapeuten darum, die Kraft der Berührung wieder in ihren Behandlungen zu nutzen. So kombinieren viele Psychoanalyse und Körpertherapie. Und viele arbeiten nur über den Körper, um Traumata überwinden zu helfen und ein emotionales Gleichgewicht herzustellen. Im Schnellverfahren. Mehr über Kurzzeittherapien ab Seite 256.

DIE WÜRDE DES MENSCHEN IST (UNAN)TASTBAR

Stellen Sie sich mal Prinz Charles vor, der seinen Kumpels in der Kneipe fröhlich in den Armen liegt. Geht nicht. Körperliche Nähe erzeugt Vertrautheit, Distanz erzeugt Respekt. Wie viel Nähe wir vertragen, wie viel Distanz wir brauchen, liegt an unseren Genen, an unserer Erziehung, an unserem Umfeld. Im englischen Hochadel galten noch vor wenigen Jahrzehnten strenge Berührungsverbote. Ashley Montagu beschreibt das in seinem Buchklassiker »Körperkontakt« folgendermaßen: »Ein wohlerzogener Mensch berührt niemals einen anderen ohne dessen Zustimmung. Die geringste zufällige Berührung eines anderen erfordert eine Entschuldigung, selbst wenn dieser andere Mensch Vater oder Mutter oder eines der Geschwister ist.« Sie schütteln staunend den Kopf? Eigentlich sollte das nicht nur für »wohlerzogene« Menschen gelten. Berühren ist Nähe, die man niemandem aufzwingen darf. Weder als Onkel dem Kind noch als Mutter dem pubertierenden Sohn noch als Mann der Frau, die gerade keine Nähe verträgt. Berührungen dürfen und sollen wir immer als Angebot verstehen. Und dafür sollten wir auch immer sehr sensibel sein. Möchte unser Gegenüber denn gerade in diesem Augenblick berührt werden – und wenn ja, in welcher Dosis?

Wie ist denn die Nachfrage? Sie steigt, sogar in englischen Adelskreisen. Seit Diana und Kate gibt es Prinzessinnen zum Anfassen. Wenngleich das Volk auch ziemlich enttäuscht war ob der mageren 0,7 Sekunden, in denen sich die Lippen von Prinz William und Herzogin Catherine berührten, als sie sich nach dem Jawort auf dem Balkon des Buckingham-Palasts dem Volk zeigten. Auch die Zugabe mit 1,1 Sekunden war im Vergleich zum längsten Kuss mickrig. Der brannte auf japanischen Lippen und dauerte 46 Stunden, 24 Minuten und 9 Sekunden.

WIE VIEL BERÜHRUNG VERTRAGEN WIR?

Wie berührten sich unsere Großeltern? Noch preußisch unterkühlt oder – schon von den Urlaubsreisen inspiriert – südländisch-warmherzig? Waren unsere Eltern wohlgesittet – oder kleine Rebellen, Vertreter der freien Liebe, FKK-Fans? All das beeinflusst unser Bedürfnis nach Nähe. Trug uns unsere Mutter am Bauch in einem Tuch, nahe am Herzen, sehen wir die Welt auch später mit den Augen des Vertrauens. Wuchsen wir als Laufstall- und Kinderwagenkind mit wenig Berührung auf? Dann, so zeigen Studien, akzeptieren wir später viel häufiger Sex als Zuwendung, obwohl wir eigentlich lieber kuscheln würden.

Natürlich gibt es noch erhebliche kulturelle Unterschiede, was das Bedürfnis nach Berührung betrifft. In unserer Umfrage haben wir die Herren der Schöpfung gefragt, wie oft sie ihre Partnerin am Tag berühren: »Über 15-mal«, das nannten gerade 25 Prozent. Meine Damen: Wenn Sie ein starkes Bedürfnis nach Streicheleinheiten haben, dann wandern Sie aus nach Frankreich oder Südamerika. 1996 erschien im British Journal of Social and Clinical Psychology eine Studie darüber, wie oft sich Pärchen im Café bei einer gemeinsamen Tasse Schokolade berühren. In London gar nicht, in Florida zweimal, in Paris 110 Mal und in Puerto Rico 180 Mal. Mehr zum Thema Nähe und Distanz in Kapitel 2.

MÄNNLICHE BERÜHRUNGSÄNGSTE

Wir Frauen massieren uns den Nacken, wenn uns der Stress übermannt. Wir nehmen uns in den Arm, wenn wir schöne oder traurige Geschichten erzählen. Wir halten auch mal Händchen, um zu zeigen, dass wir ganz nah sind. Männer erleben weitaus weniger Berührung in ihrem Alltag als Frauen. Während Frauen zwölfmal am Tag die Hand ausstrecken, um jemanden anzufassen, tun das Männer höchstens achtmal. Und das ist schon viel. Männliche Singles ohne

Kinder haben kaum Körperkontakt. Während sich gute Freundinnen beim Streifzug durch die Klamottenläden unterhaken, sich mit einem Küsschen begrüßen, sich im Arm halten, ist der körperliche Kontakt unter Männern – Händeschütteln und Schulterklopfen mal ausgenommen – gesellschaftlich immer noch nicht überall akzeptiert. Nähe zwischen Männern verunsichert immer noch viele Menschen.

> »Fehlende emotionale und körperliche Nähe zum Vater führt dazu, dass Männer es später schwer haben, eine männliche Form der Nähe aufzubauen.«
>
> BJØRN THORSTEN LEIMBACH
> »MÄNNLICHKEIT LEBEN«

Es gibt eine ganze Reihe von Kulturen, in denen der Körperkontakt unter Männern nicht so negativ besetzt ist. In arabischen Ländern ist er beispielsweise völlig normal und ein Ausdruck von tiefer Verbundenheit, des Vertrauens und der Freundschaft – unabhängig von Position und Status. Dort ist es auch durchaus üblich, dass Männer miteinander tanzen, sich bei der Begrüßung kräftig umarmen. Nähe unter Männern wird auch im Hamam gelebt, der arabischen Dampfsauna, wo Männer unter sich sind.

Schon in der Kindheit erfahren Buben weniger Berührung. Kleine Mädchen haben wesentlich häufiger Körperkontakt mit beiden Eltern als Jungen. Vor allem Väter berühren ihre Söhne selten. In Kindertagesstätten, Kindergärten und Grundschulen sind Jungs vorwiegend von weiblichen Erzieherinnen und Lehrerinnen umgeben. So lernen sie schon in der Kindheit, Berührung und Nähe mit weiblichen Bezugspersonen zu verbinden, aber kaum mit männlichen. Hinzu kommt, dass immer mehr Mütter ihre Söhne alleine ohne Vater erziehen. Das hat Auswirkungen auf das spätere Erwachsenenleben. Ab der Pubertät erleben Männer Berührung selten ohne Sex. Erwachsene Männer berühren sich untereinander kaum. Nähe und Berührung finden sie nur in der Partnerschaft oder durch käufliche Liebe oder über die Seitensprung-Agentur im Internet. Ganz selten berühren sich Männer und Frauen rein freundschaftlich. Um es mit den Worten von Harry aus dem berühmten Film »Harry und Sally« zu sagen: »*Männer und Frauen* können nie miteinander befreundet sein, weil ihnen immer der *Sex* dazwischenkommt.«

MÄNNER HEUTE

Wir haben 50 Männer in unserem Bekanntenkreis gefragt, wie viel Berührung sie in ihrem Alltag erleben. Ihre Antworten haben gezeigt: 80 Prozent erfahren nur wenig Berührung mit Freunden, Kollegen oder Kumpels beim Sport. Die meisten Männer erleben Berührung nur mit ihrer Partnerin oder mit ihren Kindern – und längst nicht so viel, wie sie sich wünschen. Mehr über die Umfrage im Kapitel 5.

MANN, DA TUT SICH WAS ...

Wir haben bei den Recherchen für unser Buch festgestellt: Auch bei uns beginnen Männer, sich langsam an mehr absichtslose Berührungen heranzutasten. Gucken Sie mal um sich. Immer mehr Männer umarmen sich auch bei der Begrüßung. Neulich erzählte meine Friseurin von einem Kunden, der jede Woche am Freitag kommt, um sich einfach nur den Kopf massieren zu lassen. Und auf ihrer Kuschelkurs-Recherche begegnete Susanne vielen männlichen Berührung-haben-Wollern.

WARUM BERÜHRUNG SO UNTER DIE HAUT GEHT ...

Die Frau eines guten Freundes knipst immer, wenn sie uns begrüßt, ein Lächeln an, haucht links und rechts ein Küsschen hin. Sie hat einen starren Körper, möchte aber als offen, aufgeschlossen, kontaktfreudig gelten. Nur: Das Unechte daran spürt jeder. Es gibt viele Menschen, die ein gestörtes Verhältnis zu Nähe haben, das oft aber gar nicht wissen. Allein der Gedanke, angefasst zu werden, lässt sie erschauern und die Muskeln anspannen.

Eine Studie zeigt: Zwölfjährige Jungs aus Miami spüren bei Hautkontakt eher Aggression als Zuneigung. Wieso kann ein Grundbedürfnis – wie »berührt werden wollen« – zu Angst mutieren? Dafür gibt es eine simple Erklärung: Wir kennen das doch alle von uns aus Situationen, in denen wir tieftraurig waren. Was passiert, wenn jemand einen in den Arm nimmt, einem zart über den Arm streichelt? Wir fühlen uns geborgen. Wir springen in den Augenblick. Wir machen auf. Wir öffnen unseren Schutzpanzer. Wir zeigen Gefühl. Und fühlen uns gleichzeitig unglaublich verletzbar. Es passiert so häufig, dass auf einer Massageliege plötzlich und unerklärlich die Tränen fließen. Dass eine Craniosacral-Therapeutin ein bebendes Schluchzen auslöst.

> **» Wenn wir lernen, uns Berührungen hinzugeben, entpanzern sich Körper und Geist. «**
> PAMELA BEHNKE, THERAPEUTIN,
> WWW.TASTE-OF-TANTRA.DE

WIE WIR UNSEREN SCHUTZPANZER ÖFFNEN KÖNNEN

Kein Wunder: Jede Emotion, jedes Gefühl, jede Erfahrung steckt in unseren Körperzellen, in den Muskeln, im Bindegewebe. Eine Hand auf der Schulter, eine Umarmung holt uns in den Augenblick, in unseren Körper. Eine Berührung kann in Muskeln erstarrte Gefühle in Bewegung versetzen. Das kennt jeder: tapfer sein. Zähne zusammenbeißen. Bis einen tröstende Arme umfangen, eine Schulter den Kopf stützt. Endlich können wir den Schmerz fühlen, sodass die Tränen fließen und die Brust bebt. Das ist Aufmachen. Das meint Gefühle leben, Sorgen loslassen. Nur: Das kann nicht jeder. Diesen Schutzmantel kann sich nicht jeder nehmen lassen. Es gibt Menschen, die können sich nicht erlauben, dass alte Verletzungen hochkommen, sie sind nicht in der Lage, Gefühle zu zeigen. Weil sie Angst haben, dass sie jemand verletzen könnte. Andere Menschen wiederum halten Hingabe für Schwäche, sie können nicht zeigen, dass sie Nähe brauchen, dass sie Bedürfnisse nach anderen haben. Und manche können auch nicht ertragen, dass Berührungen in ihnen Freude weckt – oder sogar Lust.

Berührung – ohne Absicht – wäre genau der Weg ins Leben zurück, ins Sein, ins Spüren, in das Genießen des Augenblicks – ohne Muskelpanzerschutzmäntelchen. Denn jeder Mensch möchte wahrgenommen und berührt werden. Nicht nur als kleines Kind. Und jeder kann, indem er anfängt, Stück für Stück Berührung zuzulassen, sich langsam wieder vortasten. Und vielleicht wird er irgendwann keine Angst mehr haben vor Gefühlen, die in ihm hochkommen – und lernen, diese und sich selbst zu akzeptieren, zu mögen, ja, zu lieben. Und daraus entwickelt sich ein völlig anderes, neues Selbstwertgefühl und ganz nebenbei eine natürliche, gesunde Sexualität.

MODERNE
STREICHELEINHEITEN

ine der wunderbarsten Waffen gegen Stress und seine alt und krank machenden Hormone ist schlicht und einfach die Streicheleinheit. Es gibt sie überall auf der Welt, die Ressourcen sind unbegrenzt – und trotzdem ist sie nur selten preiswert. Nur manchmal umsonst. Immer häufiger haarig. Mitunter Hightech. Und bisweilen sogar ziemlich schmerzhaft – dafür ewig haltbar. Dazu gleich.

STREICHELSERVICE FÜR 1 EURO

1 Euro pro Minute zahlt ein Kunde professionellen Wellnesshänden. Dem Masseur, der am Flughafen steht oder mit seinem Stuhl im Büro anrückt, der Craniosacral-Therapeutin, der Feldenkrais-Trainerin. 2008 schreibt das »SZ-Magazin« über das Geschäft mit der Berührung: »Wir müssen ehrlich sein: Der moderne Mensch hat ein ziemlich gestörtes Verhältnis zur Nähe, deshalb sind so einfache Dinge wie Anfassen, Berühren und Streicheln mittlerweile zu einem Geschäft geworden, mit dem eine ganze Industrie Millionen umsetzt. (Und wir reden hier nicht über Sex.)«

Single-Haushalte nehmen zu. 1961 gab es 4 Millionen, heute 16 Millionen. Mittlerweile leben 40 Prozent der Deutschen in einem Single-Haushalt. In Großstädten wie Berlin und Hamburg wohnt sogar jeder Zweite alleine. Da ist einfach niemand daheim zum Kuscheln – bis auf den Teddybären. Statt sich im Café zu treffen, chatten sie im Internet, Mausklicks ersetzen Berührungs-kicks. Für intime Momente buchen die Menschen einen Termin bei ihrem Friseur, Masseur (von Thai bis Tantra), Osteopathen, Nagel-Designer, Fußpfleger, Fitness-Coach und bei ihrer Kosmetikerin. In unserer zunehmend kontaktar-men Welt, in der Berührung auch Angst macht, hat eine Kosmetikerin mehrere Jobs. Sie ist zusätzlich Therapeutin, Freundin, Müllschlucker. Sie lächelt, trös-tet, darf durch unsere Intimschranke von 45 Zentimetern und berührt, berührt,

berührt – auch immer mehr Männer. 80 Milliarden Euro geben die Deutschen pro Jahr für Wellness aus.

KOSTENLOSE FREMD-UMARMUNGEN

Nicht immer kostet Kontakt. Manchmal steht in der Fußgängerzone ein Hugging-Fan. Wie Tibor. Der junge Mann steht am Stachus in München und hält ein Schild mit der Aufschrift »Kostenlose Umarmung« in die Luft. Er erzählt: »Wenn die Sonne scheint, trauen sich viel mehr – an einem guten Nachmittag mehr als 100.« Diesen recht ungewöhnlichen Akt der Nächstenliebe verdanken wir dem Australier Juan Mann. 2004 stand der langhaarige Hornbrillenträger, frisch von der Freundin verlassen, mit einem »Free-Hugs«-Schild in der Fußgängerzone von Sidney und bot allen und jedem Umarmungen an. Junge Mädels sprangen an seine Schulter, alte Omis schmiegen sich unter und auch Männer drückten ihn kumpelhaft. Das YouTube-Video rührt zu Tränen. Das Schönste daran: Wir können in den Gesichtern lesen, dass

> » Wir brauchen vier Umarmungen am Tag zum Überleben, acht zum Leben und zwölf zum Wachsen. «
>
> VIRGINIA SATIR

auch die Umarmung eines Wildfremden glücklich macht. Heute hat die Free-Hugs-Kampagne (nach 10 000 Unterschriften übrigens auch von der australischen Polizei erlaubt) Kultstatus. Schon 65 Millionen Menschen haben das Video geguckt.

Nach seinem Ausflug ist Free-Hug-Tibor gut drauf, fröhlich – und um eine Erfahrung für seine Diplomarbeit reicher. Tibor studiert Psychologie: »Heute umarmt man nicht nur, weil man jemanden mag oder jemanden trösten will. Sondern man umarmt, um sich selbst gut zu fühlen. Jugendliche umarmen sich heute mehr. Und Erwachsene suchen vermehrt bezahlten Körperkontakt, den sie in der Laptop-Isolation vermissen.«

Jede Berührung wirkt erst auf den Körper, dann auf die Seele – und die wiederum wirkt auf jede Körperzelle ein.

HIGHTECH STATT KÄNGURUBEUTEL

Natürlich kaufen wir den Wohlfühl-Kinderwagen fürs Baby. Leichtgängig, mit formschönem Design-Aluminiumgestell, mit Scheibenbremsen und natürlich mit einem Schlafsack aus PCM-Hightech-Material aus der Weltraumtechnologie – entwickelt für die NASA. Dabei täte es ein Tuch genauso gut, wenn nicht

• • • • • • • • • • • • •

WIE DAS VERHALTEN UNSERER MUTTER UNSERE GENE BEEINFLUSST

Der kanadische Neurobiologe Michael Meany erforschte, wie das Fehlen mütterlicher Zuwendung das Erbgut von Kindern verändern kann. Bei Ratten gibt es, wie bei Menschen, mutige und ängstliche Zeitgenossen, und diese Charaktereigenschaften hängen von der Zuwendung ab, die sie nach der Geburt bekommen. Ein Rattenjunges, das in den ersten Tagen nach seiner Geburt viel körperlichen Kontakt mit der Mutter hatte und von ihr ausgiebig geleckt wurde, ist später mutiger und gelassener. Rattenkinder von Rattenrabenmüttern, sogenannten non-licking mothers, werden später aggressiver und ängstlicher. Das Fehlen der Zuwendung bewirkt, dass ein bestimmtes Gen nicht mehr abgelesen wird und daraufhin eine wichtige Andockstelle für das Stresshormon Cortisol im Gehirn fehlt. Wenn das Cortisol nicht mehr andocken kann, verbleibt es im Blutkreislauf und der Stress steigt. Und die Hirnanhangsdrüse schüttet bereits bei vergleichsweise geringen Belastungen viele Stresshormone aus.

sogar besser. Kommt ein Riesenkängurubaby auf die Welt, misst es gerade mal zwei Zentimeter. Es schlüpft aus dem Bauch in den Beutel und saugt sich an der Zitze fest. Dort bleibt es acht Monate lang. Der Beutel wächst mit. Nach etwa 150 Tagen spitzt das Köpfchen das erste Mal heraus und bis zum endgültigen Verlassen des Beutels erlebt es aus dem sicheren, warmen Mamabauch heraus die Welt. Ideal! Frauen vieler Naturvölker tragen ihre Babys ähnlich. Nämlich in einem Tragetuch am Bauch oder Rücken. Die Kinder haben ständig Körperkontakt, können aus einer aufrechten Position heraus beobachten und lernen. Und sind auch noch ständig in Bewegung. Die Säuglinge lernen die Welt völlig anders kennen als alleine, flach in einem Kinderwagen oder Bettchen liegend.

Kinder, die in Tragetüchern eng verbunden mit dem Körper der Mutter die Welt entdecken, sind ruhiger und weinen seltener, sie fremdeln weniger und werden später zu stabileren und gelasseneren Persönlichkeiten. Sie lernen früher laufen und haben bessere motorische Fähigkeiten. Das bestätigen Studien. Baby-Tragetücher gibt es auch bei uns, doch hier stiehlt ihnen oft die Hightech-Kinderwagenkonkurrenz die Schau.

KATZEN GEGEN SCHEIDUNGEN

Zurück in den Alltag. Zu Nina und mir, im X-Cut, dem Friseur in der Wasserburger Landstraße. Wann immer Kunden durch die Türe kommen, steuern sie zuerst auf die 13-jährige Pudeldame zu. Ausgiebig streicheln. Tiere sind Lebens-Therapeuten. Sie lehren uns Achtsamkeit, schenken Augenblicke des Glücks – und ersparen uns auch noch Medikamente. Studien zeigen: Katzen verhindern Ehekrach und Selbstmorde. Hunde spüren einen epileptischen Anfall voraus und warnen das Herrchen. Meerschweinchen beruhigen das hyperaktive Kind. Delfine und Pferde dringen zu Autisten durch. Kinder, die mit Tieren leben, wachsen zu sozialeren

Wesen heran, sind weniger aggressiv, neigen viel seltener zu Depressionen. Tiere bringen ihre Besitzer zu Bewegung, sie senken den Blutdruck, entstressen, trösten über Einsamkeit hinweg und verbessern die Laune. Herzinfarktpatienten gesunden rascher und leben länger. Tiere helfen uns nicht nur, weil wir mit ihnen spazieren gehen, sondern vor allem, weil wir mit ihnen über Berührung kommunizieren. Sicher dürfen wir uns hier auch die Frage stellen: Wie konnte es so weit kommen, dass wir Tiere brauchen, um unser Bedürfnis nach Nähe, nach Streicheleinheiten auszuleben? Fest steht: Sie helfen uns, wie so oft, aus großer Not.

C-Fasern funken Zufriedenheit ins limbische System, während Helga meinen Kopf massiert und während Oxytocin entspannend durch meine Adern strömt, sagt sie: »Wenn ich das sehe, wünsche ich mir immer, ich wäre ein Hund.« Irgendwie traurig. Eine Kultur der Distanz macht uns neidisch auf Schoßhündchen. Wir brauchen direkten Körperkontakt wie Wasser zum Überleben. Und damit wir das auch richtig genießen können, verfügen wir über ein eigenes Fasersystem – bestehend aus C-Fasern. Sie leiten nur solche Nervenimpulse weiter, die durch leichtes und langsames Berühren unserer Haut erzeugt werden. Sie schicken sanfte Streichelbewegungen ins limbische System unseres Gehirns – in den alten Komplex, in dem Gefühle die Hauptrolle spielen. Dieser Bereich sorgt dafür, dass viel Oxytocin durch unsere Adern strömt. Dieses Bindungshormon lässt uns entspannen, beruhigt unseren Atem und wiegt uns in Ruhe. Leider ist das Vergnügen nur kurz, das Hormon hat nur eine kurze Haltbarkeit – aber langfristig läuft uns der Lebenspartner nicht weg. Und darüber steht mehr im 5. Kapitel geschrieben.

KUNST, DIE UNTER DIE HAUT GEHT

BodyArt by Arafat heißt das Tattoo-Studio mitten im Münchner Szeneviertel Glockenbach. Laute Heavy-Metal-Musik. Am Empfang steht Kathi, sie hat ein Tattoo am Hals, ihre Kollegin geschätzte 25 Piercings im Ohr. Sie lächeln freundlich, bieten Susanne einen

● ● ● ● ● ● ● ● ● ● ● ● ●

HÄNDCHENHALTEN BERUHIGT

Wenn's im Flugzeug wackelt, die Achterbahn auf dem Rummelplatz in eine schnelle Kurve fährt oder der Arzt mit besorgtem Gesicht ins Wartezimmer kommt, tun wir es automatisch: Wir packen die Hand unseres Begleiters. Das beruhigt uns und gibt Kraft. Was dabei im Gehirn passiert, haben Wissenschaftler der Universitäten von Wisconsin und Virginia untersucht. Sie versetzten verheirateten Frauen im Experiment leichte elektrische Schläge am Fußknöchel und beobachteten die Gehirnaktivitäten. Sobald der Ehemann die Hand der Frauen nahm, ließ der Stress nach. Die Hand eines Fremden führte ebenfalls zu Beruhigung, wenn auch nicht so stark.

Kaffee an. Ein bisschen aufgeregt schmiegt sie sich in den schwarzen Ledersessel, der aussieht wie eine Mischung aus Zahnarzt-Behandlungsstuhl und Psychoanalytiker-Couch. Drei Monate hat sie auf den Termin gewartet. Nach drei Stunden schmückt eine filigrane Lotusblüte ihren Oberarm. Den restlichen Tag verbringt sie »wie in Trance«.

Tattoos: Früher trugen sie Motorradfahrer mit schwarzen Lederjacken, Punker mit bunten Haaren. Heute tragen sie Banker – und Managerinnen. In der Internet-Business-Plattform Xing hat die Gruppe »Tattoo« 5000 Mitglieder und die Wartezeiten einiger Studios liegen bei einem Jahr. Für Susanne

ist dieses Tattoo »auch eine extreme Erfahrung mit dem Thema Berührung.« (Und für mich Anlass zur Beinahe-Ohnmacht – meine Spiegelneuronen …) Feine Nadeln stanzen im Tempo von 30 bis 40 Stichen pro Sekunde die Farbe 1,5 Millimeter tief in die Hautzellen der Lederhaut – zwischen sich erneuernde Oberhaut und Fettschicht. Kathi arbeitet ohne Betäubung. Susanne: »Der Körper produziert dabei jede Menge Endorphine, um den Schmerz erträglich zu machen. Leider erst nach 20 Minuten.« Die Vision einer Lotusblüte hatte Susanne während einer Hypnosesitzung auf Bali, diese Blüte wollte sie ein Leben lang bei sich haben. Tja, Kunst, die auch unter die Haut geht.

3.

BEWEGEN!
DIE BERÜHRUNG
DES KÖRPERS
MIT DEM SEIN

DURCH DEN ALLTAG TANZEN, JEDEN TAG JÜNGER
WERDEN, ENERGIE TANKEN UND SOGAR EIN
BISSCHEN INS NICHTS TAUCHEN: MEDITIEREN
KANN NICHT JEDER – ABER BEWEGEN KÖNNEN
WIR UNS ALLE.

DER **INNERE** TASTSINN UND DAS GLÜCK

aufen, laufen, laufen … Der Specht: Tok, tok, tok … weicher Boden, Morgensonne. Irgendwann denken wir nicht mehr an die Wurzeln, an die nachtsteifen Muskeln, an Nachbars Gockel … Angestrengte Gemütlichkeit strömt durch unsere Blutbahn. Ein zäher Fluss voller Glück. Wir sind mit der Welt – und in uns. Geist und Körper verschmelzen. Kennen Sie das? Solche Momente sind selten – aber immerhin. Ein solches Verschmelzen mit dem Augenblick nennt die Wissenschaft *Flow*. In diese Momente führen aktive Meditation, Yoga oder auch fernöstliche Kampfsportarten. Wir finden sie aber auch ganz westlich im Tanz, im Klavierspiel – und glückliche Menschen finden sie sogar in ganz normalen alltäglichen Tätigkeiten. Im Umgraben des Frühjahrsbeetes, im Putzen der Fenster, im Rühren der Tomatensoße.

Jeder weiß, dass wir mit den Händen tasten können. Aber dass unser Tastsinn auch in den Gelenken sitzt, darüber macht sich keiner Gedanken. Auf jedes Fühl-Antennchen auf der Haut kommen Hunderttausende im Körperinneren. Wir fühlen mit jeder Faser unseres Körpers. Und wir fühlen viel mehr als nur Berührung.

Bewegung ist Berührung mit dem Leben, mit unserer Welt. Bewegung ist die Verbindung des Ichs mit dem Sein.

GLÜCK IM SPIEL, GLÜCK IM LEBEN …

Mein Körper schenkt mir täglich immer wieder einen Schwall guter Gefühle. Weil ich ständig mit ihm spiele. Ich spiele Ballerina auf dem Weg zur Kaffeemaschine, werfe die Beine hoch, strecke die Zehenspitzen vor … während der Kaffee durchläuft, mache ich meinen Yoga-Baum auf einem Bein. Wenn ich auf Wolf warte, drücke ich mit der rechten Hand das Universum weg, mit der linken die Erde – eine Übung aus der Energiemedizin (siehe auch Seite 229). Zwischendrin hüpfe ich ein bisschen auf dem Trampolin, dehne mal die Waden, pflücke Sterne vom Himmel. Kindisch, gell? Ja, das finde ich auch. Das bin ich aber wirklich gerne. Weil ich so gefühlte 25 bin. Ich weiß auch, wie sich 50 anfühlen. In einem »geschonten« Körper nach einer OP. Das möchte ich ehrlich gesagt nicht mehr erleben. Lieber durch den Alltag tanzen. Übrigens: Damit kann jeder sofort anfangen. Den Körper wieder geschmeidig jung werden lassen, ihn als Glücksdrogenköfferchen nutzen – dafür ist es nie zu spät.

FLOW FÜR ALLE

Flow erleben wir mit jedem Sport, wenn wir uns wohlfühlen. Flow sehen wir in den leuchtenden Augen der Slackliner – sobald sie diesen neuen Trendsport einigermaßen beherrschen. Allüberall laufen diese Freizeit-Seiltänzer über ein elastisches Gurtband. Slacken kann jeder zwischen zwei Bäumen im eigenen Garten oder im Park nebenan. Es erfordert ein perfektes Zusammenspiel aus Balance, Konzentration und Koordination – und verbessert das Gleichgewicht vieler Sportler. Profi-Slackliner laufen mittlerweile schon über Flüsse, Schluchten und im Dunkeln.

> **» Flow ist, wenn Kopf und Körper sich sagen: Schön, dass es dich gibt. «**

Also, auf dem Gummiseil können wir Flow erleben. Wir erleben ihn aber nicht, wenn wir mit hochrotem Kopf joggen, wenn die Gelenke Stress machen, wenn wir null Bock haben. Genauso wenig, wie wenn wir auf der Couch sitzen und die Sportschau gucken.

30 Jahre lang beschäftigte Psychologieprofessor Mihály Csikszentmihályi die Frage: »Wie kann man alltägliche Routinearbeit so verwandeln, dass sie genauso aufregend wird wie ein rasanter Abfahrtslauf, so beglückend wie das Singen des Händel´schen Halleluja, so bedeutungsvoll wie die Teilnahme an einem geheiligten Ritual?« Seine Antwort heißt: Flow.

Flow ist Körper-Konzentration. Flow kann jeder erleben. Der Fließbandarbeiter wie der Chirurg, die Balletttänzerin wie der Westernreiter – oder der Tennisspieler. Flow ist Bewegung im Sein. Leichtigkeit, Kreativität, Timing, unendliche Freude strömt durch jede Zelle … Leider endet die Euphorie nur zu bald. Der Verstand holt uns auf den Boden des Mittelmaßes zurück. Zurück bleibt nur die Erinnerung an ein außergewöhnliches Glücksgefühl. Am einfachsten ist es, sich Flow in Form von Bewegung zu holen. Bewegung, die uns Spaß macht, Bewegung, die uns guttut. Und Bewegung wiederum schenkt uns einen Körper, der uns Flow überhaupt erleben lässt. Wenn wir unseren Körper nicht spüren oder ihn zu viel spüren, weil er ständig schmerzt, hört der Flow nur: »Kein Anschluss unter dieser Nummer.«

FLOW IST LEBEN PUR

Der Puls ist der Schlag des Herzens. Der Takt des Lebensmotors. Rund 10 000 Liter Blut pumpt das faustgroße, etwa 350 Gramm schwere Herz jeden Tag durch unseren Körper. Es schlägt 60-mal pro Minute, wenn Sie meditieren, und es steigert seine Tätigkeit auf 100 Schläge, wenn Sie ein wenig flotter spazieren gehen. Wenn Sie noch einen Zahn zulegen, pumpt es mit einer Schlagkraft von 140. Und wenn Sie zum Bus sprinten, dann schlägt es 180-mal. Es passt sich Ihrer Leistung ständig an. Nicht nur der – auch den Gefühlen. Sie denken an einen Menschen, den Sie lieben – das Herz schlägt schneller. Sie ärgern sich über Ihren Kollegen – der Puls rast. Sie denken an Ihre Schwiegermutter – der Puls … Sie denken an einen Spaziergang am Meer, an eine gefüllte Schaumbadbadewanne, an Pferdenüstern – das Herz schlägt langsam, Ruhe kehrt im Körper ein.

Und im Flow befinden wir uns in einem optimalen körperlichen Zustand. Herzschlag, Atmung und Blutdruck sind optimal synchronisiert. Flow ist Leben pur. Eine Euphorie, die länger andauert. Den Flow-Zustand können wir uns jeden Tag selbst machen. Wenn wir neben all unserem Wichtigtun und Beschäftigtsein immer wieder auch mal in uns hineinspüren.

TANZEN HEISST EINS-SEIN

Nichts drückt so sehr aus, dass Körper und Gefühle untrennbar eines sind, wie das Tanzen. Tanzen ist pure Emotion, ausgedrückt in Bewegung. Auf die Spitze treibt das der Film »Black Swan« (2010). Natalie Portman tanzt sich in den Wahnsinn. Sie identifiziert sich so sehr mit ihrer Rolle, dass sie sieht, wie

---

WER SINN STIFTET, MACHT ETWAS FÜR ANDERE BEDEUTSAM

Das Geheimnis des Gelingens? Sinn stiften. Wenn Menschen zusammen mit anderen etwas tun, das Sinn macht, lernen sie, dass sie bedeutsam und wichtig für andere sind. Und: »Wenn einer träumt, ist es ein Traum. Wenn viele träumen, ist es der Anfang von Wirklichkeit.« (Hundertwasser) Der Anfang von Veränderung, auch der Welt. Das Wesentliche lernen wir nur durch Erfahrung. Zum Beispiel melkend auf der Almhütte, Schafe scherend auf dem Aktivhof. »Wir zeigen, dass Menschen über sich hinauswachsen können, wenn sie wissen, wofür es sich anzustrengen lohnt. Wir geben Menschen Gelegenheit, Kräfte und Fähigkeiten in sich zu entdecken, die sie bisher nur erahnen konnten.« Dies ist eine der zentralen Aussagen der Initiative »Sinn-Stiftung« unter Vorsitz des Hirnforschers Prof. Gerald Hüther. Verschiedenste Projekte und Initiativen von »Singende Krankenhäuser« oder »Humor hilft heilen« bis hin zum »Praxisjahr Frieden und Umwelt« machen Lust aufs Mitmachen und Sinn-Stiften. Infos unter: www.sinn-stiftung.eu

ihr schwarze Federn wachsen und sich Schwimmhäute zwischen den Zehen bilden. Ein Tanz spiegelt unsere Gefühle wider, positive und negative, helle wie dunkle. Umgekehrt können wir durch Tanzen auch Gefühle erzeugen. Positive und negative. Der Choreograf trieb die Ballerina in den Wahnsinn, weil er von ihr absolute Perfektion in der Rolle des schwarzen Schwans wollte. Sie die negative, schwarze Seite in sich herausholen sollte. Anders, viel positiver: In dem prämierten Dokumentarfilm »Rhythm Is It!« (2004) lernen Berliner Problemkinder mit dem Choreografen Royston Maldoom Tanzen – und Leben. Über das Tanzen kann man zum Inneren eines Menschen vordringen, seine Persönlichkeit herausschälen – und ihm Werte vermitteln. Tanzen ist Balsam für Körper und Seele. Mehr im Interview mit Tanztherapeutin Sabine Walter-Ziemons, Seite 150.

WIE UNS **BEWEGUNG** BEWEGT

underttausend chemische Reaktionen finden jede Sekunde in jeder einzelnen Zelle statt. Das ist Leben. Unendlich viele kleine Prozesse. Und genau diese Prozesse in jeder einzelnen Körperzelle halten Bewegung in Gang. Schon alleine deshalb, weil Bewegung den Sauerstoff zu den Zellen liefert, jedes Organ optimal mit Blut versorgt. Natürlich ist auch die Müllabfuhr des Körpers abhängig von jedem Schritt, den wir gehen. Denn die Lymphe entsorgt belastenden Stoffwechselmüll nur, wenn der Mensch sich bewegt. Der Mensch ist nicht zum Sitzen geboren. Alles, was Sie nicht benutzen, geht verloren. Knochen erweicht, Muskeln verschwinden, die Immunkräfte auch. Auch Ärzte haben längst erkannt: Bewegung ist die Medizin des Jahrhunderts. Auch für unsere Seele. Bewegte Muskeln produzieren Stimmungsaufheller wie Serotonin und körpereigene Opiate namens Endorphine.

Sehr viel Gesundheit haben wir Dr. Ulrich Strunz zu verdanken. Er hat mit seinen »Forever-Young«-Büchern in den letzten zehn Jahren Millionen Menschen zum Laufen gebracht – und unzählige Mitochondrien vermehrt: »Ihre Lebensenergie, Ihre Dynamik, Ihr Elan am Schreibtisch wird in den Körperzellen gemacht.« Mitochondrien heißen die kleinen Kraftwerke. Dort wird gelebt, dort wird gestoffwechselt, dort wird Energie erzeugt. Dort werden Fett und Zucker verbrannt. Und wo stecken die kleinen Kraftwerke des Lebens? Im Muskel. Durch Bewegung gewinnt der Mensch an Ausdauer und Kraft. Vermehrt seine Mitochondrien – und so der Fitness-Doc: »Mit ihnen wachsen Tatkraft, Dynamik, Durchsetzungsvermögen und Lebensfreude.«

Natürlich sind es wieder Hormone und Nervenbotenstoffe, die all die energetischen Prozesse in unserem Körper aufrechterhalten. Und dass Bewegung auch die Botenstoffe entstehen lässt, die als Dünger im Gehirn für neue Verknüpfungen sorgen und somit das Netz der Erkenntnis, des Wissens ausbauen, wissen Sie bereits aus dem Interview mit dem Gehirnforscher Prof. Gerald Hüther ab Seite 40.

WIE WIR MIT DEM KÖRPER ÜBER UNS HINAUSWACHSEN

Das Geheimnis von Yoga: Immer ein kleines, kleines Stücken über die Grenzen gehen – das sorgt für Veränderung. In unserem Körper und in unserem Geist. Veränderung ist Leben. Und mit jedem Stückchen, mit dem unser Körper über seine Grenzen hinauswächst, wächst auch das Selbstvertrauen und damit das Selbstbewusstsein. Deswegen lassen uns Motivationstrainer so gerne über Kohlen laufen. Deswegen coacht man Selbstsicherheit im Job gerne auch mit dem großen, großen Pferd. Meine Freundin Claudia, Sie erinnern sich, die blind die Wand im Kletterpark raufkraxelte, erzählte mir auch, dass das für sie unglaublichste Erlebnis war, wie sie sich drei Meter fallen ließ. Am Seil gesichert, von der Kletterwand. Das schult Selbstvertrauen: Zu erkennen: Mein Kopf lässt los und mein Körper macht das mit. Und mir passiert nichts Schlimmes.

WIE BEWEGUNG UNSEREN INNEREN RATGEBER WECKT

Wir alle wissen: Denken hilft zwar, nützt aber nix. Zumindest sollten wir das wissen. Denn unser Kopf gibt uns selten guten Rat. Müde? *Nee, geht nicht. Keine Zeit,* sagt der Kopf. Einsam? *Darf keiner sein, schnell mal 'ne Mail schreiben,* sagt der Kopf. Der Körper würde sich hinlegen. Er würde sich eine Umarmung suchen … Tanztherapeutin Sabine Walter-Ziemons aus Herrsching: »Über den Körper kann man die echten Bedürfnisse viel leichter erkennen als über den Verstand. Denn wir haben alle einen Zensor in unserem Kopf sitzen. Und der ist oft so schnell, dass ein vorhandenes Bedürfnis gar nicht hochkommt, weil er es zensiert.« Diesen Zensor umgehen wir mit Bewegung. Wenn wir uns bewegen, öffnen wir unseren kinästhetischen, also den motorischen Sinneskanal. Den Kanal, über den Kinder die Welt entdecken und erforschen. Wir werden neugierig, auf uns selbst, auf

BEWEGEN UND MEDITIEREN: DIE MEDIZIN DER EMOTIONEN

»Um die unvorhersehbaren Kurven des Lebens zu nehmen, braucht man eine Bremse und ein Gaspedal, beide müssen in tadellosem Zustand sein«, schreibt David Servan-Schreiber in seinem Buch »Die neue Medizin der Emotionen«. Wenn wir Stress haben, schlägt das Herz schneller, der Sympathikus ist aktiv – wir sind alarmbereit, aktiv. Wenn wir meditieren, in unser Herz atmen, verlangsamt sich der Herzschlag, der Parasympathikus ist aktiv. Sympathikus, Parasympathikus, Gaspedal und Bremse unseres Stoffwechsels. Den einen trainieren wir mit Bewegung, den anderen mit Meditation.

Und stärken so unsere Herzratenvariabilität. Die Intervalle zwischen zwei Herzschlägen, die sich ständig anpassend verändern. Eine ausgeprägte Variabilität bedeutet ein gesundes, kraftvolles, flexibles Herz, man spricht hier auch von einem Zustand der Kohärenz. Wenn Bremse oder Gaspedal »klemmen« und die Variabilität abnimmt, entsteht ein Zustand des Chaos.

unsere Gefühle, auf unsere Emotionen – auf all das, was uns bewegt. Dieser bewegte Körpersinn, der »Sinn« für uns selbst, den die Bewegung freilegt, die Klugheit unseres Körpers, ist unser ehrlichster Ratgeber, der uns mit echten Gefühlen sofort zeigt, was los ist: Ob wir wütend sind, traurig, ob wir uns falsch behandelt fühlen oder nur einfach davonlaufen wollen. Mehr dazu im Interview mit der Tanztherapeutin ab Seite 150.

MEDITIEREN OHNE STILLSITZEN

Unser Körpersinn leitet uns sicher vom Krabbelnd-die-Welt-Entdecken bis zum Schlurfen am Stock. Wir erfassen alles mit unserem Körper – vom berechenbaren Griff zur Tasse bis zum Fühlen von unberechenbarer Gefahr. Das ist der fünfte Sinn. Das Fühlen des ganzen Körpers. Die Entfernung der Tasse. Stellen Sie sich vor, sie müssten jedes Mal Berechnungen anstellen, damit die Tasse den Weg zum Mund findet. Oder sich langsam herantasten. Bis der Kaffee den Ösophagus, die Speiseröhre, runterrinnt, bleiben lauter weiße Blusen auf der Strecke … Also, der Körpersinn erfasst die Tasse, die Höhe der Stufe. Sogar den Feind im Raum. Ja, auch diesen ortet unser fünfter Sinn. Was passiert denn, wenn jemand den Raum betritt, den wir nicht leiden können? Alle Muskeln spannen sich an. Jede Bewegung friert ein. Und was passiert, wenn wir Musik hören, die uns glücklich macht? Das Gegenteil von Erstarrung: fließendes Leben. Wir wiegen uns im Raum, bewegen die Beine, tanzen.

> **»** Meditation ist deutlich besser als Rumsitzen und Nichtstun! Meditation ist Fitness für die Seele, und man muss danach nicht duschen! **«**
> DR. MED. ECKART VON HIRSCHHAUSEN

Unser Körper hat also einen inneren Tastsinn. Dieser innere Tastsinn lässt uns den Alltag fühlen, das Leben fühlen. Und je besser dieser innere Tastsinn trainiert ist, je weniger Verspannungen ihn zudecken, desto eleganter, selbstsicherer, elastischer und jünger bewegen wir uns durchs Leben. Das gilt heute – und morgen auch.

Stress saugt Energie aus dem Körper. Meditation beruhigt die angespannten Nerven. Lässt uns zu unserer inneren Mitte finden und schont das gestresste Herz. Genau das tut Bewegung auch. Und über Bewegung, über den aktivierten inneren Tastsinn, kommen viele Menschen viel leichter an das »Nichts«, an die »Stille«, an die »Achtsamkeit« als durch Meditation im Sitzen. Ich meditiere beim Stallausmisten, beim Joggen, beim Wandern und Pfeifen – und natürlich auf dem Pferd. Susanne meditiert beim Tanzen, beim Schwimmen, beim Massieren und beim Thai-Bo-Kurs im Fitnessstudio. Natürlich haben wir beide auch schon zusammen im Sitzen meditiert. Mit Deepak Chopra – auf Seite 277.

UNSER KÖRPER ALS TAXI ZUR ENTSPANNUNG

Was ist eigentlich das Nichts? Eckart von Hirschhausen meint: »Es gab diese eine kleine Pause im Gequake meiner Gedanken, eine tiefe Ruhe erfasste mich. Ich bekam Gänsehaut, so schön war es. Ein kleines Einmal-eins-Sein. Eine Atempause lang, ein großer, leiser Glücksmoment.« Und diesem Moment hechten viele hinterher. Stundenlang im Lotussitz. Ich habe das auch schon probiert. Es ist schon sehr, sehr schwierig für uns Hamsterrad-Kandidaten, uns über den Bruchteil einer Sekunde zu freuen, die sich in das ständige Schnattern dort oben schleicht.

Wie wichtig der Körpersinn für unser Wohlbefinden, unsere Gesundheit, unsere Zufriedenheit ist, das entdecken immer mehr Menschen. Denn nicht jeder kann über die Konzentration auf den Augenblick zur Ruhe kommen, viele brauchen Bewegung, um dem Stress zu entfliehen – und auch alte Traumata zu verarbeiten. Jede körperliche Verspannung entsteht im Geist, durch unsere Gedanken und durch unsere Gefühle. Nur ein entspannter Geist schafft sich einen entspannten Körper. Jeder, der schon versucht hat zu meditieren, seine Gedanken loszulassen, weiß wie schwer das ist. Darum verwenden so viele westliche Therapeuten den Körper als Taxi zur totalen Entspannung, zur Freiheit von Gedanken und Frieden im Kopf. Darum ist auch Joggen mehr als eine Sportart. Für Psychologen ist Laufen längst Therapie. Wenn wir in unsere Laufschuhe schlüpfen, langsam, ohne Zielen hinterherzuhechten, auf weichem Waldboden joggen – die Gedanken sich verlieren. Wenn wir ausdauernd laufen, individuell dosiert, pulskontrolliert, dann ist Laufen eine echte Form der Psychotherapie – macht mit Körper und Geist auch die Seele gesund. Darum gibt es einen Verband der Lauftherapeuten.

Wir können uns das Glück des puren Bewusstseins im Lotussitz holen oder in der Bewegung. Probieren Sie beides! Es gibt für jeden einen Weg. Aber er führt immer über den Körper. Niemals über den Verstand.

MÄNNER IM WALD

Für viele Männer ist es sehr entspannend, sich in der Natur auszutoben, wenn Mann sonst nur im Büro oder Auto hockt. Rasen mähen oder Hecke schneiden sind perfekte Bewegungsmeditationen, wer keinen Garten hat, mountainbikt oder joggt über Stock und Stein. Wem das zu konventionell ist, der fällt gleich ganze Bäume, hackt Holz oder verbringt ein Wochenende im Wald – unter professioneller Anleitung im Männerseminar.

www.männer-im-wald.de

MUSKELN LÜGEN NICHT

 old ist die Bürde der Reichen«, sagt der Münchner Osteopath Dr. Peter Leitner. Und drückt sanft auf den Nackenmuskel – »Aua!« Er nimmt die Testkette aus Gold vom Hals und sagt: »Starke Leute vertragen kein Gold.« Das erzählt ihm ein Nackenmuskel. Ich weiß nicht, ob ich das jetzt als Kompliment wegstecke oder mich ärgere wegen meiner Lieblingsohrringe. Neu. Von Wolf. Golden. Wunderschön. Aber keinen Muskelstress wert. Der Muskel lügt nicht. Er wird schwach, wenn ihn etwas stresst. Kennt jeder: Erschrecken wir, werden die Knie weich. Dahinter steckt ein biologisches Erbe, das schon Einzeller aufweisen: Sie weichen vor Reizen, die sie bedrohen, vor Licht, Duft, chemischen Stoffen, zurück – oder streben auf etwas zu, das wertvoll für sie sein könnte. Auch unsere Körperzellen tragen diese Weisheit noch in sich.

STRESSTEST FÜR DEN MUSKEL

Ein ungestresster Muskel hat Kraft, hält beispielsweise einem Druck entgegen. Ein gestresster Muskel gibt nach. Das Geheimnis dahinter: Stresst uns ein Reiz, ist das Gehirn verwirrt, denn es kann nicht zwei Reize gleichzeitig meistern, dem Druck nicht standhalten. Es lohnt sich zu entdecken, was den Muskel stresst, denn darunter leidet der ganze Körper. Dann können Sie künftig all den Dingen aus dem Weg gehen, die Sie nicht vertragen. Vom Rosenkohl bis zur Schwiegermutter.

Per Muskeltest checken Ärzte, Heilpraktiker oder Psychologen durch Druck auf Arm oder Bein oder durch bestimmte Griffe, ob ein Muskel energetisch »angeschaltet« oder »abgeschaltet« bleibt, wenn man seinen Besitzer einem Reiz aussetzt – einer Farbe, einem Lebensmittel, einem Medikament, ein paar Worten … Leider ist dieser Test in Verruf geraten, weil ihn so viele in einem Wochenendseminar lernen – und ihn unqualifiziert einsetzen. Der Test ist im Grunde aber ein wunderbares, ehrliches Instrument der Kinesiologie.

KINESIOLOGIE – WENN MUSKELN HEILEN

Ich hab Rückenschmerzen. Hatte ich seit Jahren nicht mehr. Nacken, Schultern. Alles tut weh. »Das ist der Lebermuskel«, sagt die Physiotherapeutin Dorothee Kaufhold. »Kein Wunder nach den vielen Narkosemitteln!« Währenddessen zeigt sie mir eine Zwei-Punkte-Verbindung, auf deren Endpunkte ich drücken soll, bis ich mit der nötigen Portion Körpersinn den Puls zart fühle. Am Brustkorb und am großen Zeh. Die Endpunkte des Lebermeridians. Und die soll ich künftig ab und zu halten – bis die Energie wieder fließt. Und ich dachte, ich müsse Gymnastikübungen machen.

In einem Kapitel über Bewegung kommen wir nicht umhin, von einer ganz besonderen Bewegungslehre zu erzählen: der Kinesiologie. Dem Schulmediziner ist dieser Ansatz ein Dorn im Auge. Etwas, das irgendwie funktioniert, aber wissenschaftlich nicht bewiesen ist. Es verbessert die Gesundheit, hilft Krankheiten zu lindern, doktert nicht an Symptomen, sondern korrigiert Ungleichgewichte – und regt Körper und Geist zur Selbstheilung an. Das Wort »Kinesiologie« leitet sich aus *kinesis* (Bewegung) und *logos* (Lehre) ab. Die Definition der KinesiologyFederation lautet: »Angewandte Kinesiologie ist ein holistischer (= ganzheitlicher) Ansatz, die Bewegung und Wechselwirkung der Energiesysteme eines Menschen zu balancieren. Die vorsichtige Sondierung der Muskelreaktion zeigt jene Körperteile an, wo Blockaden und Ungleichgewichte das physische, emotionale oder energetische Wohlbefinden beeinträchtigen.« Kinesiologie ist also die Lehre von der Bewegung und den Bewegungsabläufen – und somit auch eine Lehre des fünften Sinnes. Und aus dieser Lehre wächst eine alternative Diagnose- und Heilmethode, die sich auf den Körper und seine Signale konzentriert.

Die Angewandte Kinesiologie (AK) hat mit den Meridianen zu tun, mit Energie, mit Biochemie, mit Emotionen, mit Muskeln und mit den Gleichgewichten im Körper. Der Chiropraktiker Dr. George Goodheart entwickelte die Methode in den 60er-Jahren. Mittlerweile ist sie vor allem aus den USA nicht wegzudenken, aber auch bei uns wenden sie immer mehr Ärzte an, Chiropraktiker, Osteopathen, Psychotherapeuten, Sportmediziner, Heilpraktiker … Und: Mit der kleinen Formel namens »Touch for health« kann sich jeder selbst helfen. Dazu gleich mehr.

NEUE ENERGIE VON DER MUSKEL-TANKSTELLE

Das Spannende an dieser Methode: Es geht um Energie. Und um die Organe, die Energie erzeugen: die Muskeln. Dr. Goodheart erforschte in der Arbeit mit Patienten, wie alles im Körper zusammenhängt – strukturell, biochemisch, psychisch. Und Goodheart kombinierte chiropraktisches Wissen über die Muskulatur mit der Lehre der chinesischen Akupunktur und ihren Meridianen – und entwickelte daraus eine einfache Diagnose- und Heilmethode. Und zwar schauen Kinesiologen mit einem Muskeltest erst einmal, wo etwas nicht stimmt. Um dann zu korrigieren, zu lindern, zu heilen. Aber was sehen sie? Der Grundgedanke: Durch Einflüsse von außen oder von innen ist der Energiefluss im Körper gestört und über die Muskeln können wir zum einen den Auslöser finden und zum andern die Energie wieder zum Fließen bringen. Blockaden und Stress entstehen auf ganz unterschiedliche Weise, etwa durch Lebensmittel, die nicht vertragen werden, durch Medikamente, durch Schadstoffe, durch schwierige Beziehungen, oft sogar durch die eigenen Gedanken. Der kinesiologische Muskeltest hilft, die Ursache herauszufinden, und so lässt sich auch gleich austesten, welche Behandlung die richtige ist.

Kleine Körper-Expedition: MUSKELTEST

1. Schaffen Sie sich und einer Testperson ein wenig Raum und Ruhe. Legen Sie beide Schmuck, Uhren, Handy ab – und Alltagsstress. Lassen Sie die Testperson ein großes Glas Wasser trinken.

2. Die Testperson steht vor Ihnen, streckt den linken Arm aus, der andere hängt locker herunter. Nun stellen Sie sich vor die Testperson, legen ihr die linke Hand auf die rechte Schulter und legen die reche Hand oberhalb des Handgelenks auf den ausgestreckten Arm.

3. Klären Sie Ihre Testperson auf, dass Sie den Arm runterdrücken – und dass sie den Arm gegenhalten soll. Und ganz normal weiteratmen, nicht die Luft anhalten.

4. Nun drücken Sie rasch und fest, aber nicht ruckartig, den Arm runter. Gerade so fest, dass Sie spüren, wo der Muskel noch Haltearbeit verrichtet, aber nicht ermüdet. Drücken Sie drei Sekunden. Diesem Druck kann die Testperson im Grunde immer entgegenhalten.

5. Nun machen Sie den gleichen Test, während die Testperson ein Stück Zucker isst. Oder ein Weizenbrötchen in der Hand hält. Oder eine Plastiktüte auf dem Kopf hat. Oder an eine unangenehme Situation oder einen schwierigen Menschen denkt … Wetten, dass der Muskel schwach ist? Manchmal fällt er wie von selbst herunter.

Wie steht es um die Energie? Goodhearts größte Entdeckung war die Verbindung zwischen Muskeln, Organen und Akupunktur-Meridianen – also den unsichtbaren Energie-Autobahnen des Körpers, auf denen Energie fließt. In die der Akupunkteur seine Nadeln sticht. Jedes Organ, jede Drüse ist ja genetisch mit einem Meridian verbunden – und, das fand Goodheart heraus, auch die Muskeln. Auf den Meridianen fließt die Lebenskraft, das Qi, durch den Körper – ungehindert, solange wir gesund sind, die Organe nicht zu viel und nicht zu wenig Energie haben und funktionieren. Und auf diesen Meridianen liegen die Akupunkturpunkte. Wenn wir diese beruhigen oder stimulieren, lösen wir Energieblockaden, drosseln zu viel Energiefluss. Das Organ lebt wieder auf – und auch der Muskel erstarkt wieder. Und den können wir dann wieder ganz leicht testen: Hat er Kraft oder nicht? Hat die Methode gewirkt oder nicht?

Ein Beispiel: Goodheart findet einen schwachen Muskel, und zwar den, der die Schultern hebt, den *Deltoideus*. Und der ist schwach, weil die Lunge krank ist. Nun behandelt der Kinesiologe das zugehörige Meridiansystem, und zwar durch Berühren oder Homöopathie oder Naturmedizin oder Akupunktur … Das stärkt die Lunge – und auch den Deltoideus.

SUSANNES PSYCHO-KINESIOLOGIE-TEST

»Von wegen aus den Augen, aus dem Sinn«, sagt Susanne und erzählt folgende Geschichte: »Liebeskummer kann hartnäckig sein. Alleine durchs Drübernachdenken werde ich den nicht los. Doch vielleicht geht es über den Körper. Ich gehe zu Lydia Klinger, Psycho-Kinesiologin. Lydia testet zunächst mithilfe des kinesiologischen Muskeltests verschiedene Akupunkturpunkte, um herauszufinden, welche Gefühle hinter meinem Problem stecken. Am stärksten reagiert der Nierenpunkt. Da sitzt nicht Kummer, sondern Angst. Das Thema geht mir an die Nieren. Es geht um die Angst, verlassen zu werden. Diese Angst, stellt sich heraus, ist alt. Unbewusst suche ich immer wieder Partner, die solche frühen Gefühle und die dazugehörigen Denkmuster aktivieren.

WAS MACHT DEN MUSKEL SCHWACH?

Hat der Körper ein biochemisches Problem (fehlt ein Hormon, ein Vitalstoff?) oder ein strukturelles (verstopfte Adern, gequetschte Bandscheiben) oder ein mentales (Stress, Angst, Depression)? Biochemie, Struktur, Mentales ergeben ein Ganzes. Das nennt Maggie La Tourelle »die Tirade der Gesundheit« – und zwar in ihrem Buch »Was ist angewandte Kinesiologie?«. »Der Muskeltest in Verbindung mit anderen kinesiologischen Techniken befähigt den Anwender herauszufinden, welches der drei Systeme sich nicht in Balance befindet. Kinesiologische Korrekturen können auf allen drei Gebieten angewandt werden. Die Wiederherstellung der Balance kann tatsächlich der Schlüssel für große Veränderungen im Leben der Menschen sein.«

Lydia und ihre Tests finden Antwort auf die Fragen: Sind es meine Ängste oder die meiner Mutter? Wann traten sie zum ersten Mal auf? Der Körper weiß alles. Wir müssen nur die richtigen Fragen stellen.

Meine Gedanken blockieren meine Beziehungen. Glaubenssätze, die tief in mir drinnen stecken. Aussage für Aussage zum Thema Beziehung testet sie über den Muskel aus. Mein Körper erkennt die Lügen sofort und reagiert mit Stress. Lydia sagt, dass ich meine Angst im Körper nur über den Körper wieder loswerden kann – und nicht über den Verstand. Eine ganz praktische Methode ist EFT (Emotional Freedom Technique), das Klopfen bestimmter Punkte auf den Energiemeridianen. Doch meine Muskeln sagen: Klopfen alleine reicht nicht aus. Mein Arm willigt erst ein, als ihm zusätzlich tiefes Atmen und eine Bachblüte angeboten werden. Kurz darauf weiß ich, wieso: Mein Körper wird von heftigen Emotionen geschüttelt, mir stockt der Atem. Auweia, der Typ hat mir ja ganz schön zugesetzt. Erst nach der Behandlung: Erleichterung. Für zu Hause gibt mir Lydia ein Rezept mit: Regelmäßig das Bachblütenkonzentrat einnehmen, morgens und abends die stressbesetzten Sätze laut sprechen, tief atmen und dazu die Punkte am Körper klopfen. Und das Ganze mindestens 21 bis 28 Tage lang. Ich mache das, bin fleißig. Und spüre, wie es mir von Tag zu Tag besser geht, mein Körper entspannt. Nach vier Wochen fühle ich mich wesentlich ruhiger und nicht mehr so traurig.«

● ●

Kleine Körper-Expedition: TOUCH FOR HEALTH – HILF DIR SELBST

Diese Übungen empfiehlt Maggie La Tourelle im Buch »Was ist angewandte Kinesiologie?«:

1. **Die Computer-Augen entstressen:** Stellen Sie sich im Geiste eine große liegende Acht vor und folgen Sie mit den Augen ihrem Verlauf. Beginnen Sie links oben, halten Sie den Kopf dabei gerade. Ein paarmal wiederholen. So lange, bis Sie keine Lust mehr haben.

2. **Die Ohren entfalten:** Massieren Sie Ihre Ohrmuscheln leicht ziehend von innen nach außen, so als ob Sie sie entfalten wollten. 15 Sekunden lang. Sie laden Ihren Körper mit Energie auf, verbessern Ihren Gleichgewichtssinn, manchmal hilft das sogar gegen Reisekrankheit.

3. **Die optimale Schrittbalance:** Eine schlechte Koordination beim Gehen verursacht schnell Müdigkeit und Anstrengung in Armen und Beinen. Damit alle Muskeln immer gut koordiniert funktionieren, massieren Sie die vier Punkte auf dem Fußrücken. Zwischen den Fußmittelknochen, nahe an den Zehen. Und den fünften an der Seite des Großzehengrundgelenkes.

»DER KÖRPER HAT EINE EIGENE INTELLIGENZ«

Ein Interview mit Lydia Klinger, Psycho-Kinesiologin mit Praxis in München

Was versteht man unter Kinesiologie?

Kinesiologie bedeutet wörtlich »die Lehre von den inneren und äußeren Bewegungen«. »Kinein« ist griechisch und bedeutet »Bewegen«, »logos« bedeutet »Lehre«. In der Kinesiologie arbeiten wir mit dem Wissen um die Zusammenhänge und Verbindungen zwischen Muskeln, Organen, Emotionen und Denkstrukturen. Es geht darum, Stress und Blockaden zu entdecken und aufzulösen und das gesunde Gleichgewicht von allen wiederherzustellen.

Wie funktioniert das?

Mithilfe des Muskeltests findet der Kinesiologe heraus, was den Körper des Klienten in Stress versetzt. Sobald Stress erzeugt wird, verlieren die Muskeln kurzfristig ihre Kraft.

»Setz dich erst mal hin«, sagt ein Überbringer schlechter Nachrichten.

Genau das ist die Grundlage der Kinesiologie. Es ist ein ganz altes Wissen, wie der Körper auf Stress reagiert. Kurzfristig ändert sich der Muskeltonus und für einen Moment werden die Muskeln weich. Das passiert unwillkürlich und das können wir nicht bewusst beeinflussen.

Welche Arten von Stress kann man mit Kinesiologie behandeln?

Alle Arten von Stress. Das fängt an mit Nahrungsmitteln, die man nicht verträgt, und geht bis zu Gedanken, die Stress erzeugen. Mit dem Muskeltest zu arbeiten ist vor allem dann interessant, wenn man den Stressor selber nicht genau kennt, aber eine Vermutung hat. Beispiel Lebensmittel: Sie haben unbestimmte Beschwerden, wissen aber nicht genau, welche Substanzen die Beschwerden hervorrufen. Wenn Sie Kekse nicht vertragen, kann das an der Milch, dem Weizen oder dem Zucker liegen. Mithilfe der Kinesiologie können wir schnell herausfinden, was der Auslöser ist. Ich gebe dem Klienten nacheinander kleine Röhrchen mit der Substanz in die eine Hand und teste die Kraft im anderen Arm.

Mehr Infos unter: www.potenzialentfalter.de

Mit dem Muskeltest können Sie auch stressende Gedanken aufspüren?

Es gibt für alle Lebensbereiche Glaubenssätze, die ich austesten kann. Wenn jemand laut sagt: »In meinem Job bin ich zufrieden und ausgeglichen«, und der Arm hat keine Kraft, weiß ich sofort, dass das nicht stimmt. Der Körper weiß es besser.

Aus diesem Grund funktioniert ja auch das »positive Denken« nicht.

Positiv-Sätze und Affirmationen erzeugen im Körper Stress, wenn sie nicht wahr sind. Jemand, der todunglücklich ist, kann sich jeden Tag 50-mal sagen: »Ich bin zufrieden und es geht mir gut.« Nur: Der Körper weiß, dass das gelogen ist, und wehrt sich dagegen. Positive Affirmationen funktionieren nur bei Sätzen, die der Körper auch annehmen kann.

Ist der Muskeltest ein Lügendetektor für unseren Körper?

Der Muskeltest macht unbewusste Informationen sichtbar, die im Körper gespeichert sind und auf die wir normalerweise keinen Zugriff haben. Er basiert auf dem Körperzellgedächtnis. Am besten funktioniert der Test mit ganz konkreten Substanzen, Sätzen oder Fotos von Personen. Wichtig: Der Test sagt einfach »Stress ja« oder »Stress nein«. Mehr nicht. Der Muskeltest ist kein Wahrsager. Wir können keine Auskunft über etwas erhalten, was in der Zukunft liegt oder worüber keine Informationen da sind.

Wieso wird dieser geniale Lügendetektor nicht viel häufiger eingesetzt?

Weil es so einfach ist. Weil wir immer denken, dass wir Apparate brauchen, um etwas zu glauben. Es gibt ja tatsächlich auch Biofeedback-Geräte, die genau das Gleiche machen. Dafür geben Leute viel Geld aus. Der Körper hat eine eigene Intelligenz, die müssen wir nur anzapfen.

Wenn ich jetzt weiß, was mich stresst, was mache ich mit dieser Information?

Nun, im Falle von Lebensmitteln oder Medikamenten ist es relativ einfach: Was Sie nicht vertragen, sollten Sie meiden – zumindest eine Zeit lang.

Mit Gedanken und Beziehungsthemen ist das oft nicht so einfach.

Den Chef können Sie schlecht meiden. Meist setzt einen ja allein der Gedanke an bestimmte Personen unter Stress. Hier setzt die kinesiologische Behandlung an, wir nennen das auch »neurologisches Entstressen«.

Entstressen klingt gut.

In der Kinesiologie arbeiten wir mit verschiedenen Heilmethoden. Ich arbeite meistens direkt mit dem Körper. Klopfe zum Beispiel Punkte und Meridiane, während der Klient einen stressenden Satz laut sagt. Manchmal ist aber auch eine homöopathische Behandlung angesagt oder progressive Muskelentspannung. Das Gute: Welche die richtige Behandlung ist, können wir gleich über den Muskeltest herausfinden.

Wie aussagekräftig sind die Ergebnisse? Wenn ich ein Medikament austeste und feststelle, dass ich es nicht vertrage, darf ich es dann nicht mehr nehmen?

Das sollte auf jeden Fall mit dem Arzt abgestimmt werden. Häufig gibt es den gleichen Wirkstoff von einer anderen Firma, und der wird dann besser vertragen.

Kann ich den Muskeltest selber zu Hause mit einer Freundin machen und wenn ja, worauf sollte ich dabei achten?

Natürlich. Wichtig ist, es mit ganz konkreten Dingen zu tun, also beispielweise mit allergieverdächtigen Lebensmitteln, Fotos von nervenden Kollegen oder den Lieblingsaffirmationen. Je konkreter, desto besser.

DIE **TIEFENKOMMUNIKATION** DER MUSKELN UND DER SCHMERZ

in bisschen Biologieunterricht muss nun sein – dafür lernen Sie am Schluss eine Schmerztherapie, die zu 90 Prozent wirkt. Unsere Wissensspenderin Holle Bartosch ist die Yogalehrerin und Sportwissenschaftlerin aus Erlangen. Sie weiß, wie Muskeln in der Tiefe kommunizieren:

640 Muskeln halten den Menschen aufrecht. Immer untereinander im Gespräch. Jede noch so kleine Bewegung, jeder Schritt wird von kleinen Wachstationen im Muskel, in der Sehne, im Gelenk gemessen, überprüft, gesteuert und immer wieder wird neu justiert. Diesen inneren Tastsinn nennen wir Propriozeption, Tiefensensibilität oder kinästhetische Wahrnehmung.

Die Wachstationen, die Sinnesrezeptoren kommunizieren mit jenen Gehirnregionen (Rückenmark, Basalganglien), die gar nicht erst lange darüber nachdenken, was nun kommt. Wir verarbeiten diese kleinen Nebensächlichkeiten wie den Status der Muskelkontraktion, die Stellung des Gelenkes und die Lage und Bewegungsrichtung unseres Körpers unbewusst – über Reflexe. Das ist gut so, damit sich unser Gehirn Höherem zuwenden kann, zum Beispiel der Frage: Wie hole ich mir nur die kostbare Vase dort oben vom Regal?

Unser Leben wäre ein ständiges Hinfallen, gäbe es nicht die Reflexe, die sich ununterbrochen mit der Schwerkraft arrangieren, uns aufrecht halten und die Muskeln davor schützen, sich zu stark zu schnell zu dehnen oder zu kontrahieren. Die kleinen Wachstationen – schon länger bekannt sind die Muskelspindeln und Golgi-Organe, erst später entdeckt wurden vier weitere Arten von Mechanorezeptoren – in Muskeln und Sehnen verhindern, dass wir uns den Muskel zerren, die Bänder reißen und sie lassen uns die Bewegungen geschmeidig und harmonisch ausführen. Außerdem warnen sie – so die Theorie der Schmerztherapeuten Dr. Petra Bracht und Roland Liebscher-Bracht – vor Überlastung. Und zwar mit Schmerz! Mehr dazu Seite 136f.

• •

Kleine Körper-Expedition: TRAINING FÜR DEN KÖRPERSINN

Probieren Sie gleich mal aus, wie gut Ihr Körpersinn ist, wie Ihre Muskeln mit dem Gehirn kommunizieren. Stellen Sie sich gerade hin. Beine hüftbreit. Strecken Sie Ihren rechten Arm nach oben. Bewegen Sie ihn vor dem Körper gestreckt nach unten bis zur Hüfte und wieder nach oben. Machen Sie das mehrmals hintereinander. Dann nehmen Sie den linken Arm und machen die gleiche Bewegung mit einem Zwischenstopp in der Mitte. Immer noch einfach? Gut. Dann bewegen Sie beide Arme gleichzeitig. Den rechten rauf und runter, den linken mit Zwischenstopp.

Wenn Sie das können, dann sind Sie mehr als gut. In der Regel braucht das Übung, Übung, Übung …

MUSKELSPINDELN – WÄCHTER ÜBER JEDEN SCHRITT

Augen zumachen. Und nun mit dem Zeigefinger auf die Nasenspitze tippen. Funktioniert? Dafür sorgen die Muskelspindeln. Die Wachstationen im Muskel. Eingebettet zwischen den Muskelfasern messen sie die Länge des Muskels, jede Veränderung der Länge und die Geschwindigkeit der Muskelverkürzung. Durch den ständigen Informationsfluss zwischen Muskel und Muskelspindeln wissen wir Bescheid über die Position unserer Gliedmaßen, über die Winkelstellung der Gelenke – ohne hinsehen zu müssen. Genauso wichtig für die Pirouette beim Ballett sowie für den nächsten Schritt auf dem Bürgersteig.

Beim Einnicken im Sitzen sinkt der Kopf plötzlich nach unten, die Nackenmuskeln werden zu schnell gedehnt und spannen sich reflexartig an. Ergebnis: Wir sind wieder hellwach.

Die Muskelspindeln schützen die Muskeln vor Überdehnung. Wenn der Muskel gedehnt wird, dehnt sich die Muskelspindel mit und sendet ein Signal über ihre Nervenfasern zum Rückenmark. Dieses Signal wandert reflexartig zum Muskel, der sich zusammenzieht, bis die Muskelspindel wieder in der Ausgangslage ist. Das kennen Sie vom Arzt, der den Kniesehnenreflex testet. Durch einen leichten Schlag mit einem Hämmerchen unterhalb der Kniescheibe an der Patellasehne wird kurzzeitig der Oberschenkelmuskel gedehnt. Die Kontraktion des Oberschenkelmuskels lässt Unterschenkel und Fuß nach vorne schnellen – das Knie streckt sich. Gleichzeitig wird die Information an den gegenüberliegenden Muskel geschickt. In diesem Fall an den Muskel auf der Oberschenkelrückseite. Damit dieser locker lässt und sich die Oberschenkelvorderseite kontrahieren kann. Das Bein schnellt vor.

Für Gescheite: Diesen Mechanismus nennt man auch »reziproke, antagonistische Hemmung«. Die beugende Muskulatur hemmt die streckende Muskulatur und umgekehrt.

Der Golgi-Sehnenapparat und neue Rezeptoren schützen vorm Überdehnen. Der innere Tastsinn besteht außerdem aus den Golgi-Sehnenorganen und vier weiteren Mechanorezeptoren. Und die arbeiten gemeinsam mit den Muskelspindeln. Die Golgis messen die Spannung dort, wo der Muskel in die Sehne übergeht, die interstitiellen Rezeptoren (freien Nervenenden) messen dort, wo die Sehne am Knochen befestigt ist. Beide sind in die Struktur der Sehne und deren Übergänge in Knochen und in Muskelfasern eingebaut.

Wenn sich der Muskel isometrisch anspannt oder gedehnt wird, wird auch die Sehne lang gezogen und die Spannung steigt. Das reizt die Rezeptoren in der Sehne und sie senden ein entsprechendes Signal ans Rückenmark und ans Gehirn. Der Muskel und vermutlich auch das Bindegewebe entspannen, die Sehne wird nicht überdehnt – an diesen Vorgängen wird gerade intensiv geforscht.

WARUM SCHMERZEN NUR DAS BESTE FÜR UNS WOLLEN

Es gibt Manual-Therapeuten, die Schmerzen lindern, indem sie die Muskeln und umgebendes Bindegewebe entspannen. Dafür drückt der Therapeut etwa zwei Minuten lang auf Schmerzpunkte in den Häufungsgebieten der interstitiellen Rezeptoren, die an den Übergängen von den Sehnen zum Knochen sitzen. Grundlage für diese Manualtherapie von Roland Liebscher-Bracht und Dr. Petra Bracht ist ein neues Verständnis von Schmerzen. Die von ihnen ausgebildeten Therapeuten gehen davon aus, dass Schmerzen nicht immer auf eine Schädigung im Körper zurückzuführen sind, sondern oft vor Überlastung warnen. Schmerzen sind ein Signal des Körpers, damit wir ihn schützen. Diese Alarmschmerzen treten immer dann auf, wenn Muskeln nicht richtig zusammenarbeiten und so falsche Kräfte auf die Gelenke wirken. Der Körper bekommt über Druck- und Spannungsmessungen also Informationen über die aktuelle Belastung eines Gelenks. Und ist da ein bisschen mehr Belastung, als gesund ist, dann antwortet der Körper mit Schmerz. Schickt ein Stoppschild: »Nicht weiterbewegen!« Und dieser Schmerz funkt mitunter chronisch. Und da setzen dann der Schmerztherapeut Roland Liebscher-Bracht und seine Frau an. Mit Druck auf die interstitiellen Alarmschmerzrezeptoren beseitigen sie die

Verspannung. Der Schmerz verschwindet – und zwar vom chronischen Arthroseschmerz über Rückenschmerzen, Fibriomyalgien (diffuse Muskelschmerzen) bis zur Migräne. Und das mit dem Segen der Wissenschaft: Prof. Ingo Froböse von der Kölner Sporthochschule überprüfte mit Messungen der Muskelaktivität, dass man diese Schmerzprogramme mit der LnB-Methode, dem Ansatz von Liebscher-Bracht, löschen kann. Schmerzen werden also mitunter auch durch zu hohe Spannung in den Muskeln angeschaltet und so können Therapeuten die Beschwerden tatsächlich auch durch Lösen dieser muskulären Spannung beseitigen.

Mit dem Buch der Brachts, »Der SchmerzCode«, und ihrem Selbsthilfebuch »SchmerzFrei« können wir unsere Rückenschmerzen im unteren Bereich der Wirbelsäule sogar selbst behandeln. Und natürlich müssen wir dann etwas tun, damit die Spannung nicht zurückkommt – dabei hilft vor allem Bewegung. Jede gute Bewegungstherapie stellt das muskuläre Gleichgewicht wieder her. Dem Körper tut alles gut, was Muskeln auf natürliche Art und Weise zum Einsatz kommen lässt. Tanzen, Yoga, Gartenarbeit, Holzhacken, Qigong, Tai-Chi, Thaibo, Samba, Zumba, Wandern … Östlich oder westlich – egal, Hauptsache, man dehnt den Muskel, man spannt ihn an, man lässt ihn arbeiten und entspannen …

SCHMERZEN WEGDENKEN –
WIE UNSER HIRN HEILEN KANN

 berall im Körper haben wir kleine Rezeptoren für Schmerz und die senden ihre Botschaft direkt ins Gehirn. Aus der Brandblase am Finger genauso wie aus dem von der Bandscheibe gereizten Nerv. Und irgendwann ist die Blase verheilt, die Bandscheibe gut – und es tut nur noch im Hirn weh. Und das ist kein Grillparzer-Wendel-Unsinn, das können wir im Magnetresonanztomografen sehen. Die Forscher blicken heutzutage mit dem technischen Auge ins Gehirn. Der Schmerz trampelt sich einen Pfad: Halten Schmerzen länger an, kriegen wir sie nicht in den Griff, egal mit welcher Methode, dann sehen wir auf Kernspin-Aufnahmen bald deutliche Schmerzgedächtnis-Spuren im Gehirn.

GESUNDES DENKEN

Wenn wir Schmerzen wahrnehmen, funken unterschiedliche Gehirnzentren – mal mehr und mal weniger. Schmerzen sind ganz klar vom Seelenleben, von unseren Emotionen beeinflusst. Sind wir abgelenkt, emotional erregt, fühlen

»Der schnellste Weg, den Geist zu beruhigen, ist, den Körper zu bewegen.**«**
GABRIELLE ROTH, TÄNZERIN & THERAPEUTIN

wir den Schmerz weniger. Genauso wie Gefühle, Vorstellungen, Ängste, Sorgen auch Schmerzen im Körper hervorrufen können. Auch das sehen Forscher heute im Kernspin. Suggerieren sie gesunden Freiwilligen unter Hypnose Schmerzen, entsteht eine rege Aktivität in den schmerzverarbeitenden Regionen. Das heißt: Nur aufgrund von Vorstellungen empfinden wir Schmerz. Das klingt nach Horrorszenario, hat aber auch sein Gutes. Denn mittels Hypnose oder Entspannungs- und Ablenkungstherapien, die meist mit Bewegung kombiniert sind, können wir Schmerz genauso auch »wegdenken« oder verändern.

Das Gehirn schrumpft in dem Bereich, der nicht genutzt wird. Liegt der Arm in Gips, verkleinert sich die Region im Gehirn, die für die Nervenimpulse des Arms zuständig ist. Trägt ein Patient ein Korsett, das den Rückenmuskeln die Aktivität, die Eigenverantwortung nimmt, schrumpft der Bereich für Rücken. Und haben wir Schmerzen, schrumpft das Gehirn um sage und schreibe 11 Prozent, weil wir den ganzen Körper weniger benutzen. Diese Anpassungsfähigkeit des Gehirns bezeichnen wir auch mit dem Begriff »Neuroplastizität«.

Manche Menschen benutzen auch ohne Schmerzen den Körper immer weniger. Und was tut das Gehirn? Klar, schrumpfen und schrumpfen und schrumpfen … Dagegen gibt es eine Wachstumsformel: Körper positiv wahrnehmen, Lust auf Bewegung wecken.

Jeder Schmerz, auch ein kleiner, ist etwas Bedrohliches und wird vom Gehirn bevorzugt behandelt. Er wird mit Priorität abgespeichert und von vielen Nervenzellen im Gehirn vertreten. Und wenn er nicht bald verschwindet, wird er chronisch. Es bildet sich ein Schmerzgedächtnis, ganz schnell, ganz leicht. Darum sollten wir Schmerzen auch nicht lange aushalten. Schmerz wächst mit der Zeit, in der wir ihn aushalten. Nistet sich im Kopf ein – und verlässt ihn nicht mehr.

Die international bekannte Schmerzforscherin Prof. Herta Flor von der Universität Mannheim: »Das erklärt, warum wir bei chronischen Schmerzpatienten vor Ort häufig gar nichts mehr finden. Die Bandscheibe ist völlig verheilt, es sieht alles gut aus – und trotzdem hat der Patient Schmerzen. Das hängt damit zusammen, dass das Nervensystem sensibler geworden ist. Schmerz entsteht im Gehirn und nicht dort, wo es wehtut.« Das erklärt auch den Phantomschmerz, den amputierte Gliedmaßen hinterlassen können.

WARUM AUFMERKSAMKEIT DEN SCHMERZ NÄHRT

Der eine empfindet einen Hexenschuss als starken Schmerz, der ihn bewegungsunfähig ans Bett fesselt, während ein anderer mit zusammengebissenen Zähnen noch einen Halbmarathon läuft. Wie stark wir Schmerz empfinden, hängt von unseren Genen ab – aber auch von unserer Erfahrung. Hat uns als Kind beim Spielen jemand aufs Kreuz gelegt und Mama die Tränen mit viel Brimborium, Eis und Küssen getrocknet, spurte sich in unserem Gehirn ein: Schmerz bedeutet positive Zuwendung. Des Leidens Ernte ist Mit-Leid. Schmerzen schenken mir Aufmerksamkeit und daraus entwickelt sich später viel leichter chronischer Schmerz. Weil das Gehirn ihn willkommen heißt.

Ablenkung lässt den Schmerz schwinden. Statt den Schmerz zu nähren, sollten wir uns anderen, schönen Gefühlen im Körper zuwenden. Uns mit einer Massage ablenken – oder noch besser: mit Bewegung. Denn: Wer nicht an den Schmerz denkt, baut im Gehirn an den Nervenleitbahnen des Schmerzes regelrechte Stoppschilder auf. Ignoranz lässt den Schmerz einfach schrumpfen. Wer ihm Aufmerksamkeit schenkt, sich gar auf ihn fokussiert, nährt den eitlen Gesellen, der nur durch Zuwendung schafft, sich aufzuplustern, sich wichtig zu machen, ja Macht auszuüben. Die gute Nachricht: Auch wenn wir Schmerz schon mal die Macht verliehen, ihm Größe zubilligten, ihm Raum im Gehirn eingeräumt haben – wir kriegen den Gesellen auch wieder klein. Und zwar mit einer guten Körpertherapie, die sich gegen ihn anbewegt – und den Pfad im Gehirn überschreibt.

GEFÜHL – EIN RENDEZVOUS MIT DEM EIGENEN KÖRPER

SCHMERZEN WEGDENKEN

Auf die Frage des Magazins »Focus«, welchen Nutzen Achtsamkeitstraining und Meditation in der alternativen Medizin haben, antwortet Dr. Eckart von Hirschhausen: »Ein Beispiel: Wer unter chronischen Schmerzen leidet, weiß, wie das im wahrsten Sinne nervt. Schmerz will Aufmerksamkeit. Wer lernt, seine Aufmerksamkeit erst ganz in den Schmerz und dann auf gesunde Teile seines Körpers zu lenken, kann tatsächlich seine Schmerzwahrnehmung reduzieren. Und dazu muss man eben nicht jahrelang in ein Kloster in asiatischen Bergen, das können einem auch religions- und akzentfreie Therapeuten auf dem flachen Land beibringen.«

Leider hat unser Verstand viel, viel zu häufig das Sagen – er unterdrückt unsere Gefühle. Er hält dort oben unendlich lange Monologe. Erzählt leider nichts von zarten Streicheleinheiten, von wärmenden Sonnenstrahlen, von den schönen Dingen des Lebens. Nein, der Verstand dort oben erzählt uns vom Finanzamt, von der zu engen Jeans, von dem Laub des Nachbarbaums, von Dioxin im Ei – und lässt dem Gefühl keinen Raum.

In dem Moment, in dem wir den Verstand verlassen und uns dem Gefühl widmen, sind wir im Hier und Jetzt. Wir fühlen. Wir spüren. Und wir können das Denken und das Fühlen zusammenbringen. Uns etwas bewusst machen.

Bewusst, dass Geist und Körper eins sind, wird uns leider meist erst, wenn uns etwas wehtut. Schmerzen binden unsere Gedanken an das versehrte Körperteil. Bei einem Migräneanfall existiert nur der Kopf. Na ja, vielleicht noch die Übelkeit. Jedenfalls lassen Schmerzen keine anderen Gedanken zu – lassen uns im Hier und Jetzt leben. Erziehen uns zur Aufmerksamkeit. Der Evolution sei Dank können wir das auch andersherum einsetzen: per Kraft der Gedanken etwas im Körper verändern. So können wir per Gedanken Muskeln wachsen lassen. Ein rein mentales Training kann Kranken beim Aufbau ihrer Muskulatur helfen. Selbst große Muskeln wachsen, alleine indem wir an eine Kräftigungsübung denken. Forscher um Guang Yue von der Cleveland Clinic Foundation in Ohio haben durch Mentaltraining Armmuskeln zum Wachsen gebracht, berichtete das Fachmagazin »New Scientist« in seiner Online-Ausgabe.

Wir können per Gedanken das Immunsystem so stärken, dass es Krebszellen verschwinden lässt. Das nennen die Ärzte Spontanremission. Und kraft ihrer Gedanken können Gelähmte wieder laufen lernen. Lesen Sie dazu unbedingt die Bücher »Das Geheimnis der Heilung« von Joachim Faulstich und »Gelähmt sind wir nur im Kopf!« von Markus Holubek.

Das weiß nicht nur die Psychoneuroimmunologie, sondern auch der kluge Menschenverstand: In Wunsch, Willen, Absicht, Hoffnung liegt die Quelle der Heilung. Und was ist, wenn jemand ein körperliches Gebrechen hat – und keinen Willen, keine Hoffnung, keinen Wunsch, dem zu begegnen? Dann verliert er nicht nur immer weiter an körperlicher Beweglichkeit, sondern auch an geistiger. Ein Arzt, der keine Hoffnung schenkt – und sei sie noch so klein –, hat seinen Beruf verfehlt.

LEICHTER LEBEN DANK
BEWEGUNGSKOMPETENZ

 tehen Sie doch gleich mal auf. Und zwar aufmerksam. Ganz, ganz langsam. Das heißt, nehmen Sie einfach mal wahr, welche Teile Ihres Körpers mitarbeiten, welche bei diesem völlig alltäglichen Akt zum Beispiel involviert sind, wenn Sie Ihren Po entgegen der Schwerkraft nach oben befördern. Unglaublich, oder? Was für ein Muskel-Ballett dafür sorgt, dass Sie sich galant aus dem Stuhl heben. Das tun Sie jeden Tag – und haben sich noch niemals Gedanken darüber gemacht (außer Sie hatten einen Hexenschuss). Sogar die Nackenmuskeln, die Kiefermuskeln, die Stirn … alles arbeitet mit.

So, und nun lassen Sie mal die Schultern locker. Lockerer, noch lockerer … Ach, sieh an, waren die angespannt? Warum eigentlich? Nun die Kaumuskeln, die Stirn … alles geht leichter im Leben.

SPÜREN ODER NICHT SPÜREN …

Vielleicht haben Sie ja eben während dieser kleinen Lockerlass-Übung auch gar nichts gespürt. Und darum auch nicht locker gelassen. Vielleicht braucht Ihre Körperwahrnehmung einen Dornröschenkuss … Jede Verspannung im Körper bremst Ihren fünften Sinn aus. Schmälert Ihre Bewegungskompetenz. Nur: Wahrnehmen tut das nicht jeder. Gregory Bateson, Philosoph und Kybernetiker, hat gesagt: »Eine Information ist ein Unterschied, der einen Unterschied macht.« Das heißt, jedes Sinnessystem hat eine Reizschwelle. Machen wir die Musik um 2,5 Prozent lauter, hören wir nicht, dass es lauter ist. Erst ab 4 Prozent merken wir den Unterschied. Wir merken nicht, dass wir immer unbeweglicher werden, immer schwerhöriger, immer weitsichtiger – weil die Verschlechterung in zu kleinen Schritten erfolgt. Drehen Sie mal den Kopf auf die rechte, dann

> **»Wir sind sich selbst organisierende Systeme, wir sind, was wir wahrnehmen.«**

auf die linke Seite. Werfen Sie einen Blick über die Schulter. Angelegt ist diese Bewegung für ein Sichtfeld von 360 Grad. Die wenigsten merken, wie schnell wir die kindliche Sichtweite verlieren. Erst wenn wir Greise sind und uns mit dem ganzen Körper umdrehen müssen, weil wir all die wunderbare Beweglichkeit eingebüßt haben, merken wir den Unterschied. Hätte uns nur früher schon mal jemand informiert …

»Wenn wir selbst nicht handeln, wird mit uns gehandelt.«

Kybernetik ist übrigens die Wissenschaft von der internen Steuerung und Regelung von Menschen – und Maschinen. Ein Thermostat zum Beispiel vergleicht die Ist-Temperatur mit der Soll-Temperatur und sobald das System einen Unterschied (!) feststellt, wird das intern geregelt, erhitzt oder abgekühlt. Und so funktioniert unser Körper auch.

BEWEGENDE MEDIZIN DES 21. JAHRHUNDERTS

Kybernetiker sagen: Der Körper ist ein geschlossenes, sich selbst regulierendes und sich selbst steuerndes *Rückmeldesystem,* in dem die aktive Bewegung eine Schlüsselrolle spielt. Alle Muskeln kontrollieren unsere Masse, unser Gewicht im Raum und im Wirken gegen die Schwerkraft. Jeder Schritt ist ein ständiges kontrolliertes Nicht-Hinfallen. Unsere Muskeln arbeiten rund um die Uhr. Bewegung ist Leben. Und die ständige, aktive Bewegung reguliert und steuert jeden einzelnen Lebensprozess in unserem Körper, die Vitalität der Organe, das Interagieren unserer Sinnesorgane mit der Welt, das Atmen und Verdauen, das Hören und Schmecken, das Funktionieren jeder einzelnen Zelle. Und je kompetenter die Bewegung, je ökonomischer, graziler, desto lebendiger sind wir. Desto fröhlicher, desto sinnlicher, desto gesünder … Und jedes Einrosten der Bewegung lässt uns altern, unwohler fühlen – und lädt Krankheiten ein. Darum heißt die Medizin des 21. Jahrhunderts schlicht und einfach: Bewegung. Auch im Alltag. Darüber sprechen wir mit Stefan Knobel, Leiter der European Kinaesthetics Association (Seite 144f.).

WELCHE BEWEGUNG PASST ZU MIR?

Un-sinnlich ist alles, was einseitig und fremdgesteuert ist – schon mal alles an der Kraftmaschine. Damit bauen wir Muskeln auf, aber schulen weder Ausdruck noch Körperwahrnehmung noch Balance oder Koordination. Wunderbare Bewegungsformen, die unseren Körpersinn schulen und auch unserer westlichen Kultur entsprechen, sind Tanzen – von Ballett bis Zumba, Aerobic, Thai Bo, Jukari, Turnen, Voltigieren, Klettern, Wandern … Nur durch Probieren werden Sie das Richtige für sich finden. Und wie fühlen wir, welche Form der Bewegung die richtige für uns ist? Ganz einfach: Wenn wir einen Flow erleben.

TANZKAFFEE ODER WIE BEWEGUNG ALLTAG WIRD

Lebendigkeit, Gesundheit, Jugend lässt sich trainieren. Durch Bewegungskompetenz. Wie entwickeln wir Bewegungskompetenz? Im Alltag. Indem wir unsere ganz natürlichen Aktivitäten erhöhen. Laufen, hüpfen, springen, bücken,

»DENKEN IST EIN KÖRPERLICHER AKT«

Bewegungskompetenz macht alles leichter – auch das Älterwerden. Ein Gespräch mit Stefan Knobel, Leiter der European Kinaesthetics Association.

Unser wichtigster Sinn ist der innere Tastsinn?
Das kinästhetische Sinnessystem ist das größte Sinnessystem. Wir haben pro Rezeptor-Zelle, die Reize von außen misst (z. B. im Auge), 100 000 innere Bewegungsrezeptoren. Die sind im ganzen Körper verteilt. Das zeigt, dass unsere Wahrnehmung zum allergrößten Teil über den Bewegungssinn stattfindet.

Und das, bevor wir überhaupt nachdenken können.
Körper und Geist kann man nicht trennen. Und Denken ist ein körperlicher Akt. Jede Entscheidung, die man fällt, wird vorher vom Körper vorbereitet. Wenn Sie vor der Entscheidung stehen, nach links oder nach rechts zu gehen, dann hat sich der Körper Sekundenbruchteile vor dem Gehirn auf »links« eingestellt.

Und der Mensch kann auch nicht stehen.
Stellen Sie sich auf ein Bein, schließen Sie die Augen. Was spüren Sie jetzt? Der Kybernetiker sagt: Ein Mensch kann nicht stehen. Er kann nur nicht umfallen. Sie spüren auf einem Bein mit geschlossenen Augen das, was ständig passiert. Sie korrigieren die Fehler, die Sie selbst verursachen. Sie bewegen dazu ständig den Fuß, Rudern mit den Händen, wackeln mit dem Kopf … Wenn Sie auf zwei Beinen stehen, findet das Gleiche auch statt, nur nicht so dramatisch. Sie merken es nicht so offensichtlich.

biegen, strecken, drehen, rennen, tanzen … Und wie erhöhen wir diese Aktivitäten? Indem wir dran denken, es zu tun – und es tun. Das heißt, wir müssen uns einfach ein bisschen mehr so bewegen, wie wir uns als Kinder bewegt haben. Anfangs brauchen wir eine Stimulanz, einen Erinnerer. Ein paar Zettel mit einem herzlichen *»Beweg dich!«* darauf, die dort hängen, wo wir ein Mehr an Bewegung in unser Leben einbauen können. Am Spiegel für ein paar Kniebeugen extra. Am Telefon für fröhliche Hüpfeinheiten. Am Fahrstuhl als Zaunpfahl für die Treppe … An der Kaffeemaschine. Während der Kaffee aufbrüht, können wir jeden Tag zehn Minuten unserer Lebenszeit mit Tanzen verbringen. Und unvergleichlich fröhlicher in den Tag starten. Sie wollen etwas ändern? Na,

Was haben wir von kybernetischem Wissen?

Bewegungskompetenz ist die Basis für die Gesundheitsentwicklung. Und unsere alltäglichen Bewegungen haben den größten Einfluss. Wie sitze ich am Computer? Benutze ich die Computermaus so, dass mir mein Arm wehtut? Organisiere ich Sitzen so, dass ich viel Spannung aufbaue – oder nicht? Sitze ich auf meinem Fahrrad so, dass ich meine Kraft möglichst gut in Fahrt bringen kann? Kinaesthetics ist die Kunst, mit der Bewegung zu spielen, neue Bewegungserfahrungen zu machen.

Wie macht man denn so eine Bewegungserfahrung?

Zuerst mal, indem wir uns selber in der alltäglichen Aktivität beobachten. Probieren Sie es. Augen schließen. Auf die Stuhlkante setzen, Gewicht verlagern, von einer Pobacke auf die andere und zurück. Der Mensch spürt mit dem Bewegungssinn Unterschiede. 1. Wo drückt das Gewicht, wo nicht? 2. Wo spanne ich meine Muskeln an und wo lasse ich los? 3. Wie verändert sich die Stellung der Körperteile zueinander? Becken, Brustkorb …

Leider reißt so was Simples niemanden vom Hocker.

Erst, wenn Schmerzen da sind, macht man sich Gedanken darüber, wie man wieder vom Hocker hochkommt.

Je mehr Bewegung, desto besser?

Es gibt tatsächlich noch immer Menschen, die glauben, Bewegung sei gesund. Jede Sekunde des Lebens ist Bewegung, darum ist sie weder gesund noch krank, sondern ist einfach nur Bewegung. Die Bewegungsqualität ist wichtig. Richtig ist: Gestalte dein Leben so, dass du im Alltag die Anzahl der Aktivitäten erhöhst, statt sie einzuschränken. Wenn ich meine Alltagsaktivitäten verstehe und mich selbst beobachten kann, dann habe ich die Wahl. Und wenn ich die Wahl habe, kann ich meine eigene Lebensqualität aktiv beeinflussen.

dann tun Sie es am besten gleich … Stehen Sie gleich auf und brennen Sie sich eine CD mit fünf Ihrer liebsten Songs, die Sie morgen, übermorgen, überübermorgen – eine ganze Woche lang tanzend in den Tag schickt. Und dann spüren Sie, was mit Ihnen tanzend passiert. Welche Gefühle steigen auf? Welche Bilder malen diese Gefühle?

»Ein Ritual schafft Veränderung. Nach vier Wochen hat man einen neuen Reflex.«

Und wenn Sie dauerhaft etwas verändern wollen, dann tun Sie es regelmäßig zur gleichen Zeit, vier Wochen lang. Dann haben Sie einen Reflex. Haben sich völlig neue Bahnen im Gehirn gebaut. Und die funken: Ich beweg mich, mir geht's gut, ich will mehr. Na ja, der leichteste Start heißt: Begeisterung.

WO DRÜCKT'S DENN?

Mehr bewegen ist der eine Schritt. Der zweite, mitunter wichtigere, lautet: mehr beobachten. Beobachten Sie sich dabei, wie Sie sich durch den Alltag bewegen – vom Zähneputzen morgens bis zum Unter-die-Decke-Schlüpfen. Fühlen Sie, wo Verspannungen sitzen. Und spüren Sie nach, ob Sie genau diese Bewegung nicht auf eine leichtere Art und Weise durchführen können. Ist der Nacken am Steuer steif? Arbeitet das Becken beim Einkaufen mit? Wer arbeitet eigentlich alles mit, wenn wir eine Tasse Kaffee trinken? Solange wir an unserem inneren fünften Sinn arbeiten, ihn trainieren, tun wir etwas, damit wir uns auch mit 99 noch selbst die Schuhe zubinden – und danach die Steuererklärung ausfüllen können. Wer seinen fünften Sinn schärft, tut was für den Körper und den Kopf.

GIBT ES EINE SPORTART, DIE DEN INTERNEN TASTSINN BESONDERS SCHULT?

Dr. Martin Grunwald, Haptik-Forscher in Leipzig: »Jede Sportart, die mit wohlkoordinierten Bewegungen einhergeht. Also alles außer Bodybuilding: Der Körper ist da nur mit sich beschäftigt, an einem Gerät, das im Bereich XYZ nur bestimmte Bewegungen erlaubt. Unter den Bodybuildern finden sich viele, die schwere Essstörungen haben, schwere Körperschemastörungen. Am besten sind alle Sportarten, die eine Interaktion des eigenen Körpers mit anderen menschlichen Körpern mit sich bringen. Kampfsportarten – Judo, Karate, Tang Soo Do, Jiu-Jitsu – trainieren die Einheit von Körper und Geist. Sie können kein guter Judoka sein, wenn Sie nur Schrott in der Birne haben. Sie werden auch klüger, wenn Sie Judo machen.«

DER **RHYTHMUS** DES GLÜCKS

er Mensch ist Verstand und Gefühl. Rational und irrational. Logisch und spirituell. Beide Pole sind wichtig. Bewusstsein bedeutet: Beide arbeiten zusammen. Und seit der Entdeckung von Neuropeptiden, wie den Endorphinen, tun sie das auch wissenschaftlich anerkannt. Der Verstand sorgt dafür, dass wir im Alltag funktionieren. Dass wir nur glauben, was wir sehen. Das Gefühl hält uns im Augenblick. Es durchflutet den ganzen Körper, wenn wir intuitiv ahnen, was jetzt das einzig Wahre ist, was uns guttut, was uns fröhlich macht, ja, was uns heilt. Diesen Menschen umarmen. Das warme Wasser unter der Dusche noch fünf Minuten länger genießen, eine Runde walken gehen, uns schlafen legen, den schmerzenden Arm schonen …

WO WOHNT DAS GLÜCK?

Bewegung hat die Kraft, die Aufmerksamkeit in den Körper zu holen. Sie schickt uns sogar Drogen, die uns süchtig machen. Unser Belohnungssystem schüttet Dopamin aus, Endorphine lindern nicht nur Schmerzen, sie machen uns auch glücklich, und Serotonin schenkt uns Gelassenheit. Die Endorphine setzen uns so unter Drogen, verbinden uns so mit dem Körper, dass Marathonläufer mit einem Haarriss im Wadenbein das Rennen eine weitere Stunde zu Ende laufen.

Wenn wir uns nun fragen, wo das Glück wohnt, dann wäre eine klare Antwort: Nicht im Kopf, nicht im Verstand. Es lebt im Herzen. In einem Muskel übrigens. Und mit ihm sollten wir lernen zu kommunizieren. Auf der Herzensebene. Das Herz hat keine Worte. Dort wohnt das Gefühl. Und das entdecken wir nicht am Schreibtisch. Sondern auf den Beinen. Idealerweise im Rhythmus, im Rhythmus des Herzschlags.

Holles Körpersinn-Schulung: MEHR LEICHTIGKEIT

»Mit unseren Gedanken sind wir nie bei der Sache und nie im Körper. Das stresst. Unsere Aufmerksamkeit, unsere Wahrnehmung können wir aber schulen und damit den Stress runterfahren, das Affengeschnatter im Kopf stoppen«, sagt Holle Bartosch, Sportwissenschaftlerin und Yogalehrerin. Idealerweise integrieren wir ein Körpersinn-Training in den Alltag. Jeden Tag, immer mal wieder, damit es wie das Atmen ins Leben einzieht. Hier vier Expeditionen:

Innehalten – in einer Alltagsbewegung: Egal, was Sie tun, es ist immer der richtige Augenblick mal zu gucken, wie Sie das tun, was Ihr Körper in diesem Moment dazu sagt. Nennt sich auch Achtsamkeit. Also Innehalten und einfach Gedanken und Gefühle auf das richten, was im Körper passiert. Den Druck der Füße fühlen, auf denen ich stehe. Die Kleidung auf der Haut spüren. Den Atemfluss beobachten. Und ganz wichtig: Die Muskelspannung in den verschiedenen Körperbereichen aufspüren. Wir blenden viele Dinge aus, sonst würden wir auch verrückt werden. Wir nehmen doch nicht freiwillig wahr, dass unsere Ferse nicht glücklich ist mit den neuen, tollen hochhackigen Schuhen, dass in dem Hallo-wichtig-Kundengespräch die Krawatte am Hals drückt, dass der Ehering seit gewisser Zeit schon ins Fleisch schneidet.

Anstrengungen aufspüren. Wir können alles leichter machen – wenn wir den Körper wie ein Kind benutzen, wenn wir unnötige Anspannungen loslassen. Darum müssen wir die falschen Anstrengungen in der Alltagsbewegung aufspüren. Was machen die Nackenmuskeln, wenn wir vor dem Computer sitzen? Geht der Hals vielleicht in die Schildkrötenstellung? Sie telefonieren mit dem Schwiegervater, was tut Ihre Stirn? Wirft sie Falten? Sie stehen in der Schlange, was macht die Hüfte, stehen Sie nur auf einem Bein? Ist das Becken steif, wenn man geht – oder schwingt es natürlich und gesund mit? Was machen die Schultern? Sind sie schützend eingezogen? Der Rücken gebeugt von der schweren Last des Lebens? Diese Anstrengungen muss man aufspüren. Das tut man ganz einfach, indem man von morgens bis abends immer mal wieder innehält, die Aufmerksamkeit auf den Körper richtet. Wo ist Spannung spürbar? Die erzählt mir, wie ich diese Bewegung ausführe. Leicht, unbeschwert wie ein Kind – oder grob wie ein gefühlloser Klotz.

Von Körperhelden lernen. Stellen Sie sich einen Tänzer vor, wie er sich bewegt, geht, wie unangestrengt die Bewegungen sind, wie harmonisch, wie geschmeidig sie dahingleiten. Und das probieren Sie auch einmal. Spüren Sie in Ihren Körper hinein und schweben Sie mit ihm zehn Meter durch den Raum, indem Sie jedes Gelenk mit Leichtigkeit ausstatten, indem Sie spüren, woher die Bewegung kommt. Wir bewegen uns nicht nur mit Armen und Beinen. Nicht umsonst warten im Hüftbereich die stärksten Muskeln – auch sie wollen eingesetzt werden. Da das sexuelle Zentrum in der Hüfte sitzt, trauen wir uns kulturbedingt nicht mehr, diese schwingen zu lassen, wie es die Natur vorsieht. Zeit, das zu ändern. Anleitung Seite 215f.

Andere imitieren. Ein wunderbares Spiel mit dem Körper: In der Fußgängerzone Menschen beim Gehen beobachten – und nachmachen. Den Arbeitskollegen beim Sitzen beobachten, nachmachen. In den Körper hineinspüren, wie sich das anfühlt. So können Sie auch Ihren Partner viel besser kennenlernen. Wenn Sie seine Haltung imitieren, seine Bewegungen nachmachen, dann können Sie sich in ihn hineinversetzen. Über die Bewegungswelt des anderen können Sie auch in seine Gedankenwelt eintauchen. Sie spüren, wie es sich anfühlt, wenn sich der andere im Gespräch selbst umarmt. Und Sie entdecken viel: Wenn der Mann den Brustkorb nach vorne streckt, die Schultern nach hinten zieht (der Gorilla würde mit den Fäusten trommeln) und mit Fersen hackend durch die Wohnung düst, dann markiert er den Boden, will anerkannt wissen, was er heute alles erreicht hat. Wenn er auf den Ballen durch die Wohnung schleicht, ohne Spuren zu hinterlassen, will er gerade keine Aufmerksamkeit. Mit nach innen gedrehten Fußspitzen bremst er.

Mehr über Körpersprache lesen Sie in Kapitel 4.

DIE TROMMEL-TRANCE

Bad Homburg, Kongress für Pädagogen, Persönlichkeitstrainer und Coaches.

Im großen Seminarraum sitzen Susanne und 49 weitere Leute, in zerschlissenen Jeans und Hawaiihemd, in Bossanzug, im grauen Kostümchen mit Hermestüchlein. Alle machen Krach. Susanne sitzt begeistert vor einer riesengroßen Trommel. Jeder hat ein Instrument in der Hand, alle schlagen im gleichen Takt. Trommeln, Rasseln, Triangeln, Zimbeln, Pauken, Becken, Tamburine, Schellen und Kastagnetten erzeugen rhythmische Klänge. Niemand gibt den Takt vor, in der Gruppe entsteht, wie von selbst, immer wieder ein neuer Rhythmus, dem alle folgen. Die Stimmung: harmonisch, konzentriert. Begeistert! 100 Füße wippen, 50 Köpfe nicken, 50 Stühle wackeln. Nach einer Stunde kehrt Stille ein. Lauter Kinderaugen leuchten.

Trommeln schickt nicht nur Menschen um ein indianisches Lagerfeuer in ekstatische Zustände. Musikproduzenten wissen: Songs, deren Rhythmus dem Herzschlag entspricht, schaffen es auf die ersten Plätzen der Charts. Wenn wir einen Song hören und gar nicht mehr anders können, als mit dem Fuß mitzuwippen, trifft er genau ins Herz. Schon als Baby wiegen uns der rhythmische Herzschlag und der Atem der Mutter in Sicherheit. Trommeln und Tanzen, zwei der ältesten Formen des Miteinanders, sind ein Kraftritual mit Tiefenwirkung, dem sich kaum jemand entziehen kann. Der Rhythmus wirkt auf das Zentralnervensystem, die Herzfrequenz, die Durchblutung, das Gehirn …

Rhythmus verbindet. Wenn zwei Menschen miteinander musizieren, synchronisieren sich ihre Hirnstrommuster, haben Forscher vom Max-Planck-Institut in Berlin herausgefunden. Vor allem die Gehirnbereiche, die Sinneseindrücke verarbeiten und Bewegungen koordinieren, beginnen im gleichen Takt zu schwingen. Sich im gemeinsamen Rhythmus zu bewegen, erhöht das Gemeinschaftsgefühl und die Kooperation unter Menschen – die Marschmusik vereint Soldaten, die Techno-Musik Partygäste. Rhythmus geht sofort in den Körper. Vor allem die tiefen Klangsequenzen von Trommeln bewirken tranceartige Zustände. Das Gefühl der Trance kennt jeder. Jeder von uns kommt mehrmals täglich in einen Bewusstseinszustand, in dem im Gehirn die Alphawellen dominieren und anzeigen, dass sich Körper und Geist entspannen. Während des Joggens im Wald, auf einer eintönigen Autobahnfahrt, Gemüse schnipselnd … Kreative Menschen setzen Trance spontan ein, wenn sie eine Aufgabe intuitiv lösen wollen. Sie atmen ruhig, konzentrieren sich auf den Augenblick – emotionale Intelligenz steigt auf, Bilder, Visionen.

»TANZEN IST EIN VERJÜNGUNGSMITTEL«

Wir sprechen über die Ehrlichkeit unseres Körpers, über die Heilkraft des Tanzens mit Sabine Walter-Ziemons, Tanztherapeutin (BDT), Köln, Herrsching

Was halten Sie von dem Film »Rhythm Is It«?
Der Untertitel »You can change your life in a dance class« zeigt schon: Wir können über Tanz und die Arbeit mit Ausdruck und Selbstausdruck unser Leben verändern. Tanzen verändert sogar das Leben von Kindern aus Randgruppen, die eigentlich keine Perspektive haben, die von sich selbst denken: Ich kann nix.

Tanzen verändert diese Perspektive?
Ja. Wenn du die Erlaubnis bekommst, alle Sorgen, Probleme, deine Geschichte hinter dir zu lassen, wie es im Tanz passiert, dann verändert sich deine Perspektive. Auf einmal denken diese Kinder: Ich bin jemand. Ich kann was. Und ich bin es auch wert, gesehen zu werden. Ich habe einen Wert und deswegen ist mein Leben auch lebenswert.

Das funktioniert ja nicht, indem man redet …
Nein. Das geht nur übers Stillwerden und Spüren. Im Film sagt der Choreograf Royston Maldoom den Kindern

RHYTHMEN IN DER HYPNOSE-THERAPIE

Eine Trance-Induktion funktioniert am besten, wenn der Therapeut im Rhythmus des Herzschlags oder der Atmung spricht. Übrigens: Das Gehirn zeigt in der Trance die gleichen neuronalen Erregungsmuster, wie wenn wir etwas in Wirklichkeit erleben. Das bedeutet: Wir speichern es wie Erlebtes, als Erfahrung ab. Deswegen kann die Hypno-Therapie uns neue Erfahrungen schenken, die die alten negativen Erlebnisse unwichtig machen, uns Ängste nehmen, von Süchten befreien, Sorgen verschwinden lassen.

Im Körper wohnen Urkräfte. In unserem Körper, in unseren Zellen sind auch all unsere Urerfahrungen gespeichert. Wie ein Tier Instinkte hat, die über Jahrtausende weitergegeben werden, wurzelt auch in unserem Körper uraltes Wissen, Bilder, über Vertrauen, Heilkraft, Willen, Mut, Liebe … Manchmal zeigen sie sich uns in unseren Träumen. An diese Bilder und die mit ihnen verbundenen

ja auch: »Shut up!« Damit sie sich wieder auf sich konzentrieren. Im Tanzen kommunizieren wir über den Körper, nicht über die Stimme. Erst dann können wir auf den Körper hören. Der zeigt uns, wo wir wirklich stehen. Was spüre ich, was nehme ich wahr, wer bin ich eigentlich? Doch das macht auch Angst – weil es uns fremd ist.

Tanz ist eine Übersetzung unserer Emotionen in Bewegung?
Ja. Wir drücken uns ständig über den Körper aus, bewusst oder unbewusst. Die Tanztherapie geht von einer Wechselwirkung aus zwischen meinem Empfinden, meinem Inneren, meinem Wesen, meiner Seele und dem, was ich nach außen ausdrücke. Was sich im Inneren bewegt, kann ich nur nach außen ausdrücken.

Körper und Geist sind eins.
Genau. Für die Urvölker war immer klar, dass beides eine Einheit ist. Alles, was mich in meinem Innersten beschäftigt, meine Gefühle, meine Emotionen, meine Haltung zum Dasein, findet sich wieder in meinem Ausdruck – in meiner Körpersprache. Das macht auch die Heilkraft des körperlichen Ausdrucks aus. Die Tanztherapie nutzt den Tanz als Methode, weil sie von seiner Urkraft weiß.

Welche Musik hilft, das Innerste in Bewegung zu übersetzen?
Das ist subjektiv. Denn jeder verbindet mit Musik seine persönlichen Erlebnisse, Emotionen, Bilder etc. Ich benutze in der Tanztherapie vorwiegend Musik, die die Leute nicht kennen. Weil es hier wichtig ist, wie sich jemand intuitiv, abseits der gewohnten Muster ausdrückt. Und natürlich ist die Musikauswahl abhängig vom Thema: meditativ, still, unterstützend, provozierend … Wer sich zu Hause dem Tanzen nähern möchte, beginnt

mit Musik, die er mag – und experimentiert dann. Es macht Spaß, in neue Körpererfahrungen einzutauchen und diese in Bewegung umzusetzen.

Wer tanzt, bleibt jung.

Die Tänzerinnen Anna Halprin und Fe Reichelt sind weit über 80. Die sehen jung aus, die bleiben jung und beweglich. Auch im Geist. Solange du flexibel im Körper bleibst, tust du das auch im Geist. Und wenn die beiden in ihrem Element sind, wirken sie noch jünger. Das biologische Alter fällt von ihnen ab. Tänzer brauchen kein Botox. Selbst mit Falten sehen sie jung aus, weil die Augen, die Bewegungen lebendig sind. Ja, Tanzen ist ein Verjüngungsmittel.

Die Tänzerin Anna Halprin war 50, als ihr die Ärzte sagten, sie habe nicht mehr lange zu leben. Jetzt ist sie 86 ...

Ich habe kürzlich erst ihren Film gesehen »Breath made visible«. Sie hatte Krebs. Hat einen speziellen Tanz entwickelt und getanzt, hat sich ganz tief damit auseinandergesetzt und hat die Krankheit körperlich ausagiert. Der Tumor verschwand.

Sie haben Ähnliches erlebt. Sie hatten Brustkrebs ...

Ja. Ohne Tanz wäre so manches anders verlaufen. Es gibt Dinge, die können wir noch nicht wissenschaftlich erklären. Da zeigt sich, wie intelligent wir gebaut sind. Unser Körper ist das Haus, in dem wir leben, da wohnt alles mit drin, unsere Emotionen, unser Geist, Körper, Seele, Gefühle, Stimmungen. Darum können wir über Körpertherapien so gut heilen. Die Ursache für ein Problem liegt irgendwo im Unbewussten. Zeigt sich aber körperlich. Und über die körperliche Ebene können wir Schmerzen auflösen und alte Seelenwunden heilen.

Interessant am Tanzen ist ja, dass wir viel Energie verbrauchen und uns danach aber voller Energie fühlen.

Ja. Bewegung setzt Serotonin und Endorphine frei – die Hormone der Zufriedenheit und des Glücks. Dadurch steigt automatisch der Energiepegel an. Tanzen hilft Menschen mit Burn-out und chronischer Müdigkeit. Ich arbeite viel mit Frauen mit der Diagnose Krebs. Sie leiden ja oft extrem unter Müdigkeit, wenn sie Chemo oder Bestrahlung kriegen. Nach den Tanzstunden haben sie viel Energie, obwohl sie vorher gedacht haben: Ich komme gar nicht aus dem Sessel hoch.

Woran liegt das?

Wenn wir uns auf das Tanzen einlassen, sind wir im Hier und Jetzt, richten den Fokus auf unseren Körper. Und alles andere verliert an Bedeutung. Das Gedankenkarussell steht still. Dann bist du mit dir verbunden und mit deiner Urkraft, deinem Wesen. Und es geht dir gut, dein Energiepegel steigt!

Kann das jeder?

Du kannst ausdrücken, was wirklich ist. Du kannst nicht die Arme hochreißen und sagen: Ich bin total deprimiert. Das geht gar nicht. Wir bewegen uns nach unseren momentanen Bedürfnissen. Der Körper holt sich die Bewegung, die er braucht.

Was lehrt uns das Tanzen über unsere Beziehungen?

Ich habe festgestellt, dass ich alleine anders tanze als mit Partner. Alleine tanze ich stark und kraftvoll, mit Partner schwächer. Aha!, dachte ich. Daran habe ich dann gearbeitet – nur auf der Bewegungsebene, nicht über den Verstand.

Und haben sich Ihre Beziehungen dann tanzend verändert?

Natürlich. Das Thema war klar: Guck mal, wie du deine Kraft auch in der Beziehung mehr erden und behalten kannst. So habe ich eine körperliche Erfahrung gemacht, und die war viel nachhaltiger, als wenn etwas über den Kopf geklärt worden wäre. Jetzt kenne ich die körperlichen Symptome. Weiche Knie, ducken ... Aha, da ist es wieder – und dann weiß ich, was ich zu tun habe. Mich aufrichten, tief durchatmen, die Kraft fließen lassen, statt sie zurückzuhalten.

Unsere Bewegungen spiegeln mehr von unserem Inneren als unsere Worte?

Stell dir vor, du kommst in dein Haus und merkst, dass ein Einbrecher drin ist. Was passiert? Du wirst nicht denken: Ach, ein Einbrecher, ich guck jetzt mal, wo der ist. Du reagierst mit dem Körper: Du spannst alles an, machst dich klein, wirst vorsichtig, schleichst auf Zehenspitzen, runzelst die Stirn. Gleichzeitig läuft ein Film in dir ab: Wo ist der? Was macht der mit mir? Da passiert so viel gleichzeitig auf verschiedenen Ebenen und das ist auch im Tanz so. Du tanzt und der Tanz löst Empfindungen aus, Bilder tauchen auf, Erfahrungen, die man gemacht hat. Bilder beeinflussen den Ausdruck des Körpers. Diese Erfahrung ist so vielschichtig und daraus entsteht dann dein einzigartiger Ausdruck, den die anderen sehen können.

Wir müssten viel häufiger mit unserem Körper sprechen.

Genau. Kinder sind viel unbedarfter, die überlegen nicht, die machen halt einfach. Wenn es ihnen nicht gut geht, dann schreien sie, stampfen mit den Beinen auf, machen etwas kaputt, schmeißen um sich ... Sie antworten mit ihrem Körper. Sie sind enger mit ihren körperlichen Impulsen verbunden als Erwachsene. Wir würden gerne einen Teller an die Wand klatschen, reißen uns aber zusammen. Was passiert, wenn wir uns zurückhalten? Wir spannen uns an, halten alle Energie im Körper, hören auf zu atmen. Verspannen uns ...

SPIEGELN IST EINE WUNDERBARE TANZÜBUNG ...

... um etwas über sich in einer Beziehung zu erfahren. Langsame Musik. Nur Arme und Hände sind in Bewegung. Zwei stehen sich gegenüber, in angenehmem Abstand. Einer führt, der andere folgt (Spiegel). Der, der vor dem Spiegel steht, beginnt mit seinen Bewegungen, und der Spiegel macht alles nach. Bis ein Tanz entsteht. Dann Rollen tauschen. Wie ist es mir in welcher Rolle ergangen? Wir berühren uns nicht wirklich, nicht körperlich. Aber trotzdem berühren wir uns.

Eine Übung geht so: Tanze verschiedene Rollen, um unentdeckte Seiten in dir zu entdecken. Bewege dich wie eine Diva, wie eine Fee oder wie eine Hexe.

Wir haben viele Bilder von uns, wie wir denken zu sein und sein sollen, was sich gehört, was sich nicht gehört. Lauter Bilder, die unsere Persönlichkeit bilden. Über die spielerische Funktion des Tanzes trauen wir uns, neue Seiten an uns zu entdecken. Jeder hat verschiedene Persönlichkeitsanteile. Ich bin nicht nur die Diva, sondern auch die dunkle Hexe. Oder die Schlampe, die Priesterin oder Präsidentin. Tanzend finden wir heraus, mit welchen Typen wir uns identifizieren können – oder nicht.

Tanz ist ja ein sehr weibliches Thema – wie ist es mit den Herren der Schöpfung, lassen die sich für die Entdeckung des Körpersinnes gewinnen?

Man sollte tunlichst nicht sagen, dass man Tanztherapie macht. Männer ködere ich über Begriffe wie »Körpersprache«, »Ausdruckskraft«, »Präsenz«. Sonst läuft im Kopf ein Angst-Film ab: Ich präsentiere mich und kehre mein Innerstes nach außen. Und zwar ungeschminkt, so, wie ich bin. Das will kein Mann.

Bis Mann es tut …

Ja. Wenn der Mann merkt, dass es geht, macht es ihm Spaß, er ist spielerisch und vergisst plötzlich alles, was er vorher gedacht hat. Männer, die sich erst nicht trauen, sind hinterher immer tief beeindruckt. Es geht ja im

Kräfte kommt der Mediziner, indem er den Patienten in ein Schlafkoma legt – oder er lernt eine schamanische Technik der Trance oder Hypnose.

RHYTHMISCHE FRIEDENSSTIFTER DES ALLTAGS

Wenn wir aufgeregt sind, uns ärgern, nervös sind, finden wir keine Lösungen für Probleme. Nachdenken führt dann nur im Kreis herum und zu keinem Ergebnis. »Eine der effektivsten und schnellsten Möglichkeiten, sich zu beruhigen, ist, sich zu bewegen. Und zwar rhythmisch.« Das sagt Hirnforscher und Neurobiologe Prof. Gerald Hüther. Wir müssen erst unser Hirn beruhigen, die Erregungszustände in den Nervenzellen abbauen, bevor wir eine Lösung finden. Dabei helfen Rhythmen. Rhythmische, gleichmäßige Bewegungen wurden und werden in allen Kulturen, in allen Epochen angewandt, wenn es darum geht, Erregungszustände unter Kontrolle zu bekommen. Singen, gemeinsames Umherspringen, meditatives Tanzen, das Aufsagen von Mantras oder Beten eines

Grunde nur darum, dass sie überhaupt einmal über eine andere Schiene als Verstand oder Denken an das Spüren herankommen, Kontakt zu sich selber herstellen, zu ihrem Körper.

Wann weiß ich, dass ich auf dem richtigen Weg bin?

Du hast nicht mehr das Gefühl: Du führst einen Tanz auf. Sondern: Es tanzt dich. Das ist der Moment, in dem sich Raum und Zeit auflösen. Das kann sich wie fünf Minuten anfühlen, wie eine halbe Ewigkeit oder wie ein Flügelschlag. Du bist dann im Augenblick – und dann wirst du wirklich sichtbar. Dann zeigst du dich, egal, wie das gerade aussieht. Und interessanterweise ist es genau das, was zuschauende Menschen total berührt.

Wie lange dauert es, bis mir der Tanz etwas über mein Innerstes erzählt?

Ich habe schon Klientinnen gehabt, die in der ersten Stunde ein Aha-Erlebnis hatten und einen tief greifenden Prozess durchlebten. Andere denken: Jetzt bin ich 50 Jahre alt, habe schon 100 Stunden Gesprächstherapie hinter mir – jetzt muss mit der Tanztherapie sofort was passieren. Die kommen vor lauter Druck natürlich nicht mit sich in Kontakt. Die müssen erst mal die Erwartung loswerden, dass sofort was passieren muss – damit was passieren kann. Aber auch hier spricht der Körper mit dir. Er zeigt ja, dass Druck da ist. Und den tanzen wir uns vom Leib.

Mehr Infos unter: www.movidanza.de

Rosenkranzes sind Friedenstifter des Alltags. Genauso wie moderne Bewegungskulte wie Jogging oder Nordic Walking. Das Gehirn nimmt den Bewegungsrhythmus auf. Die sich in alle Hirnareale ausbreitende Welle führt zur Synchronisation der Gehirnströme, bewirkt, dass alles im Kopf im gleichen Rhythmus schwingt. Und diese Harmonie im Kopf kann zu rauschartigen Zuständen führen – wie dem Laufrausch »Runners High«. Die gute Nachricht: Dieser Zustand wird bereits nach etwa 15 Minuten erreicht. Wir müssen also nur eine Viertelstunde im gleichmäßigen Rhythmus laufen, gehen, tanzen oder unseren Körper anderweitig in rhythmische Schwingungen versetzen – schon schwingt unser Hirn rhythmisch mit und wir können sehr viel klarer denken.

RENAISSANCE DER WIEGE

Die über Jahrtausende sanft in den Schlaf schaukelnde Wiege wurde Ende des 19. Jahrhunderts von Kinderpädagogen als unmodern abgestempelt. Das Bettchen mit Gitterstäben löste das Verwöhn-Modell ab. Warum nur? Der leichte, beruhigende Rhythmus des Getragenwerdens wiederholt sich in der Wiege: Durch das Hin-und-her-gewiegt-Werden beruhigt sich das Baby und fühlt sich geborgen. Und darum erlebt die Wiege derzeit zu Recht eine Renaissance.

UND NOCH MEHR KÖRPERTHERAPIEN

Wir alle müssen ja irgendwann in unserem Leben mal etwas schultern, das ein bisschen arg schwer ist. Bei mir war es eine böse Diagnose. Insgesamt fünf OPs. Und einen daraus sehr, sehr traurig hervorgehenden Körper. Der alle Schutzmechanismen in Gang gesetzt hat, damit ihm da ja keine Diagnose, kein Skalpell, keine Medizin mehr so wehtut. Tja, und wie das bei braven Mädchen so ist, da kommt dann eine Fee. Und zaubert alles wieder gut. Diese Fee war Feldenkrais-Therapie. Sie zauberte die Angst aus meinen Zellen, die Trauer aus meiner Haltung, den Schutzreflex in seine Schranken, Geschmeidigkeit in meine Bewegungen, ein Lächeln auf die Lippen und jede Menge Dioptrin in mein Herz – das konnte auf einmal sehen …

Wahrscheinlich braucht jeder irgendwann im Leben einmal eine Körperbewegungstherapie. Denn der Weg zur Seele, zu unseren Emotionen, zu unserem Ich führt über den Körper. Es gibt viele gute Methoden. Die Alexander-Technik, Hakomi, Trager-Technik, Rebalancing – hier finden Sie eine Übersicht.

PER FELDENKRAIS ZURÜCK ZUM RHYTHMUS DES LEBENS

Der Mensch zeigt sein »Sein« in seiner Bewegung. Das Kind tut das noch spontan, leichtfüßig, fröhlich, koordiniert … Der Erwachsene tut das eingeschränkt, schlurfend, undifferenziert, angestrengt, reduziert. Das flüssige Zusammenspiel zwischen all den an der natürlichen Bewegung beteiligten Strukturen ist in Vergessenheit geraten – und wir leiden unter einem steifen Nacken, hängenden Schultern, einem festen Becken, einem wenig beweglichen Knie, der immobilen Zehe. All das drosselt unseren Körpersinn, dämpft unsere Sensibilität. Mit der Zeit erworbene Bewegungsmuster – häufig ein Schutzmechanismus des Körpers – verfestigen sich als Gewohnheit, führen zu Fehlhaltungen, verspannter Muskulatur, Bewegungseinschränkung, Schmerzen, chronischen Schmerzen …

Und das kann man wieder ändern. Man kann den Körper neuromuskulär umorganisieren. Die Bewegungsspielräume eines Kindes mithilfe des Gehirns wiederentdecken. Da stecken die nämlich drin, die natürlichen Muster, die kindlichen. Sind bloß überschrieben worden. Dr. Moshe Feldenkrais (1904–1984) hat eine Methode entwickelt, eine Bewegungslehre, die aus uns wieder Kinder macht. Mithilfe kleinster Bewegungen von Kopf bis Fuß zeigt der Feldenkrais-Therapeut dem Körper, wo ein Schutzmuskel das Becken fest macht, die Schulter vorne hält, das Knie nicht rotieren lässt, den Wirbel starr macht. Und sie stupst das Gehirn an: »Hallo, schau mal, das kann dein Körper auch machen. So kann er sich bewegen.« Therapeuten nennen das »sensomotorisches Lernen«.

Das Schöne daran: Das Gehirn sagt auf der Liege: »Wow, fühlt sich gut an!« Eine Hand kann sich wieder mit der Leichtigkeit einer Seeanemone bewegen, das Becken schwingt geschmeidig mit jedem Schritt, von den Zehen bis zum Atlas schwingt jedes Gelenk locker und leicht im Rhythmus des Lebens.

Der Körper steht von der Liege auf, bewegt sich im Alltag mit seinem wiedergewonnenen, unbewussten Wissen, wird von Sitzung zu Sitzung gewandter, kraftvoller, geschmeidiger, lockerer, sensibler, sinnlicher. Nicht nur der Körper, auch die Seele, auch der Geist. Das fühlt sich unglaublich gut an. Und es sieht gut aus. Darum machen so viele Schauspieler Feldenkrais. Weil sie auch eins sein müssen mit ihrem Körper.

Feldenkrais ist richtig gesund. Es hilft bei chronischen Schmerzzuständen, Rücken-, Ischias-, Bandscheibenbeschwerden, Nackenverspannungen, Tinnitus, Kieferfehlstellungen, Migräne, neurologischen Erkrankungen wie multiple Sklerose, Apoplexie, Lähmungen, Gelenkproblemen, rheumatischen Beschwerden, Fibromyalgie, Herz- und Atemwegserkrankungen, Sensibilitätsstörungen, Stresszuständen.

FÜR JEDEN KÖRPER DIE RICHTIGE THERAPIE

Ein paar kluge Köpfe wissen schon lange, dass Körper, Geist und Seele ineinander verwoben sind und nicht trennbar unser Ich ausmachen. Denn diese klugen Köpfe wissen: Jede unserer Zellen hat ein Bewusstsein. Und diese klugen Köpfe haben Therapien entwickelt, die alle ähnlich wie Feldenkrais wirken und über unsere Bewegung und unsere Haltung den inneren Doktor wecken – und uns wohlfühlen lassen. Klar lindern diese Therapien auch Schmerzen und sie helfen dabei, Traumata zu bewältigen. Sie zeigen versteckten Emotionen einen Weg nach außen. Sie helfen uns dabei, unser Leben in eine neue, uns zufrieden stimmende Richtung zu lenken, und sie schenken uns charismatische Ausstrahlung. Wenn Sie das nicht glauben, dann probieren Sie es aus. Jeder Mensch braucht ein Lebenselixier, egal ob Agavendicksaft oder Olivenöl – und eine Körpertherapie, egal ob Hakomi oder Rolfing.

Alexander-Technik: Der Schauspieler Frederick Matthias Alexander stellte irgendwann fest, dass seine ständigen Atembeschwerden und Stimmprobleme durch seine Körperhaltung verursacht wurden. Er konzentrierte sich auf das Miteinander von Kopf, Hals und Rumpf und war innerhalb kurzer Zeit beschwerdefrei. Die nach ihm benannte Körpertherapie arbeitet mit langsamen und achtsamen Bewegungen und manuellen Korrekturen durch den Therapeuten, um das geistig-körperliche Gleichgewicht wiederherzustellen. Das Ziel: ungünstige Fehlhaltungen und Bewegungsgewohnheiten erkennen und verändern. Wirkt auch signifikant und lang anhaltend bei chronischen Rückenschmerzen.

Atemtherapie: Eine der ältesten Heilmethoden, die wir kennen – und ein wertvolles Diagnoseinstrument. Wann fließt der Atem tief und ruhig und wann ist er flach und stockend? Jeder kleine Reiz von innen oder außen verändert die Art und Weise, wie wir atmen. Und das hat einen Einfluss darauf, wie wir uns fühlen. Vital oder schlapp, angespannt oder leicht. Die Atmung ist die einzige unbewusste Körperfunktion, die wir auch bewusst steuern können, und hier setzt die Atemtherapie an. Ziel bei dieser Methode ist die bewusste Wahrnehmung des Atmens und die Veränderung ungünstiger Atmung. Atemtherapie wird beispielsweise eingesetzt bei Atembeschwerden, Kreislaufstörungen, Schmerzen, Stress,

Schlafproblemen und seelischen Beschwerden wie Depressionen und Ängsten.

Eutonie: Diese Methode vermittelt mit einfachen Übungen Achtsamkeit sich selbst und der Umwelt gegenüber. Wir nehmen den Körper mithilfe leichter Bewegungs- und Atemübungen wahr. Der Gedanke dahinter: Durch sinnlich erlebte Erfahrungen werden das Bewusstsein erweitert und heilende Prozesse in Gang gesetzt. Eutonie bedeutet »richtige Spannung«. Während der Körpertherapie lösen wir Verspannungen (Hypertonie) und spannen erschlaffte Partien (Hypotonie) an. Diese Körpertherapie ist laut der Pädagogin und Physiotherapeutin Gerda Alexander ein westlicher Weg zur Erfahrung der körperlich-geistigen Einheit des Menschen.

Hakomi: »Wer bist du?«, fragt der Hakomi-Therapeut in der Sprache der Hopi-Indianer. Unter **www.hakomi.de** lesen Sie die Antwort. »Es geht nicht darum, wer du glaubst zu sein. Es geht nicht um etwas, das du nur intellektuell begreifen kannst. Es geht darum, wer du im tiefsten Grunde deines Herzens bist.« Diese erfahrungsorientierte Körperpsychotherapie, die in der Sprache der Hopi-Indianer auch »Der, der du bist« bedeutet, kombiniert westliche und östliche, psychische sowie körperzentrierte

Therapien und leitet den Klienten über den Körper hin zu innerer Achtsamkeit. Sie gilt als Weiterentwicklung der klassischen (berührungslosen) Psychotherapie. Der Therapeut legt seine Hände auf verschiedene Körperregionen des Klienten, leitet durch Fragen, durch Wechsel von Reden und körperlicher Erfahrung die Vereinigung von Geist und Körper ein.

Lach-Yoga: Das Zwerchfell bebt und die Luft bleibt einem weg. 80 Körpermuskeln, davon allein 17 im Gesicht, beteiligen sich, wenn Sie so richtig herzhaft lachen. 20 Sekunden Lachen fordern den Körper genauso wie drei Minuten schnelles Rudern. Kein Wunder also, dass Lachen so gesund ist: Es stärkt die Lunge, das Herz, den Kreislauf, das Immunsystem, spült die Stresshormone Adrenalin und Cortisol aus dem Blut und regt die Produktion von Glückshormonen, den Endorphinen, an. Lachen hilft selbst bei Krebs, Aids, Herzerkrankungen, Kopfschmerzen, chronischen Ängsten und Depressionen. Und weil Lachen nachweislich verjüngt, entstehen bei uns überall Lachklubs. Mithilfe von Lach-Yoga lernen Sie ohne Grund zu lachen (Kurse finden Sie im Internet unter **www.hoho-haha.de**). Zusammen mit anderen kichern, glucksen, prusten und beben Sie vor Lachen.

GEFÜHLE AUS DEM GEFÄNGNIS BEFREIEN

»Die Wirkung moderner psychotherapeutischer Verfahren: Über gezielte Bewegung und bestimmte Haltungen lassen sich lange verdrängte Erlebnisse, vor allem aber die damit verbundenen Gefühle wieder ins Bewusstsein heben, wo sie innere Bilder auslösen, die nun in der geschützten Umgebung neu betrachtet werden können. So wird es ermöglicht, mit der Vergangenheit Frieden zu schließen und die Erinnerungen aus dem Gefängnis des Körpers zu erlösen, wo sie vielleicht viele Jahre die lebendige Kommunikation der Zellen behindert und leichte oder sogar schwere Krankheiten ausgelöst haben.«
Joachim Faulstich, »Das Geheimnis der Heilung«

Rebalancing: Diese orthopädische Schmerz- und Körpertherapie vereint tiefe Bindegewebsmassage, Gelenklockerung und achtsame Berührung. Man entspannt körperlich und geistig. Die Therapie lindert sofort Schmerzen und aktiviert die Selbstheilungskräfte. Rebalancing wurde ursprünglich in einem Ashram des Mystikers und spirituellen Lehrers Osho begründet und seitdem weiterentwickelt. Die Methode lehnt sich an die Rolfing-Therapie an, nutzt aber auch Meditations- und Achtsamkeitstechniken. Die im Rebalancing gelebte »Körperspiritualität« betont die Einzigartigkeit und Vollkommenheit jedes Menschen, die sich durch seinen Körper ausdrückt.

Rolfing – strukturelle Integration. Diese von der Biochemikerin Dr. Ida Rolf begründete Therapie kombiniert Bindegewebsmassagen mit Körperarbeit. Die Rolfing-Arbeit korrigiert Fehlhaltungen und schenkt dem Körper dadurch wieder Energie. Rolfing ökonomisiert die Bewegung, entspannt, befreit von Schmerzen. Rolfing verändert die Haltung, die Struktur des Körpers – und damit auch die Seele.

Trager – Psychophysische Integration: Dem Feldenkrais sehr ähnlich ist die nach dem Arzt und Physiotherapeuten Milton Trager entwickelte Körpertherapie. Der Therapeut arbeitet vor allem mit der Frage »Welche Bewegung ist leichter, freier?«. Eine Behandlung hat zwei Phasen: Der Klient erlebt liegend sanfte Berührungen und körperliche Korrekturen durch den Behandler und erlernt dann neue Bewegungsabläufe. Dabei lenkt er seine Aufmerksamkeit bewusst auf den Körper und darauf, wie sich welche Bewegungen anfühlen. Durch die achtsame Bewegung werden nach und nach muskuläre und psychische Spannungen abgebaut.

Yoga: Aktiviert die Atmung, stärkt die Muskeln, auch den Herzmuskel, baut Stress ab. Und ist wie ein Lehrgang für Flow. Ein Richter aus Texas verurteilte übrigens einen Straffälligen zu einem Yogakurs. Damit er seine Aggressionen besser unter Kontrolle hält. Yoga, die fernöstliche Weisheitslehre, ist schon längst Bestandteil westlicher Lebenskultur:

⋯⋗ Übergewichtige nehmen mit Yoga leichter ab.

⋯⋗ Hypertoniker senken den Blutdruck.

⋯⋗ Asthmatiker lindern ihre Asthmaanfälle.

⋯⋗ Yoga bringt Körper und Geist in Einklang.

⋯⋗ Es kräftigt die Muskulatur, macht beweglicher.

⋯⋗ Die Konzentration steigt, es schult den Atem.

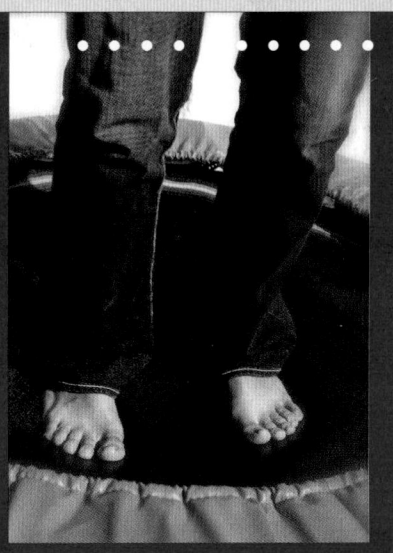

MEHR KÖRPERGEFÜHL MIT DEM MINI-TRAMPOLIN

Wenn wir aufs Mini-Trampolin steigen, verändert sich sofort unsere Mimik. Wir müssen lächeln. Und plötzlich fühlen wir uns federleicht, beschwingt und glücklich. Der Körper reist in die Kindheit und jede Körperzelle lächelt mit, während Sie zu den Sternen fliegen. Von Kopf bis Fuß – Ausdauer und Kraft. Der gesamte Körper wird trainiert, egal ob Gesichtsmuskeln, Bindegewebe oder Organe. Jede Zelle wird massiert. Das schult nicht nur die Balance, sondern verbessert auch das Körpergefühl.

Nach dem Walken, Joggen, Twisten auf der Matte hat man mehr Energie, ist fröhlicher und resistenter gegen Stress. Zudem wird der Lymphfluss angeregt. Das entgiftet den Körper. Wer auf dem Trampolin trainiert, kombiniert Kraft- mit Ausdauertraining. 20 Minuten vor der Arbeit reichen. Und wenn die Kollegen dann nach dem Namen der neuen Liebe fragen, können Sie grinsend mit »mein Mini-Tramp« antworten. Bezugsquelle siehe Seite 288.

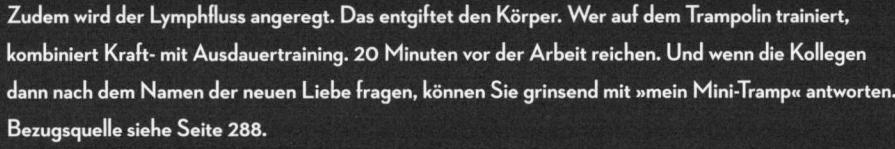

4.

ARTGERECHT HALTEN! DER SCHLÜSSEL ZUM PUDELWOHL-FÜHLEN

UNSER KÖRPER ERZÄHLT UNS ALLES. UNSERE HALTUNG BERICHTET ÜBER UNSER LEBEN, UNSERE MIMIK ÜBER UNSERE GEDANKEN. ABER UNSER KÖRPER IST AUCH EIN KOFFER VOLLER ÜBERRASCHUNGEN – IN DEM WIR ALLES FÜR UNSERE REISE NAMENS LEBEN DABEIHABEN.

UNSER KÖRPER – EIN
DROGENKÖFFERCHEN FÜR
ALLE FÄLLE

 is zu den Handgelenken tätowierte Arme klemmen die Bassgitarre wie ein überdimensionales Feigenblatt an das Becken, als wollten sie das Instrument daran hindern, nach oben davonzufliegen. Gesicht und Körper sind steif wie eine Konservendose, nur die Finger tanzen. Nebendran explodieren 170 Zentimeter Testosteron unter einer blauen Baseball-Kappe: Drumsticks wirbeln über die Cajón, die rosa lackierte Kastentrommel. Bewegen, Musik, die Freude am Auftreten dringt aus jeder Pore des Drummers und Sängers der Band *Spoon*.

Am Stehtisch neben unserem, in der kleinen gemütlichen Künstlerkneipe, fällt ein zaghafter Kuss auf die sich im Rhythmus bewegende weiche Schulter mit dem neckischen Adler-Tattoo. Fragende Augen. Die Antwort: Ein sanftes Wiegen der Hüfte in die Arme hinein. Von der Bar fliegt ein Augenzwinkern zu uns an den Tisch. Typ: Zu klein für sein Gewicht. Um die 60. Single. Kein Wunder. Das Leben kann aufregend wie ein Krimi sein, wenn wir in den Körpern der Menschen lesen. Das können wir überall auf der Welt. Immerzu. Jeden Tag. Nicht nur freitags bei einem Rockkonzert in München im Schwabinger Podium.

WARUM EIN KRUMMER KÖRPER TRAURIG MACHT

Machen Sie sich gleich mal krumm. Ja, richtig krumm. Schultern vor. Brustkorb einklemmen. Rücken runden. Arme schlaff hängen lassen. Kopf senken. Und? Wie fühlen Sie sich? Ich weiß, das ist schon so etwas wie Körperverletzung … Sorry! Wenn Sie die Stirn runzeln, bereiten Sie den Nährboden für negative Gedanken. Wenn Sie die Schultern hängen lassen, lastet der Alltag viel schwerer auf ebendiesen, als wenn Sie sie zurücknehmen. Wenn Sie den

Kopf hängen lassen, lassen Sie die Traurigkeit einziehen. Forscher aus Maryland in den USA haben doch glatt festgestellt, dass das Gesicht lähmende Gift Botox nicht nur Sorgenfalten auf der Stirn glättet, sondern gleichzeitig auch die Depression dahinter lindert. Dass Botox als kosmetisches Antidepressivum einsetzbar wäre, lässt wiederum viele Wissenschaftler die Stirn runzeln. Es ist ja wirklich nicht besonders lustig, Menschen das Gesicht zu lähmen, damit sie nicht mehr traurig schauen können. Empfehlenswert ist es auch nicht, weil dann die zugehörigen Gehirnbereiche absterben. Nach dem Motto der Evolution: Gebrauche es oder verliere es.

SICH DEM GLÜCK ENTGEGENSTRECKEN

So, jetzt reicht es mit den negativen Dingen. Zeit für ein Stück Körperglück. Stellen Sie sich breitbeinig hin, gehen Sie auf die Zehenspitzen. Nehmen Sie Ihre beiden ausgestreckten Arme seitwärts hoch, ein Stück über Schulterhöhe. Strecken Sie sich aus der Wirbelsäule heraus – so als würde Ihr Hinterkopf sanft von einem imaginären Seil in Richtung Himmel gezogen. Nun heben Sie das Kinn leicht an, strecken die Brust raus. Zehn Sekunden strecken. Dabei tief und regelmäßig atmen. Und alles locker lassen. Wie fühlen Sie sich? Frisch? Frei? Selbstbewusster? Jede ihrer Körperzellen hat mit dieser kleinen Übung Drogen in Form von Neuropeptiden und Hormonen freigesetzt, die uns ein gutes Gefühl schenken. Ihr Körper ist ein sagenhaftes Geschenk. Er verkörpert Ihr Ich. Ihre Gefühle. Ihr Selbstbewusstsein. Das alles können Sie fühlen, wenn Sie eins mit ihm sind. Und mehr in ihm sehen als den Träger des Kopfes. Es könnte natürlich aber auch sein, dass Sie bei dieser Übung nichts gespürt haben. Dann

● ●

Kleine Körper-Expedition: GROUNDING

Nervös? Lampenfieber? Da hilft es, sich zu erden. Wer aufgeregt ist, malt sich im Kopf die schlimmsten Bilder aus und verliert oft die Bodenhaftung. Was hilft: sich wieder mit dem ganzen Körper verbinden. Klopfen Sie mit den Händen auf Oberschenkel und Po, spüren Sie bewusst den unteren Teil Ihres Körpers. Dann bis drei zählen, mit einem Fuß einmal fest auf den Boden stampfen. Dann spüren, wie sich das anfühlt. Unterschied rechter Fuß, linker Fuß. Dann noch mal: eins, zwei, drei, und einmal mit dem anderen Fuß aufstampfen. Spüren Sie nach, ob Sie nun fester auf dem Boden stehen.

seien Sie nicht verärgert, nicht traurig. Im Gegenteil, das ist doch wunderbar. Sie haben eine Entdeckungsreise vor sich. Ein Abenteuer. Nämlich das, Ihren Körper wieder neu zu entdecken. Ihn wieder so wahrzunehmen und wertzuschätzen wie als Kind.

KLEINER BIO-SELBSTBEWUSSTSEINS-KURS

Wir richten uns auf, nehmen die Schultern zurück, weiten die Brust, wachsen … Da tut sich was im Körper. Biochemisch. Das kann man messen. Die Rezeptoren in Muskeln und Sehnen informieren das Gehirn exakt über die aktuellen Spannungszustände im Körper. Der Gleichgewichtssinn funkt aus dem Innenohr seine Infos dazu, und natürlich auch das Auge. Das Zwerchfell drosselt die Atmung nicht länger durch eine gekrümmte Haltung. Diese Informationen nimmt das Gehirn unbewusst auf – und antwortet mit der Ausschüttung von Nervenbotenstoffen und Hormonen. Sozialpsychologin Dana Carney von der Columbia University in New York hat beispielsweise gemessen, dass eine aufrechte Haltung den Testosteronspiegel ansteigen lässt – unser Hormon der Dynamik und des Antriebes. Und jedes fröhliche Aufrichten drosselt zudem das Stresshormon Cortisol. Beides fördert Mut, Willenskraft und Beharrlichkeit – und stärkt das Immunsystem.

Wer hingegen mit hängenden Schultern, hängendem Kopf, also gebeugter Körperhaltung durchs Leben geht, verliert immer mehr an Energie und auch das Immunsystem hat keine Power, was einen sehr leicht kränkeln lässt. Jede Haltung, die wir einnehmen, öffnet eine Schublade in unserem Drogenköfferchen Körper. Die uns selbstbewusst macht, entspannen lässt oder Freude bringt.

MIT **EMBODIMENT** DEN LEIBHAFTIGEN GEIST WECKEN

ufrichten, Brust raus, Kopf hoch … Wer sich traurig fühlt, sackt in sich zusammen. Wer sich aufrichtet, atmet erst mal so richtig durch. Mit der richtigen Körperhaltung beeindrucken wir nicht nur die anderen Menschen, sondern auch uns selbst. Eine gekrümmte Haltung weckt im Kopf Depression, Aufgabe-Bereitschaft, Mutlosigkeit. Eine aufrechte Haltung weckt Mut, Lust auf Leistung. Was bedeutet das? Wir können mit unseren Muskeln etwas, was wir mit unserem Willen nicht können: Emotionen beeinflussen. Und damit beschäftigt sich Embodiment.

Embodiment kann man übersetzen mit »der leibhaftige Geist«. Im Ernst, Embodiment bedeutet »verkörperlicht« und sagt: Wir können, dürfen, sollen den Körper nicht mehr getrennt vom Geist sehen. Shaun Galagher, Philosoph an der University of Central Florida und einer der Vordenker der Embodiment-Idee, begründet das so: Die Gestalt unseres Körpers bestimmt die Erfahrungen, die wir mit ihm überhaupt machen können. Wenn wir einen anderen Körper hätten, dann würden wir die Welt auch ganz anders wahrnehmen. Hätten wir Flügel, was würden wir aus diesem Überblick heraus wohl denken über die herumsitzenden Körper dort unten, die debil ein graues Stück Plastik vor einem Bildschirm hin- und herschieben?

Der Geist wohnt im Körper – und dieser ist in die Umwelt eingebettet. Aus dem Zusammenspiel von Geist, Körper und Umwelt schöpfen wir unsere Intelligenz. Und nun das Wichtigste: Über den Körper denken, fühlen, handeln wir. Wir können uns unsere Gefühle machen. Wir können uns Energie machen. Wir können uns Fröhlichkeit machen, Glück, Traurigkeit … Der Körper ist wie ein Koffer voller Überraschungen – für unsere Reise namens Leben haben wir alles dabei.

WARUM MUSKELN UNS STOLZ UND MÄCHTIG MACHEN

Unser Körper ist unser wichtigstes Erfahrungsinstrument. Der Körper verrät unsere wirklichen Gefühle, wer wir sind und was wir eigentlich wollen, sagt die Psychotherapeutin Dr. Maja Storch von der Universität Zürich und Autorin des spannenden Buches »Embodiment«. Nehmen wir doch einfach das Gefühl Stolz. Kaum krabbelt es hoch, schon plustert das zufriedene, vor Kraft strotzende Gehirn per Hormonbotschaft jene Muskeln auf, die den Körper straffen und groß wirken lassen. Wegen der Evolutionsregel »Survival of the Fittest« müssen wir einfach Stärke zeigen. Das schüchtert nicht nur den Feind ein, sondern lockt auch Fortpflanzungsbereite. Funktioniert das denn auch andersherum? Machen die Muskeln, die einen straff und groß erscheinen lassen, auch stolz und mächtig, wenn wir sie anspannen? »Ja«, sagt Dr. Maja Storch und rät dazu, im Alltag erst einmal auf die Haltung zu achten, bevor wir etwas aufgeben, die Prüfung, das Kreuzworträtsel. Vielleicht ist nicht die Aufgabe zu schwer, vielleicht ist die Mutlosigkeit hausgemacht.

NEUE HOFFNUNG DURCH GUTE HALTUNG

Ein stolzer Mensch richtet sich hoch auf, streckt die Brust raus. Das tun Sie automatisch, wenn Sie sich über etwas gut Gemachtes freuen. Ihre Haltung, die arbeitenden Muskeln regen die Hormonproduktion an, gute Haltung stimuliert Glücksgefühle. Eine aufgespannte, gedehnte und aktive Skelettmuskulatur hält die Nerven aktiv und leitfähig. Die Energie kann fließen. Ihre Knochen, Ihre Muskeln, Ihre Tastorgane stehen mit dem Gehirn nicht einseitig in Verbindung. Wenn Sie sich aufrichten, die Schultern zurücknehmen, funken Nerven aus allen Teilen des Körpers ins Gehirn: *Ich bin ein Held. Ich kann, was ich will.* Das nutzt ja auch der im vorherigen Kapitel schon erwähnte, faszinierende britische Choreograf Royston Maldoom. Überall auf der Welt bringt er Straßenkinder zum Tanzen – von Delhi bis Berlin. Holt sie aus Krisen, die man sich als wohlbehüteter Mensch kaum vorstellen kann – und zeigt ihnen, wie sie sich dem Leben stellen können. Über den Körper. Über die Begegnung mit sich selbst. Er hebt das Kinn eines Kindes in Tanzposition und sagt: »Ihr könnt alles erreichen, was ihr wollt. Ihr habt die Kraft, glaubt nur noch nicht daran. Ihr müsst lernen, euch zu

feiern. Glaubt nicht, dass ihr hier nur tanzt. Das kann euer Leben verändern.«
Und das tut es. Kinder tanzen sich selbstbewusst. Was erzähle ich, gucken Sie
sich den Dokumentarfilm über Maldoom und die Berliner Kinder an: »Rhythm
Is It!«. Das ist Embodiment pur.

DAS SEELENMUSKEL-TRAINING

Unser Leben formt uns, wir formen uns selbst. Ein nervöser Mensch atmet
häufiger. Und das tut er jeden Tag immer mal wieder ein paar Minuten. Und
im Laufe eines Monats, eines Jahres, eines Lebens macht er ein Brust- und
Bauchmuskeltraining daraus, das für eine typische Haltung sorgt. Mit all ihren
Verspannungen und Blockaden. Jede Emotion, die häufig auftaucht, trainiert
bestimmte Muskeln, lässt sie wachsen und formt unsere Haltung. Angst lässt
die Schultern ein Stück höher wandern. Trauer die Brust einsacken. Wut lässt
schnauben, dehnt den Brustkorb. Träumer, die oft abheben wollen, bewegen
sich viel auf den Zehenspitzen. Dicke Schultern deuten auf ein dickes Ego. Ein
Stiernacken auf Hartnäckigkeit und Aggressivität. Ein vor dem Körper gehal-
tener Kopf zeigt ein Wesen, das sich nur auf seinen Verstand verlassen kann.
Und den Kopf vorweg als Späher in die Welt schickt. Wer mehr wissen will über
Seelen-Haltungen, der liest das wunderbare, wenn auch etwas ältere Werk von
Ken Dychtwald: »KörperBewusstsein«. Und wir gucken im Folgenden, wie wir
über die Haltung Gefühle und Einstellungen verändern, warum es sich lohnt,
andere erst einmal nicken zu lassen, bevor wir einen Wunsch äußern.

● ●

Kleine Körper-Expedition: LÄCHELN

Lächeln Sie. Und dann spüren Sie mal in sich hinein, was Sie fühlen. Die anti-depressive
Aktivität des Corrugator-Muskels wurde
übrigens schon 1981 im »British Journal of Psych-
iatry« beschrieben. Damals spritzte man noch kein
Botox in die Gesichter. Pures Lächeln
macht fröhlich, wissen die Psychologen
schon lang.
Mehr über die Wirkung unserer Körperhaltung auf unser Gemüt auf den Seiten 170f.

WIE UNSERE HALTUNG UNS MUT UND ZUVERSICHT SCHENKT

Ein Forscherteam der Northwestern University im US-amerikanischen Illinois ließ 77 Studenten einen Führungskräfte-Tauglichkeitstest machen. Dann mussten sie, auf die Ergebnisse wartend, unwissentlich für die Forschung auf präparierten Stühlen sitzen – die einen durften auf großen Bürostühlen herumlümmeln, die anderen mussten nach vorne gebeugt kauern. Dann erhielt die eine Hälfte die Mitteilung, zu Führungsaufgaben bestimmt zu sein, den anderen wurde eröffnet, dass sie sich besser um untergeordnete Aufgaben kümmern sollten. Danach durchliefen alle einen Wortergänzungstest, der zeigte, ob sie zuversichtlich waren, Mut hatten, stolz waren. Egal, welche Botschaft sie vorher bekamen: Wer in einer ausladenden Haltung sitzen durfte, erzielte 3,44 Punkte, wer sich zusammenkauern musste, kam auf 20 Prozent weniger, nur auf 2,78. Die Körperhaltung beeinflusst also das Gefühl von Dominanz und Stärke viel mehr als eine professionelle Beurteilung der Fähigkeiten.

»Wer gewinnen will im Leben, setzt sich bequem und raumgreifend hin!«

Ähnliches ergab eine andere Studie: Testpersonen bekamen 2 Dollar mit dem Hinweis, dass sie diese Summe behalten oder aber per Würfelspiel verlieren oder verdoppeln könnten. Dann ausdehnende Sitzhaltung oder gekrümmte Haltung. Wer seinen Körper ausdehnen durfte, riskierte auch mehr, griff anderthalbmal so häufig zum Würfel.

Die US-amerikanischen Psychologen John Riskind und Carolyn Gotay fanden in ihrer Puzzle-Studie heraus, dass eine gute Haltung Zuversicht und Beharrlichkeit fördert. Wie in der anderen Studie nahmen zwei Gruppen acht Minuten lang entweder eine zusammengedrückte oder eine freie Sitzhaltung ein. Anschließend bekamen sie ein unlösbares geometrisches Puzzle. Die Mitglieder der gekrümmten Gruppe gaben nach 10,78 Teilchen frustriert auf, die Aufrecht-Sitzer kamen auf 17,11 Teilchen. Krumme Haltung führt also schneller zur Mutlosigkeit.

MUSKELN VERÄNDERN UNSERE EINSTELLUNG

Psychologen, die die Phänomene der Körperwahrnehmung studieren, sagen sogar: Muskeln verändern unsere Einstellung. So ließen Forscher in einer Studie Studenten sechs Minuten lang mit dem Kopf nicken oder den Kopf schütteln. Danach wurden sie gefragt, ob die Universitäten die Studiengebühren erhöhen dürften. Kopfnicker hatten nichts dagegen, während Kopfschüttler sie sogar senken wollten.

Das finde ich unglaublich. Und äußerst praktisch. Sie wollen irgendwas? Dann lassen Sie Ihren Partner erst mal ein paar Minuten lang nicken. Sagen Sie einfach, das wäre eine Übung für mehr Kreativität. Stimmt ja auch. Und dann erst fragen Sie nach dem, was Sie wollen …

MUSKELN VERÄNDERN UNSER VERHALTEN

Machen Sie gleich noch eine Übung. Setzen Sie sich an einen Tisch, die Handflächen legen Sie von unten an die Tischplatte. Und nun drücken Sie mit beiden Handflächen von unten nach oben. Bis Sie eine Spannung in den Armen spüren. 15 Sekunden halten. Locker lassen. Noch ein paarmal. Was fühlen Sie? Sie haben Muskeln aktiviert, die einer positiven Körpersprache dienen: der Komm-her-Bewegung. Und fühlen sich jetzt auch offener, freier, selbstbewusster. Nun machen Sie das Gleiche noch einmal, drücken allerdings von oben auf den Tisch. Das entspricht einer negativen Körpersprache: Geh weg. Wie fühlen Sie sich? Schon spannend, was der Körper Ihnen alles erzählt, was? Das können Sie ganz gemein bei anderen Menschen einsetzen: Wenn Sie vor dem Körper ihres Gegenübers mit beiden Händen die Luft nach unten drücken, setzen Sie sein System unter Stress. Er fühlt sich unwohl. Wenn Sie das Ganze von unten nach oben machen, dann geht es Ihrem Gegenüber gut. Damit arbeitet die Energiemedizin.

Nun zurück zum Tisch. Dort wiederholen Sie die gesamte Tisch-Übung, und zwar drücken Sie nur mit der linken Hand. Und stellen daneben eine Keksschale und gucken sich einen Film an. So haben das Forscher mit Testpersonen gemacht. Diejenigen, die die Komm-her-Bewegung-Muskeln aktivierten, aßen dreimal so viele Kekse wie die, die die Geh-weg-Muskeln aktivierten. Muskeln verändern also auch das Verhalten.

ARTGERECHTE HALTUNG

as heißt denn artgerechte Haltung für unseren Körper? Klar: frei laufend, frei schwingend … Es gibt eine Körperhaltung, in der verbraucht man keine Energie, sondern tankt sie. Diese Haltung verstärkt alles: das Denken, das Fühlen, das Wahrnehmen. Der Mensch ist entspannt aufgespannt an seinem Skelett. Kein Knochen, kein Gelenk stört das andere. Stets ist der natürlich leichte Körper bereit, mit hundertprozentigem Muskeleinsatz zu reagieren. Diese Haltung ist ein Geschenk der Natur. Wir haben sie. Zumindest bis wir drei sind. Ein Kleinkind nutzt, sich von A nach B bewegend, 100 Prozent seiner Muskeln. Es tut alles mit seinem ganzen Körper. Es weint sogar mit den Fingernägeln. Es lacht vom Scheitel bis zur Sohle. Es freut sich auch mit der Stirn, den Zehen. Doch irgendwann heißt es dann: »Wipp nicht so, sitz still!« Die Leichtigkeit friert ein. Gefühle werden unterdrückt, andere aufgeplustert – die Muskeln verspannen sich durch diese Anstrengung. Verkürzen sich. Machen dem ganzen Körper Probleme. Und da gibt es ganz verschiedene Haltungen, die auf die Seele schließen lassen. »Schiefe Körperhäuser« nennt sie die Körperforscherin und Bestsellerautorin Benita Cantieni (»Embodiment«, »Tiger Feeling«, »Catpower«).

SECHS SCHIEFE KÖRPERHÄUSER BAUT DAS LEBEN

Das verschüchterte Mäuschen schiebt das Gewicht auf ein Bein, lässt das Brustbein einsinken, die Knie durchdrücken und verkrampft lächeln: »Wer bin ich schon? Sprecht mich nicht an.«

Der frustrierte Trübsalbläser sinkt resigniert in sich zusammen. Die Brust fällt ein, die Schultern und der Kopf hängen, das Becken schiebt sich nach vorne und die Lippen sind zusammengepresst und sagen: »Immer ich, kein Mensch ahnt, wie schwer mein Leben ist. Ich mag nicht mehr.«

Einen misstrauischen Choleriker erkennen wir am Stiernacken, den Kopf eingezogen, die Hörner ausgefahren. Oberarme klemmen am Körper, Augenbrauen senken sich und der vorgeschobene Unterkiefer sagt: »Nicht mit mir. Ich lasse mir das nicht bieten, die wollen mich alle über den Tisch ziehen. Die Welt ist voller Verbrecher.«

Und so gibt es die **aufgeplusterten Gockel**: »Jetzt komm ich.« Und die **anbiedernde Mimose** mit Blick von unten, leicht schrägem Kopf und vorgeschobenem Becken: »Was willst du? Ich tue es für dich.« Oder den **disziplinierten General**, der mit hochgezogenem Brustbein und zusammengekniffenem Po aus jeder Pore nach Ordnung ruft.

> **❯❯ Unsere Körperhaltung müssen wir genauso pflegen wie alles andere am Körper. ❮❮**

Jede Haltung, die wir lange einnehmen, erstarrt zur Gewohnheit. Der Mensch verliert seine Elastizität – es erstarren auch die Gefühle.

JEDE HALTUNG IST VERÄNDERBAR

Mit unserer Körperhaltung nehmen wir eine geistige Grundhaltung ein, die unser Leben bestimmt. Sind wir scheu, ängstlich, senken sich die Schultern, schiebt sich das Becken vor. Können wir so ein schiefes Haus wieder verlassen und auch unsere geistige Haltung ändern? Ja, wir können. Da uns der Bauplan für die Leichtigkeit eines Wirbelwesens in den Genen sitzt, können wir diesen auch wieder aktivieren. Wir können unsere Haltung verändern. Verspannungen lösen, uns wieder aufrichten – körperlich und damit auch seelisch. Natürlich geht das nicht von jetzt auf gleich. Wir müssen üben. Die Leichtigkeit wiederfinden. Wie das geht, beschreibt Benita Cantieni im Interview ab Seite 174.

● ●

Kleine Körper-Expedition: TURMSPITZE

Einfach mal entspannt aufgespannt aufrichten. Den Körper in eine Haltung bringen, in der er Energie schenkt und tankt. So vor einer Wand stehen, dass Po und Schulterblätter die Wand leicht berühren. Die Fersen stehen exakt unter den Knien. Die Sitzbeinhöcker schweben hinter den Fersen. Füße leicht in V-Stellung. Arme hängen entspannt neben dem Körper. Mittelfinger ziehen nach unten, der höchste Punkt am Kopf streckt sich gleichzeitig Richtung Decke. Diesen Zug-Gegenzug wiederholen, bis sich Länge und Leichtigkeit einstellen. Nun die Arme federleicht über den Kopf heben und Hände verschränken. Schultern weit machen. Oberarmmuskeln nach hinten ausdrehen. Handflächen zur Decke und gleichzeitig die Fersen in den Boden schieben. Länge in den Körper atmen: In der Vorstellung an der linken Ferse ein- und an der rechten Schulter ausatmen; von der rechten Ferse zur linken Schulter. Je fünfmal.

© Benita Cantieni / CANTIENICA AG

»WIR MÜSSEN DEN TIGER NUR WECKEN«

Interview mit Benita Cantieni. Die Bestsellerautorin und Körperexpertin hat eine Methode für Körperform und Haltung entwickelt, die auch Emotionen weckt.

Ihre Mission: Der Mensch soll aufrecht durchs Leben gehen, seinen Körper wieder wahrnehmen.

Wir alle haben einen bewegungs- und reaktionsbereiten Körper. Das ist seine Natur. Wir müssen nur die Haltung finden, die im Bauplan angelegt ist.

Und den Körper wieder wahrnehmen?

Der Körper ist das Erfahrungsinstrument schlechthin. Er ist unbestechlich. Sagt uns, was wir wirklich brauchen für unser Glück, unsere Zufriedenheit, unsere Jugend. Ich finde, wenn der gut erhalten ist, gut in Form ist, mit Muskeln, Sehnen, Knochen, wenn er eine gute Heimat abgibt für die Nerven und Hormone, dann intensiviert sich alles. Wir spüren mehr. Wir haben viel mehr Lebenskraft und Energie, mehr Power. Wir müssen den Tiger nur wecken.

Und über die Cantienica-Methode, eine gesunde Mischung aus Kraft, Beweglichkeit, Haltung, Aufrichtung, Beckenbodentraining und Selbstwahrnehmung, bekomme ich so einen Körper?

Meine Methode erinnert den Körper wieder an seine natürlichen Haltungs- und Bewegungsmuster. Das Skelett wird optimal aus- und aufgerichtet, sodass alle Gelenke sich (schmerz)frei bewegen können. Diese Aufrichtung vernetzt und kräftigt die Muskulatur spürbar und sichtbar, von innen nach außen. Die aufrechte Haltung schenkt dem Körper Ausstrahlung und Eleganz. Die vernetzte Tiefenmuskulatur strafft die Formen.

Das Ziel: der sorgenfreie, natürliche Körper eines Kindes?

Genau, wenn wir den Körper dahin bringen, dass er Bewegung fordert, genau wie Essen und Trinken, dann wird das zum Selbstläufer.

Sie selbst haben Ihre schwere Skoliose, eine Rückgratverkrümmung, begradigt?

Ja, im Alltag spüre ich es nicht mehr. Wenn sie die Röntgenaufnahmen anschauen, sagen die Ärzte, meine Wirbelsäule sähe aus wie ein Trümmerfeld. Ich halte mich mit den Muskeln gerade. Und bin jeden Morgen, wenn ich aufwache, besoffen vor Glück, weil mir nichts wehtut! 47 Jahre lang war Erwachen für mich ein »Oh, lieber nicht!«.

Das Geheimnis?

Ich arbeite mit der Vision der gesunden, aufgespannten Wirbelsäule. Wir suchen die vertikale Ausrichtung, also die Mittelachse. Das kann jeder mit der kleinen Körper-Expedition »Turmspitze« (siehe S. 173) nachvollziehen. Wir denken vom Knochen aus, dehnen den Knochen – die Muskeln folgen. Ich behaupte, wir kämen eigentlich ohne Bandscheiben aus, wenn unsere autonome Muskulatur 24 Stunden, sieben Tage die Woche in Aktion wäre.

Unsere Muskeln arbeiten auch nachts?

Ja, das verändert auch die Art des Schlafens, ich wache auf und bin aufgespannt. Früher war ich so ein Schlafschlumpf. Es braucht ein bisschen Zeit, eine Wirbelsäule zu begradigen, das ist kein Quickie.

Und wie lange dauert es, die Grundaufrichtung zu lernen?

Bewegung macht Spaß – und wenn nicht sofort, dann kann jeder einfach einmal drei Wochen seines Lebens investieren. Ein Pianist wird auch nicht über Nacht zum Star. Jeder muss üben.

Und wir bleiben durchs Üben ein Leben lang aufrecht?

Unser Bauplan ist für ein Leben angelegt. Wir müssen im Alter nicht schrumpfen. Ein Rundrücken ist nicht normal. Wir sind in der Schwerkraft aufgewachsen, sie ist die Mutter der Knochen und Muskeln – und unser Medium. Sie trägt uns auch. Leider glauben die Leute ja mehr an das, was sie von außen nahegelegt bekommen, als an das, was sie in ihrem Körper spüren.

Wie bekommen Sie den Menschen dazu, Begeisterung für Bewegung zu entwickeln?

Wir wollen, dass sich die Leute schon nach der ersten Stunde toll fühlen, und das tun sie. Früher kamen vor allem Leute mit Schmerzen zu mir ins Studio, aber da findet ein Umdenken statt. Es kommen immer mehr junge Leute. Die strahlen mich an und sagen: »Es gibt zwei Möglichkeiten, 60 zu werden!« Sie wollen die junge, bewegte Variante.

Ja, da verändert sich etwas Grundlegendes ...

Leute, die mich vor 20 Jahren ausgelacht und gefragt haben: »Mutierst du zu einer debilen Tanzmaus?«, gehen heute am Stock. Sie lassen sich Kunstgelenke einsetzen, werden zum Ersatzteillager – und bagatellisieren das. Dieses Denken ist mir fremd. Wie soll ich einem Stück Metall in meinem Körper mehr zutrauen als meinen eigenen Knochen?

Dafür braucht es aber Körperwahrnehmung.

Es braucht das Feedback zwischen Emotion und Haltung. Wenn jemand einen Witwenbuckel hat, eine resignierte Haltung mit eingesunkenem Brustkorb – geht es ihm nicht gut. Dann schreit der Körper auch nicht nach Bewegung. Anders, wenn diese Frau durch Körperarbeit eine Aufspannung findet, sich also entspannt und aufgespannt aufrichtet. Sie kann dann wieder Freude empfinden – in allen Lebensbereichen.

Mehr Infos unter: www.cantienica.com

KRIMI KÖRPER-
SPRACHE: DROGEN,
LÜGEN, HAPPY END ...

»S chauen Sie in den Spiegel«, sagt David Matsumoto. »Und nun die Augenbrauen zusammenkneifen, die Mundwinkel leicht senken, Zähne zusammenbeißen und Lippen aufeinanderpressen!« Ich konzentriere mich darauf, ein böses Gesicht zu machen. Plötzlich merke ich, wie mir warm wird. Mein Gesicht läuft rot an und ich bin so voller negativem Tatendrang, dass ich am liebsten vom Stuhl aufspringen würde. Das weiß auch Trainer Matsumoto: »Wenn Sie mir jetzt an die Gurgel gehen wollen, dann haben Sie die Übung richtig gemacht.«

Diese Geschichte schreibt eine Reporterin über ein »Körpersprache-Seminar« in »Bild der Wissenschaft«.

DON'T LIE TO ME

Seit es in VOX die neue Serie »Lie to me« gibt, interessiert sich jedermann für die Mikroausdrücke in unserem Gesicht. Wir lesen in Zeitschriften, wie wir Lügner entlarven, auf den Bestsellerlisten stehen Bücher wie »Menschen lesen: Ein FBI-Agent erklärt, wie man Körpersprache entschlüsselt« – und sogar im »Tatort« treten die Gesichtsmuskel-Professoren auf.

Jedes Gefühl findet seinen fein definierten Ausdruck in unserem Körper, bevor das Gehirn mit seiner Gesichtskontrolle einsetzt – nicht nur bei Serienkillern. Sieben flüchtige Mikroexpressionen ziehen in Sekundenbruchteilen über unser Gesicht: Ekel, Ärger, Angst, Traurigkeit, Freude, Überraschung, Verachtung sind universelle Emotionen, die wir nicht unterdrücken können. Es ist uns unmöglich, keine Gefühle zu haben – und genauso unmöglich ist es unserem Körper, nichts auszudrücken. Mit unserem Mund können wir schweigen, doch unser Körper plappert die ganze Zeit. Für alle sichtbar offenbart er unser Ansinnen, unsere Launen, unsere Gedanken … Nur: Lesen kann das kaum einer.

DIE HOHE KUNST DES MIMIKLESENS

Von 20 000 Menschen sind nur 50 Wahrheits-Wizards, also fähig zu erkennen, wenn jemand lügt. Am besten im Gesichterlesen, so Gehirnforscher, wären in Meditation geschulte Menschen. Die meisten anderen scheinen Mikroexpressionen weder an sich noch an anderen wirklich lesen zu können – außer sie wuchsen in einer Umgebung auf, in der sie früh in Gesichtern lesen mussten, um zu überleben. Wie Kinder von gewalttätigen oder depressiven Eltern. Wie Dr. Paul Ekman, einer der bedeutendsten amerikanischen Psychologen der Gegenwart. Der Professor aus Kalifornien studierte 40 Jahre lang das Gesicht als Spiegelbild der menschlichen Seele – er schrieb spannende Bücher und Hunderte von Fachpublikationen. Seine »Schule der Gefühle« durchliefen Tausende von Sicherheitskräften und Geheimdienstler. Er bewies, dass Grundemotionen universell sind, zum Beispiel indem er Eingeborenen auf Papua-Neuguinea Fotos hinhielt und fragte: »Wer riecht gerade ein verwesendes Wildschwein?«, »Wer trauert um den toten Sohn?« Gemeinsam mit seinem Kollegen Wallace Friesen stellte er FACS zusammen, einen »Atlas der Gefühle« – Hunderte Porträts menschlicher Mimik. Das Standardwerk für Therapeuten, Regisseure, Werbeagenturen.

Wir können rund 10 000 verschiedene Gesichter machen, 3000 etwa spiegeln unsere Gefühle. Und es lohnt sich übrigens auch für Nichtkriminalisten, im Gesicht der anderen ein bisschen lesen zu können. Das können wir im Leben schon brauchen. Es gibt zum Bespiel vier große emotionale Reaktionen, die zeigen, dass diese Ehe nicht halten wird: Abwehr, Mauern, Kritik und Verachtung. Auf Seite 179 können Sie Mimik lesen lernen.

Gut 4 Prozent der Bevölkerung sind »geborene Lügner«. Weil sie an ihre eigenen Lügen so arg glauben, zeigen sie sich nicht im Körper – sie fassen sich nicht an die Nase, werden nicht rot, meiden nicht den Blickkontakt und zeigen auch keine Mikromimik. Den anderen Lügnern kommt man aber schon auf die Spur. Im Bruchteil einer Sekunde huscht ihnen nämlich ein Ausdruck über das Gesicht, der ihren wahren Gemütszustand verrät: Angst, Unsicherheit, schlechtes

OXYTOCIN SCHÄRFT MIMIKLESEKUNST

Forscher der Universitäten Zürich und Rostock untersuchten, wie eine Portion unseres Bindungshormons Oxytocin die Wahrnehmung von Emotionen in Gesichtern verändert. Junge Probanden zwischen 21 und 30 schnupften Oxytocin und mussten anhand von Augen-Porträts die Stimmung der Abgebildeten erkennen: Glück, Trauer, Ekel oder Angst. Das Hormon machte sie zu besseren Mimiklesern. Genauso wie Meditation das tut.

Gewissen … Gefilmt und in Einzelbilder zerlegt ergeben diese Ausdrücke zum Beispiel in »Lie to me« mit der zugehörigen Interpretation den objektiven Beweis.

SO GUCKT MAN AUS DER WÄSCHE

Es gibt sieben universelle Mikroemotionen, die wir mit dem Willen kaum unterdrücken können.

Ekel zeigt sich in gerümpfter Nase und hochgezogener Oberlippe.

Freude malt Krähenfüße um die Augen, hebt die Wangen an, weitet die Nasenflügel, entspannt die Stirn und lässt die Muskeln um die Augen tanzen.

Überraschung zieht die Augenbrauen hoch, öffnet leicht den Mund, reißt die Augen auf, damit kommt viel Licht auf die Pupille. So kann das Gehirn die größtmögliche Menge an visuellen Informationen aufnehmen.

Angst holt ebenfalls die Augenbrauen hoch, die oberen Lider sind weit aufgerissen, die unteren Augenlider heruntergezogen. Die Lippen sind leicht geöffnet und seitlich zusammengezogen.

> **» Menschen, die in Meditation geschult sind, können Mikroexpressionen besonders gut erkennen. «**
> **WOLF SINGER, GEHIRNFORSCHER**

Trauer: Die Augenlider hängen herunter. Der Blick ist in die Weite gerichtet. Die Mundwinkel hängen nach unten.

Verachtung: Geschlossener Mund, einseitig hochgezogener Mundwinkel.

Wut: Zusammengezogene Augenbrauen, zusammengekniffene kleine, blitzende Augen, zusammengepresste Lippen.

»Jeder ist fähig, diese Mikroexpressionen in kurzer Zeit zu erkennen«, fand Dr. Paul Ekman heraus. Wir müssen es halt trainieren. Schon vor ein paar Jahren hat er dafür eine Trainings-CD-ROM entwickelt, die über seine Website **www.paulekman.com** zu bestellen ist.

Übrigens: Dort finden Sie auch einen Blog des berühmten Professors. In »The truth about ›Lie to me‹« analysiert Ekman, wie gut Dr. Cal Lightman in der TV-Serie lügt.

FACS UND DIE MIKROMIMIK

Das Kodierungsverfahren Facial Acting Coding System (FACS) zur Beschreibung von Gesichtsausdrücken entwickelten Paul Ekmann und Wallace Friesen 1976. FACS ordnet nahezu jeder sichtbaren Bewegung unserer mimischen

Kleine Körper-Expedition: MIMIK LESEN LERNEN

1. Stellen Sie sich vor den Spiegel und üben Sie, Ihre Emotionen in Ihrem Gesicht zu entdecken. Beißen Sie wütend die Zähne zusammen. Ekeln Sie sich so richtig vor einer Made, die Sie essen müssen. Freuen Sie sich über einen sonnigen freien Tag. Fürchten Sie sich vor dem Einbrecher im Nebenzimmer … Schauspielern Sie ruhig alles aus sich heraus.

2. Gucken Sie sich Fotos in Zeitschriften an. Was fühlt der Mensch auf dem Porträt gerade?

3. Betrachten Sie die Menschen, die Ihnen über den Weg laufen. Wenn Sie Ihre Aufmerksamkeit auf die Mimik der anderen legen, dann werden Sie diese auch bald lesen können.

4. Fragen Sie Familienmitglieder, Freunde, Bekannte, Nachbarn, wie es ihnen geht. Und lesen Sie die Wahrheit in den Gesichtern.

Muskulatur eine bestimmte »Bewegungseinheit« (engl. Action Unit, AU) zu. Wie zum Beispiel AU9 = Nasenflügelbeben wie bei Verachtung. AU26 = Herabsenken des Unterkiefers wie bei Verblüffung. Mit FACS kann man Emotionen an der Mimik erkennen. Es dauert den Bruchteil einer Sekunde, bis wir einen Gesichtsmuskel unter Kontrolle bringen. So lange steht uns das echte Gefühl ins Gesicht geschrieben. Dann erst können wir den Ausdruck annehmen, den wir wollen. Das nennt sich Mikromimik. Hier können Sie testen, wie gut Sie im Mimiklesen sind: **www.cio.com/article/facial-expressions-test**

FEELGOOD-GESTEN INTERNATIONAL

Wenn wir den Zeige- und Mittelfinger zum Victory-Zeichen spreizen, gilt das als »Peace«-Geste. In England kann das – mit Handrücken zum Gegenüber – als »Stinkefinger« interpretiert werden.
Ein Kreis aus Daumen und Zeigefinger signalisiert: »Alles okay.« In Frankreich heißt das »null und wertlos«.
In Tunesien, Russland, Malta und Griechenland steht der Fingerkreis für eine allerwerteste Körperöffnung.
»Super« bedeutet bei uns der nach oben gestreckte Daumen. In Australien und Nigeria signalisiert diese weitverbreitete Geste »Hau ab!« – allerdings wird der Daumen dabei auch etwas zur Seite bewegt.

WAS UNSER KÖRPER ÜBER UNS VERRÄT

Joe Navarro, Jahrgang 1953, entlarvte als FBI-Agent 25 Jahre lang Spione, indem er ihre Körpersprache analysierte. In seinem spannenden Buch »Menschen lesen« beschreibt er, was unser Körper über uns verrät. Hier eine kleine Exkursion.

Wohlgefühl, Sicherheit: Gekreuzte Beine im Stehen sind ein Anzeichen dafür, dass wir uns wohlfühlen an diesem Ort, in diesem Gespräch. So instabil stellen wir uns nie hin, wenn wir Fluchtgedanken hegen.

Aufgeschlossenheit: Zeigen wir, indem wir mit überkreuzten Beinen sitzen und unserem Gegenüber die Oberschenkelinnenseite des oberen Beines zuwenden.

Alles auf Abwehr: Verteidigung funkt unser limbisches System, wenn der Oberschenkel mit überkreuzten Beinen von außen eine Barriere bildet.

Sympathie: Wer uns sympathisch ist, dem bieten wir die vordere Körperseite dar, frontal, mit unverschränkten Armen. Diese ist sehr verletzlich und zeigt Vertrauen.

Nervosität: Wir beruhigen uns, indem wir unseren Hals und Nacken berühren, reiben, kneten. Dort sitzen besonders viele Tastrezeptoren, die auf diese manuelle Stimulation reagieren: Der Blutdruck sinkt und der Puls

> **WAS DER KÖRPER ERZÄHLT**
>
> Wer einen positiven Eindruck hinterlassen will, zeigt seine sensiblen Körperteile: Die Handflächen, den Innenarm, den oberen Körper und das Gesicht. Souverän wirken offene Arme, offene Hände und ein offener Blick. Nicht gerade souverän wirkt, wer sich häufig am Kopf kratzt oder an den Ohren zupft.

wird langsamer. Wir können natürlich auch den Kopf ein- und die Schultern hochziehen. Dann möchten wir nicht nur verschwindend klein sein, sondern fühlen uns auch so. Kopf hoch, Schultern runter – und schon wirkt das aufmunternde Testosteron.

Argwohn: Eine Portion Argwohn schicken wir mit geneigtem Kopf und einem kurzen Seitenblick in die Welt.

Selbstbewusstsein: Unseren Standpunkt vertreten wir, indem wir die Arme in die Hüfte stemmen – und uns so kaum was sagen lassen. Die Daumen müssen hinten sein. Vorne signalisieren sie Neugierde, aber lieber abwarten, was da wohl kommt, weil wir ein wenig unsicher sind. Auch der breitbeinige Stand strahlt Sicherheit und Stabilität aus. Und im Sitzen? Arme hinter den Kopf verschränken, zurücklehnen, Fuß auf das Knie legen … So unterstreicht ein Chef seine Dominanz.

Gute Laune: Mit allen Gesten und Bewegungen, bei denen etwas in die Höhe geht, steigt auch unsere Stimmung. Das Überwinden der Schwerkraft ist ein kraftvoller Akt, der zeigt, wie viel Energie in uns steckt. Stärke, Selbstbewusstsein und Freude kommen so zum Ausdruck. Vom starken Signal »Daumen hoch« bis zum leichten Anhieven der Fußspitze. Wenn wir Spaß haben, gehen die Hände ganz von alleine in die Höhe. Sei es beim Bejubeln des Tors, beim ausgelassenen Tanzen oder beim »High Five« und freudigen Zuwinken.

Lügen: Wer hat das letzte Stück Kuchen gegessen? Eine starke Schulterbewegung rauf und runter erklärt die Ahnungslosigkeit. Es zeigt, dass die Person mit sich im Reinen ist. Wenn jemand flunkert, gehen die Schultern nur kurz und ganz leicht nach oben.

SPIEGELNEURONEN:
DIE ZELLEN DES MITGEFÜHLS

iebe Leser, Sie sollten wissen: Die folgenden Zeilen sind sehr, sehr zäh entstanden. Sie hätten beinahe den Erscheinungstermin des Buches gefährdet … Gäähhhhhhhhhnnnnnnnnn. Entschuldigung! Sind Sie auch so müde? Sicherlich, Sie gähnen, nicht wahr?

Studien zeigen: Etwa 60 Prozent aller Menschen fangen auch an zu gähnen, sobald sie jemanden dabei hören oder sehen. Oder davon lesen. Steven Platek von der Drexel University in Philadelphia und sein Forscherteam wollten wissen, warum manche Menschen sich von Gähnenden besonders leicht anstecken lassen – und andere gar nicht. Sie fanden in ihrer Gähnstudie heraus: Wer nicht mitgähnt, kann sich kaum in einen anderen hineinversetzen. Und wer häufig mitgähnte, war auch eher in der Lage, die Stimmung seines Gegenübers zu erfassen. Diese Menschen verfügen über eine dicke Portion mehr Empathie. Übrigens: Unsere treuen Freunde auf vier Pfoten haben ein noch stärkeres Einfühlungsvermögen als wir. 72 Prozent der Hunde gähnen, wenn ein Forscher ihnen etwas vorgähnt. Hunde können alles in Ihrem Gesicht lesen. Kaum ein anderes Lebewesen hat es so in seinen Genen verankert, die Körpersprache des Menschen zu verstehen. Das musste der Hund lernen, um beim Menschen zu überleben. Mein Fido ist ein Meister im Gesichterlesen. Am liebsten sind ihm folgende zwei Gesichtsausdrücke: »Du stinkst!« – dann wedelt er mit dem Schwanz, schmeißt sich auf den Boden vor Freude und versteckt seine Schnauze unter den Pfoten. Und: »Hast du Hunger?« Diesen Gesichtsausdruck benütze ich gemeinerweise dann, wenn es mal etwas schneller nach Hause gehen soll. Und Gähnen tut er natürlich auch.

Und wie einfühlsam sind Sie? Schlafen Sie schon? Die gute Nachricht: Es ist nie zu spät. Sie können Ihr Gehirn verändern. Sie können Mitgefühl lernen. Sie können ein glücklicherer Mensch werden. Und ein gesünderer. Das Forscher-Geheimnis dahinter: Spiegelneuronen.

DAS GEHEIMNIS DER EMPATHIE

Axel Brauns fragt sich, ob die bunten Schatten um ihn herum eigene Gefühle haben können. Brauns ist Asperger-Autist. Er ist nicht in der Lage, Empathie für Menschen zu empfinden – und kann auch keine Gesichter erkennen. Er beschreibt sie als »dampfende Pfützen«. Traurig verabschiedet er sich von Lichtschaltern und Türklinken. Als sein Vater stirbt, sagt er, er sei auf den Friedhof umgezogen. Sein Bestseller »Buntschatten und Fledermäuse« entführt uns in die Welt eines autistischen Menschen – eine Welt ohne Spiegelneuronen.

Unsere Spiegelneuronen zeugen von unserer Empathie. Das ist die Fähigkeit, Gedanken, Emotionen, Absichten anderer zu erkennen und mit ihnen Mitleid, Trauer, Schmerz zu empfinden. Spiegelneuronen funken in dem Moment, in dem wir mit anderen Menschen in Verbindung treten. Je enger die emotionale Verbundenheit, je näher wir einem Menschen stehen, desto aktiver funken diese Nervenzellen. Wenn wir jemanden beobachten, der traurig ist, werden wir auch traurig und trösten den anderen.

Das funktioniert auch mit anderen Lebewesen: Ich habe das heute Morgen mit meinem Pferd Moony ausprobiert und bin mit ihm am Führseil spazieren gegangen, habe seine Schwingungen aufgenommen. Seine Energie, seine Laune. Habe mich an seine Schrittlänge, seinen Takt angepasst. Das war wie Meditieren. Für ihn und für mich. Er entspannte wie ein Sofakissen neben mir und kaute ständig zufrieden ab. Ich entspannte wie ein Sofakissen neben ihm, das lockerte meinen durch nächtliches Buchschreibestress-Knirschen steifen Nacken …

WARUM WIR MIT-FÜHLEN

Wieso ist Gähnen eigentlich ansteckend? Und wieso lachen wir mit, wenn unsere Freunde lachen? Warum fühlen wir uns schnell deprimiert, wenn wir in einen Raum mit gedrückter Stimmung kommen? Wieso spüren wir Schmerz, wenn ein geliebter Mensch sich beim Karottenschnipseln in den Finger schneidet? Warum rast unser Herz, wenn 007 gejagt wird? Warum spannen sich unsere Muskeln an, stockt uns der Atem, geht uns der Puls hoch? Genau dafür sind die Spiegelneuronen in unserem Gehirn verantwortlich. Das sind Nervenzellen, die uns vorgaukeln, wir würden das, was wir da im TV sehen, selbst erleben. Natürlich funken sie erst recht, wenn die Person, die etwas tut, vor uns steht. Wir beobachten die Aktivitäten einer anderen Person und unser Gehirn spiegelt sie und wir fühlen mit. Wir denken nicht lange drüber nach, sondern es genügt uns eine Momentaufnahme unseres Gegenübers – und wir spüren intuitiv, ob wir ihn mögen, mit ihm leiden, er uns Angst macht oder Freude.

WIE WIR GEFÜHLE LESEN

Jedes Erleben, jeder Gedanke, jede Vorstellung ist, wie wir wissen, mit Empfindungen, Emotionen und Körperreaktionen verbunden. Jeder Gedanke, jedes Gefühl zeigt sich im Körper. Wir spüren, wenn Zorn aufsteigt. Wir fühlen, wenn das Herz vor Angst rast. Wir nehmen wahr, wenn sich die Nackenhaare sträuben. Das ist Körperwahrnehmung. Das ist unser fünfter Sinn. Und der ist mitverantwortlich dafür, dass wir auch erkennen, was andere fühlen.

Es gibt eine Krankheit, die heißt Alexithymie. Wer die hat, der ist gefühlsblind. Er sieht, dass sein Gesicht rot wird, dass er die Faust ballt, er weiß aber nicht, warum. Ob das Ärger oder Angst ist. Bis zu 10 Prozent der Bevölkerung leiden unter Alexithymie, können das, was in ihrem Körper passiert, nicht richtig wahrnehmen, das nennt man ein interozeptives Defizit. Und natürlich fehlt ihnen auch das Gefühl für andere Menschen. Die Empathie.

Wenn wir einen Menschen erleben, der etwas empfindet, so geben uns unsere Spiegelneuronen Auskunft darüber, wie sich dieser Mensch gerade fühlt. Rein intuitiv verstehen wir diesen Menschen. Unbewusst wappnet uns das für ein vertrauensvolles Leben. Wir denken nämlich nicht lange nach, ob diese Situation sicher ist oder unsicher, sondern lassen uns von den Bewegungen, von der Körpersprache der uns umgebenden Menschen wie auch der Hunde, der Katzen, der Pferde erzählen, ob wir uns in Gefahr befinden oder nicht. Auch hier: Spiegelneuronen befinden sich in steter Kommunikation mit unserem Körpersinn. Sie helfen dabei, dass wir uns in Sicherheit wiegen, sind ein Teil unseres Selbst-Bewusstseins.

Und genau das, genau diese Spiegelneuronen, machen uns zu dem sozialen Wesen, das wir sind. Sie lassen uns in den anderen Menschen hineinfühlen. In dem Moment, in dem wir erkennen, wie sich der andere fühlt, läuft in unserem Kopf ein Spiegelprogramm ab. Wir produzieren den gleichen Hormoncocktail – fühlen uns auch glücklich, traurig, müde … Mit vielen dieser Neuronen im Kopf sind wir einfühlsam. Sie bilden die Grundlage für Intuition, Empathie und unser Glück und das der anderen.

DAS GLÜCK LIEBT GESELLSCHAFT – UND NÄHE

Glück ist ansteckend wie ein Virus, deswegen sollten wir uns nahekommen. Ein zufriedener Mensch macht seine Freunde glücklich – vor allem, wenn sie im engeren Umkreis leben. James Fowler von der University San Diego und Nicholas Christakis von der Harvard University untersuchten 5000 Leute über 20 Jahre hinweg. Die Soziologen fanden heraus: Ein glücklicher Freund erhöht die Chance eines Menschen, ebenfalls glücklich zu sein, um 25 Prozent. Dabei ist Nähe wichtig. So steigert ein befreundeter Nachbar die Wahrscheinlichkeit schon mal um 34 Prozent – mehr als der jahrelang vertraute Freund, der ewig weit weg wohnt. Hat unser frohgemuter Freund wiederum weitere muntere Freunde, erhöht das unsere Chance auf Glück erneut um 10 Prozent. Und Freunde dieser Freunde steigern die Wahrscheinlichkeit noch mal um 6 Prozent. »Jemand, den Sie nicht kennen und noch nie getroffen haben – der Freund eines Freundes eines Freundes – kann einen größeren Einfluss auf Sie haben als Hunderte von Geldscheinen in Ihrer Tasche«, erklärt Fowler. Denn 5000 Euro erhöhen die Wahrscheinlichkeit auf Glücksgefühle gerade mal um 2 Prozent.

Was steckt dahinter? Menschen teilen ihre Glücksgefühle durch Lächeln und Lachen mit. Da das bekanntlich ansteckend ist, ist auch Glück ansteckend.

NERVENZELLEN DER EMPATHIE

Es war Giacomo Rizzolatti, der die Spiegelneuronen, unsere Gehirnzellen des Mitgefühls, entdeckt hat. 1992 untersuchte der Professor an der Universität Parma mit seinem Team Nervenreaktionen im Gehirn eines Makaken-Affen. Sie verkabelten ihn und ließen ihn eine Banane schälen oder eine Erdnuss knacken. Zufällig stellte Rizzolatti fest, dass dieselben Nervenzellen im Hirn des Makaken Aktivität zeigten, als er selbst eine Banane schälte, während ihn der Affe beobachtete. Es war die Geburtsstunde der Spiegelneuronen.

Mit dem Kernspintomografen können Forscher heute die Aktivität ganzer Hirnareale abbilden – und so spüren die Gehirnforscher auf, wo diese Spiegelneuronen sit-

DIE SPIEGELNDE KRAFT DER MEDITATION

Warum wirken Visionen? Wir stellen uns einen Menschen vor, den wir sehr lieben. Und in unserem Körper entsteht das Gefühl Liebe. Es passiert das Gleiche, wie wenn dieser Mensch zur Tür hereinkäme. Unser Gehirn kann innere Bilder und äußere Sinneseindrücke auf dieselbe Weise verarbeiten. Im Grunde kann es Vorstellungen genauso behandeln wie echtes Geschehen. Deswegen kann ein Bild von einem Sonnenuntergang, einer Pferdenüster unseren Puls und unseren Blutdruck senken. Wunderbar entstressen. Wenn wir es längere Zeit intensiv in uns wirken lassen können. Und das lehrt uns die Technik der Meditation.

zen. Nämlich: im prämotorischen Kortex, der für Bewegungen zuständig ist, im Insularen Kortex, wo Gefühle wie Ekel verarbeitet werden, und im sekundären somatosensorischen Kortex, der Berührungen registriert – und wahrscheinlich auch noch an anderen Orten. Spiegelneuronen sitzen also in der Nachbarschaft jener Nervenzellen, die für die Muskeln, sprich für Bewegungen zuständig sind – und für Handlungen. Spiegelneuronen treten dann in Aktion, wenn wir andere beobachten. Sie spiegeln die Bewegungen anderer in unserem Gehirn wider, wodurch wir das Gleiche fühlen wie unser Gegenüber. Vor allem spiegeln diese Neuronen die Bewegung in Gesichtern und die mit den Händen. Sie lassen uns ahnen, was andere im Schilde führen, und sind der Grund dafür, dass Gähnen und Lachen ansteckend sind. Spiegelzellen können die ganze Palette menschlicher Gefühle imitieren: Freude und Trauer, Furcht und Angst.

Spiegelneuronen funken, wenn wir die Körpersprache der anderen lesen, von den kleinen Zeichen der Mimik und Gestik bis zum Ausdruck großer Gefühle. Spiegelneuronen sind dann aktiv, wenn wir Emotionen wahrnehmen. Darum stehen sie für Einfühlungsvermögen. Menschen mit vielen aktiven Spiegelneuronen können sich in andere gut einfühlen – und geben hervorragende Freunde, Ärzte, Coaches und auch Schauspieler ab.

WANN BEKOMMEN WIR UNSERE PORTION SPIEGELNEURONEN?

Bis ins Alter von drei Jahren entstehen unsere Spiegelneuronen. Wir ernten diesen Gefühlsschatz durch Berührung, durch Gesten, durch Mimik, durch das, was andere in unserer Nähe tun. Wir speichern sogar das Aktivitätsmuster ganzer Handlungsketten im Gehirn ab – obwohl wir sie selbst noch gar nicht ausführen können. Das könnte erklären, warum ein Kind sich, ohne es lange zu lernen, aufs Fahrrad setzt und losfährt.

Und was ist, wenn ein Kind in diesen ersten drei Jahren zu wenig Spiegelneuronen abbekommt? Forscher vermuten: Dann verfügt es als Erwachsener auch über wenig Empathie. Liest lieber Leichenfledder-Krimis statt »Vom Winde verweht«, wird Legionär statt Krankenpfleger, Boxer statt Schafhirt … Gott sei Dank gibt es Menschen wie Deepak Chopra. Der indische Arzt und Autor, der wie kaum ein anderer Wissenschaft und Spiritualität kombiniert und damit Millionen von Menschen fasziniert. Der weiß, wie wir jederzeit, auch als Erwachsene, unsere Spiegelneuronen aktivieren können: durch Meditation. Mehr darüber ab Seite 274.

WARUM WIR IMITIEREN, WEN WIR MÖGEN

Wir sitzen im Café an einem Tisch. Alle vier Sekunden bewegen wir uns. Greifen zu einem Glas, schlagen die Beine übereinander, belasten die andere Pobacke … Merkwürdigerweise tut unser Gegenüber Sekundenbruchteile später das Gleiche. Wenn wir den Menschen, der mit uns am Tisch sitzt, mögen, dann spiegeln wir seine Bewegungen. Automatisch und unbewusst nehmen wir bestimmte körperliche Signale von anderen Menschen wahr und imitieren sie. Das kann man besonders gut bei Verliebten beobachten. Wie sie, in die Augen des anderen versunken, das Kinn auf den Arm gestützt, sich synchron bewegen – ganz so wie meine indischen Laufenten. Aber das ist ein anderes Buch.

CHARISMA – DAS WAHRE FLÜSTERN DES KÖRPERS

Jeder möchte authentisch sein. Und jeder möchte charismatisch sein. Und das funktioniert nur über die Körpersprache. Wissenschaftler haben herausgefunden, dass 93 Prozent des ersten Eindrucks von einem Menschen von Aussehen, Kleidung, Haltung, Gestik und Mimik sowie Sprechweise bestimmt werden

● ●

Kleine Körper-Expedition: SPIEGELN MIT DEM PARTNER

Diese Übung kommt aus dem neurolinguistischen Programmieren (NLP), die Lehre menschlicher Kommunikationsprozesse. Bitten Sie Ihren Partner, sich noch mal in eine bereits erlebte, emotional aufwühlende Situation hineinzuversetzen und diese mit dem Körper darzustellen, ohne darüber zu sprechen. Wut im Stau. Streit mit dem Boss. Aufregung vor einer Prüfung. Das erste Mal verliebt … Beobachten Sie ihn und imitieren Sie seine Körperhaltung: Stellung von Armen, Kopf, Beinen, Gesichtsausdruck, Atemrhythmus. Spiegeln Sie ihn so getreu wie möglich. Und beobachten Sie, was bei Ihnen passiert. Sie können genau fühlen, was Ihr Partner fühlt. Können sich in ihn und seine Gedankenwelt hineinversetzen. Das hilft auch oft im ganz normalen Leben. Die Kollegin ist frustriert, man fühlt sich über das Spiegeln ein wenig in sie hinein, kann besser Rat geben. Ein Kunde ist aufgeregt, man fühlt sich in ihn hinein, kann besser beraten. Es geht darum, den anderen da abzuholen, wo er ist. Doch Achtung: Nicht zu lange in den negativen Emotionen anderer verweilen! Besser: Das Gegenüber durch eine Änderung des eigenen Körperausdrucks in eine positive Stimmung mitnehmen. Schultern zurücknehmen, tief atmen, Muskeln lockern. Lächeln. Das nennt sich »Pacing und Leading« (»Spiegeln und Führen«).

und nur 7 Prozent von dem, was jemand sagt. In weniger als einer Sekunde schätzen wir die Person ein. Weil wir das körperliche Verhalten schwerer kontrollieren und beherrschen als verbale Aussagen, empfinden wir die Körpersprache als wahrer und echter.

Der Begriff »Charisma« kommt aus dem Griechischen und bedeutet »Gnadengabe« oder »Von Gott gegebene Güter«. Im religiösen Sinn besitzt ein charismatischer Mensch die Gabe, Erleuchtung zu erleben. Heutzutage sprechen wir von Charisma, wenn wir die Ausstrahlung eines Menschen meinen. Menschen mit Charisma sind gesegnet. Und zwar mit sehr, sehr viel Gefühl. Der Psychologe Prof. Richard Wiseman von der Universität Hertfordshire beschreibt drei wichtige Eigenschaften von charismatischen Personen: Sie empfinden Emotionen sehr stark. Sie sind in der Lage, andere Menschen starke Gefühle erleben zu lassen. Sie lassen sich nicht von anderen charismatischen Menschen beeinflussen.

Natürlich haben charismatische Menschen ihre negativen Gefühle im Griff. Nie steht ihnen unbegründet Zorn ins Gesicht geschrieben, nie Neid, nie Missgunst. Charisma entsteht aus einer inneren Haltung der Stärke und einem stabilen Selbstwertgefühl. Charismatische Menschen agieren unabhängig von der Meinung anderer, oft stellen sie selber neue Gebote auf. Das zu lernen ist möglich, aber nicht einfach. Die Psychologin und Körperspracheexpertin Monika Matschnig erklärt: »Charisma kann man weder wie ein neues Kostüm erwerben noch kann man es erlernen wie eine Schauspielerrolle. Es kommt von innen heraus und muss sich selbst entfalten.« Und das tut es, wenn man weiß, wie!

CHARISMA DURCH KÖRPERSPRACHE

Es entsteht, wenn wir mit unserem Körper eins sind. Wenn der Körper das ausdrückt, was wir gerade fühlen. Wenn wir unseren Körper Liebe sprechen lassen, Glück sprechen lassen, Freude sprechen lassen, Mitgefühl sprechen lassen, Traurigkeit sprechen lassen. Sicher, charismatische Menschen schreien auch mal vor Wut oder weinen, wenn sie traurig sind. Doch sie nörgeln nicht. Sie motzen nicht. Sie lästern nicht über andere. Aufgestaute Wut, Frust in der Leber, Ärger in den Knochen, Neid in der Haut, Trägheit in den Muskeln, all das macht uns unbeweglich, mit etwas Glück unauffällig – in der Regel unsympathisch. Es ist Zeit, mal in den Spiegel zu gucken. Was erzählt er denn über unsere Gefühle? Nicht resigniert die Schultern hängen lassen. Mit ein bisschen

Geduld können wir über den Körper Schicht für Schicht Trägheit abstreifen, Missgunst ablegen, Neid … Und in ein bisschen Fröhlichkeit schlüpfen, Beweglichkeit anziehen, Mitgefühl lernen, Authentizität zeigen. Das funktioniert über Embodiment.

SUPERSTARS DER KÖRPERSPRACHE

Sie betreten den Raum und die Zeit bleibt stehen. Sie lächeln einem mitten ins Herz, betten einen in Gelassenheit, fluten einen mit Ruhe und Zufriedenheit. Vagals machen andere glücklich, allein durch ihre Anwesenheit. Vagal – was? Das Geheimnis hinter charismatischen Persönlichkeiten ist ein starker Vagusnerv. »Unsere Spezies hat überlebt, weil wir die Fähigkeit entwickelt haben, zu kooperieren und für Hilfsbedürftige zu sorgen«, so Professor Dacher Keltner von der Universität Berkeley im Interview mit der Wochenzeitung »Die Zeit« im April 2010. Der bekennende Optimist schrieb den Bestseller »Born to be Good« und hat im Dalai Lama einen Fan. Er erforscht Mitgefühl, Altruismus und Glück und ist überzeugt, dass das Gute im Menschen im Körper verwurzelt ist. Und zwar im Vagusnerv. Der ist ein Bestandteil unseres vegetativen Nervensystems, das alle unsere Körperfunktionen steuert. Herzschlag, Blutkreislauf, Verdauung, Drüsentätigkeit, Hormonausschüttung. Alles, was im Körper unbewusst passiert, beruht auf dem feinen Wechselspiel zwischen Sympathikus und Parasympathikus. Das verzweigte Nervensystem des Sympathikus aktiviert die Organe, lässt das Herz schneller schlagen, den Blutdruck steigen. Es wird angeregt, wenn wir Angst haben, uns aufregen, Stress spüren. Der Vagusnerv hingegen gehört zum System des Parasympathikus, das uns beruhigt und entspannt. Und dafür sorgt, dass wir freundlich auf unsere Mitmenschen zugehen. Er beginnt kurz oberhalb des Rückenmarks und verzweigt sich in alle Organe, in die Gesichts- und Kehlkopfmuskeln, unsere Gliedmaßen und ins Herz.

Laut Professor Keltner macht ein hoher Vagusnervtonus uns mitfühlend und hilfsbereit. Die Aktivität des Vagusnervs ist messbar. Keltner fand beispielsweise heraus, dass seine Aktivität bei Menschen steigt, wenn sie Fotos hungernder Kinder anschauen. Und sie fühlen das auch – als warmes Gefühl im Bauch.

WAS DEN VAGUSNERV STÄRKT

Durch die Aktivierung der Druck- und Tastrezeptoren bei Massagen wird der Vagusnerv stimuliert. Dadurch entsteht, wie bei der Meditation, entspannte Aufmerksamkeit. Langfristig hilft Bewegung, hilft alles, was einen mit dem Körper verbindet. Bewusste Entspannung, Atemtechniken, Körpertherapien.

Menschen mit aktivem Vagusnerv nennt man »Vagal Superstars«. Kinder, die in der Schule besonders hilfsbereit sind, oder Erwachsene, die viele Freunde und soziale Kontakte haben. Der Vagusnerv ist mit Rezeptoren im Hirn verbunden, die unser Bindungshormon Oxytocin aufnehmen, und er regt Muskeln an, die Mimik und Stimme beeinflussen. Keltner arbeitete lange mit dem Psychologen und Emotionsforscher Paul Ekman (siehe Seite 177) und lernte von ihm, Gesichter zu deuten. Er untersuchte beispielsweise alte Collegefotos aus dem Jahr 1960. Diejenigen Absolventinnen, die besonders warm gelächelt hatten, führten später glücklichere Ehen und waren weniger ängstlich.

Das Lächeln eines Vagal Superstars ist so vertrauenswürdig, dass es jeder erkennt. Schauen Sie sich einfach mal um.

ECHT IST BESSER ALS PERFEKT

Dirk Bachs komischer Geist steckt in dem Körper, der zum Komischsein geboren scheint. Das ist rund, das passt. Das ist markenzeichenfähig. Wenn wir unseren Körper, unser Ich auf eine Weise einsetzen, die uns leichtfällt und Spaß macht, fernab jedes Perfektionismus, ist das genau das, was uns charismatisch macht. Sogar im rosaroten Teddybärenkostüm. Wenn Sie Dinge tun, die Sie selber wirklich begeistern, ist das nicht nur der perfekte Dünger für Ihr Gehirn, sondern Sie begeistern damit auch andere!

Jeder Mensch kommt einzigartig auf die Welt, gesegnet mit so manchem Talent, das sich entfaltet, wenn es gesehen und gefördert wird. Schon bei kleinen Kindern kann man beobachten, ob sie eher körperlich aktiv, robust, kräftig oder feinfühlig sensibel sind, ob sie eher lebendig oder ruhig sind. Susanne hat, so sagen ihre Eltern, mit ihrem lauten Organ schon die ganze Neugeborenen-Station wach gehalten. Das freut natürlich die Zuhörer, wenn sie heute Vorträge in großen Sälen hält. Susanne nutzt Ihren Körper als Resonanzkörper für ihre Stimme und ist glücklich, wenn sie auf der Bühne laut sprechen und gestikulieren kann. Andere spüren solche Glücksgefühle beim Reiten, andere beim Trommeln oder beim Tanzen … Wichtig ist, dass Körper, Seele und Geist eins sind. Sich das Ganze rund anfühlt. Denn dann kommt die Leidenschaft von selber, ganz natür-

AUSSTRAHLUNG HAT WAS MIT STRAHLEN ZU TUN

Wenn wir eins mit unserem Körper sind, dann strahlen wir. Das sieht man an unseren Bewegungen, unserem Gesicht und vor allem unseren Augen. Das Strahlen kommt von innen heraus, tief aus allen Zellen und nicht aus dem Verstand. Nach einer Massage, einer Feldenkrais-Sitzung, wenn wir laut singen oder lachen, nach dem Joggen, nach dem Sex …

lich. Und das ist attraktiv für andere. Dafür lohnt es sich, mal in die Kindheit zu gucken. Was haben wir da denn so richtig gerne getan? Baumhäuser bauen? Esel reiten? Clown spielen? Modellflugzeug basteln ... Die meisten Menschen kommen gar nicht auf die Idee, sich selber mal auf diese Weise zu betrachten.

Sich zu fragen, was sie als Kind am liebsten getan haben, welchen Sport sie gerne gemacht haben, wo ihnen Dinge leicht von der Hand gingen. Die gute Nachricht: Es ist nie zu spät, sich zu entdecken. Einfach Neues ausprobieren, mit dem Körper neue oder längst vergessene Kontinente erobern – balancieren

> **》Wer Leidenschaft ausstrahlt, steckt andere an.《**
> SONJA BECKER, BUCHAUTORIN VON »DIE CHEFIN«

auf der Slackline, laut unter der Dusche singen, eine Weinprobe machen ... Währenddessen und hinterher beobachten: Hat es mir so viel Spaß gemacht, dass ich alles um mich herum vergessen habe, im Flow war? Sind andere auf mich neugierig geworden und würden am liebsten gleich mitmachen?

DIE EIGENE EINZIGARTIGKEIT ENTDECKEN

Ein guter Coach hält einem einen Spiegel vor und zeigt, was in einem steckt. Susanne, studierte Ernährungswissenschaftlerin, entdeckte in der Ausbildung bei Leadership-Coach Sonja Becker und ihrem Team ihre Neugier auf das Thema Berührung. Seitdem probiert sie dazu alles Mögliche aus und gibt ihr Wissen an andere weiter. Sonja Becker bildet seit fast 20 Jahren Menschen in Coaching und Leadership aus und inspiriert sie dazu, ihre Einzigartigkeit zu entdecken und das aus sich herauszuholen, was in ihnen steckt. Susanne: »Nicht wenige haben danach ihre Berufung sogar zu ihrem Beruf gemacht. Ein Mensch ist ja nicht nur das, was er in der Schule und Ausbildung gelernt hat, sondern viel mehr. Es geht darum, den Menschen als Ganzes zu sehen.«

Zu einer glücklichen Ausstrahlung gehören auch die Beziehungen zu anderen Menschen, vor allem zum Partner. Auch da hat Susanne schon viel ausprobiert. Und damit kommen wir zu ihrem Lieblingskapitel ...

5.

UNSER GANZ PRIVATER KÖRPERSINN: LIEBE, SEX UND GRUPPENKUSCHELN

WARUM WIR MANCHEN MENSCHEN NÄHER KOMMEN ALS ANDEREN – UND WARUM DAS NICHT NUR FÜRS HERZ GUT IST.

VON **TEDDY** BIS **TANTRA**

ährend ich mit meinem Wolf auf dem Sofa kuschle und Hochzeitsfotos gucke – auf der Anrichte steht ein Strauß mit 13 langstieligen roten Hochzeitstags-Rosen – flirtet Single Susanne in der Bar des Bayerischen Hofes mit Jeans und Jackett, Geschäftsmann, 40 Jahre. Und während sie sich Pro und Kontra dieser 1,89 Meter durch den Kopf gehen lässt, am Coconut Kiss nippt, von ihren Kuschelrecherchen erzählend, öffnet das Jackett seinen Koffer und holt einen Teddy mit Skimütze heraus. Den habe er immer dabei, wenn er auf Reisen sei, der helfe ihm beim Einschlafen. Und da ist er nicht alleine.

Wenn ich nachts mit Sorgen aufwache, kann ich mich rüber zu meinem Wolf kuscheln und in der Löffelchenstellung jeden Kummer mit seiner warmen Haut ersticken. Andere greifen zu ihrem Teddy. Während wir Nicht-Singles den besten Hormoncocktail zum Einschlafen gemeinsam mit dem Partner einnehmen und mit dem Rausch an Sexualhormonen auch gleich noch das Immunsystem stärken, jede Zelle verjüngen, träumen andere von der Wasserkuschelparty, umschlungen von einem Kissen mit zwei Armen. Wir alle wünschen uns den Menschen, für den wir bedingungslos da sein können, das Puzzleteil zu unserem Körper, mit dem wir verschmelzen können – und uns nicht an der Nähe reiben. Und darum geht es in diesem Kapitel – um Nähe. Intimität. Und natürlich um die dafür notwendige Distanz.

Da Kuscheln und Sex Lieblingsthemen von Susanne sind, sie während des Buchschreibens Single war und wesentlich offener als ich, hat sie für dieses Kapitel die Testreihen übernommen. Sie mag es, mit wildfremden Menschen im Wasser zu kuscheln – mir rollt es da eher die Zehennägel hoch. Also lesen Sie über Susannes Nahkämpfe in Bars und Wasserbecken und auf Massageliegen … Beginnen wir ganz harmlos: mit dem Teddybären. Und enden wir bei Tantra-Orgasmen und 100 Tagen Sex.

Jeder dritte erwachsene Brite schläft mit Kuscheltier, verrät eine Umfrage der Hotelkette Travelodge. Und jeder vierte Geschäftsreisende hat seinen Teddy im Gepäck, wenn er auf Reisen geht. Oder hat das zweiarmige Kuschelkissen »Cudillow« im Arm, das eine britische Hotelkette einsamen Reisenden ins Bett legt. Ein Kuscheltier spendet Nähe, Geborgenheit und Sicherheit. Tröstet über so vieles hinweg, vor allem wenn der geliebte Partner nicht da ist oder man als Single niemanden zum Kuscheln hat. »Unsere Freunde aus den Kindheitstagen« beruhigen uns auch im Erwachsenenalter«, sagt Psychotherapeutin Barbara Knab. So bringt ein Kuscheltier auch Erwachsene ins Land der Träume.

KUSCHELTIERE SIND IM TREND

Selbst Karl Lagerfeld hat einen Plüschteddy, der exakt nach dem Bild seines Besitzers designt ist. »Männer lieben Kuscheltiere« – sagt der größte deutsche Stofftierhersteller Sigikid, der mit Stofftieren für Erwachsene auch den Markt für »harte Kerle« erobert. Die schwarze, struppige, schielende Ratte »Black Friday« aus der Beast-Serie oder die fette Kröte »King Krawanski«. Das gerupfte »Miss Money-Huhn«, »Stefan Speckschwarte« oder »Schiggi Miggi« … (www.sigikid-beasts.de)
Verrückt: Der Internetshop www.para-pluesch.de verkauft jährlich über 1000 Exemplare psychisch gestörter Kuscheltiere wie ein Krokodil mit Angstneurose oder Dolly das Schaf mit dem Wolfs-Ich. Und wer selber nicht mehr so mobil ist oder seinem Teddy mal die Welt zeigen möchte – Reisebüros für Teddys schicken sie los und belegen das Ganze mit einem Foto. Egal ob Zugspitze, Rialtobrücke oder Reeperbahn …

WELCHE **NÄHE** UNS GUTTUT (UND WELCHE NICHT)

So nah wie möglich – so distanziert wie nötig: Die meisten Menschen haben ein großes Bedürfnis nach Nähe und Geborgenheit. Kuscheln, Knuddeln, Raufen, Streicheln mit einem Menschen, der sich gut anfühlt, macht glücklich. Denn den eigenen Körper in Verbindung mit einem anderen zu spüren, verschafft uns die allergrößten Wonnegefühle. Nähe auf der einen Seite braucht aber auch Distanz auf der anderen. Wenn wir einen Menschen ablehnen oder nicht riechen können, ist es schnell vorbei mit den guten Gefühlen. Wir können nicht mit jedem Menschen so nah sein. Und auch mit einem geliebten Menschen nicht immer. Manchmal ist es schön, in einer Menschenmenge zu baden. Manchmal brauchen wir Raum für uns alleine.

»Fass mich nicht an!« Welcher Mann kennt nicht diese Worte seiner Partnerin beim heftigen Streit. Er möchte beruhigen, beschwichtigen, wieder Frieden stiften, legt ihr die Hand auf den Arm, doch sie kann in dem Moment seine Berührung nicht ertragen. Manchmal brauchen wir Abstand zum anderen.

Einen anderen Menschen zu berühren bedeutet immer, sich mit ihm, seiner Präsenz, mit seinen Gefühlen zu verbinden. Seine Energie zu spüren. Seine Ausstrahlung wahrzunehmen. Was ein anderer empfindet, können empathische Menschen schon spüren, bevor sie ihn berühren. Und das beeinflusst auch die eigene Stimmung. Frauen sind in der Regel empathischer als Männer und reagieren schneller mit Stress, wenn ihnen jemand zu nahe kommt, den sie nicht in ihrer Nähe haben wollen. Zur Nähe gehört die Distanz wie die zweite Seite einer Münze zur ersten. Manchmal wünschen wir uns das eine, manchmal das andere. Beides kann glücklich machen – zur richtigen Zeit, mit dem richtigen Menschen. Das Gute ist: Unser Körper ist das Barometer. Wir müssen nur auf ihn hören.

STOPP! INTIMZONE!

Kürzlich, im Zug von Hamburg nach München, verteilte Susanne Manuskript, Stifte, fünf Körpersprache-Bücher und Laptop großzügig über den Tisch. Laut Verhaltensforscher Desmond Morris ein typisch menschliches Territorialverhalten. Wenn wir irgendwo hinkommen, markieren wir erst mal unser Gebiet – Männer tun das mit Socken, Frauen mit Büchern. In Hannover steigt ein dicker, leicht schnaufender Mann zu, setzt sich neben Susanne und fordert ihre Stresshormone zum Tanz auf: »Kommt der in MEIN Abteil!!! Kann der sich nicht woanders hinsetzen? Ich kann mich nicht mehr konzentrieren.« Sie pickt wie eine Henne aufgeregt in ihren Utensilien herum, packt schließlich alles zusammen und flieht. Im leeren Nebenabteil atmet sie erst einmal tief durch und entspannt ihre hochgezogenen Schultern.

DIE UNPERSON IM FAHRSTUHL

Im Fahrstuhl, in der U-Bahn zur Hauptverkehrszeit oder in der Warteschlange im überfüllten Kino müssen wir eine Verletzung unserer Intimzone dulden. Hier entwickeln die meisten Menschen eine interessante Strategie: Sie behandeln die anderen, als ob sie gar nicht da wären, als Unpersonen. Man schaut an die Decke oder auf den Boden, reduziert Körperbewegungen auf ein Minimum, ignoriert die anderen, gibt keine sozialen Signale von sich. Das Phänomen der Unperson gibt es auch im Restaurant. Der Kellner, der sich einem über die Schulter beugt, um den Wein einzuschenken, verletzt ebenfalls die Intimzone. Doch das stört die Gäste nicht, selbst das intimste Gespräch wird einfach weitergeführt. Sie ignorieren den Kellner, er wird in diesem Moment zur Unperson. Es gibt Menschen, die schaffen es, einen ganzen ICE-Großraumwagen zur Unperson zu degradieren: die Laut-im-Zug-Telefonierer.

Der Anthropologe Edward Hall definierte bereits in den 60er-Jahren drei verschiedene Distanzzonen – sie gelten für die Länder westlicher Kultur. Vor allem in Mittel- und Nordeuropa und Nordamerika lassen wir Fremde nicht sehr nah an uns heran.

Maximal 45 bis 50 Zentimeter misst der Radius **unserer Intimzone**, in die dürfen nur enge Freunde, Verwandte und Geliebte. Das entspricht ungefähr der Länge unseres Unterarms – und dem Ort, wo sich gefahrlos die Hände zum Schütteln begegnen. Sobald jemand in diese Zone dringt – und sei es nur mit dem Kopf – reagieren wir mit einem Stresshormon-Cocktail: Wir erstarren, plustern uns auf oder weichen zurück.

Die **persönliche Distanzzone** ist etwas größer und der Radius liegt etwa zwischen 50 und 120 Zentimetern. In diesem Kreis können wir mit anderen wunderbar kommunizieren, ohne uns unwohl oder bedrängt zu fühlen – wenn wir sie zu dieser Nähe eingeladen haben. In der persönlichen Distanzzone stehen wir auf einer Party zusammen und unterhalten uns.

Zwischen 1,20 und 3,60 Metern liegt die **gesellschaftliche bzw. soziale Distanzzone**, die wir unbewusst einhalten, wenn wir jemanden nicht kennen und auch nicht in Kontakt mit ihm kommen wollen.

DISTANZ ENTSTEHT IM KOPF

Verletzt jemand unsere Distanzzonen, wird die Amygdala aktiv – auch Mandelkern genannt. Die Amygdala ist der Bereich unseres Gehirns, in dem negative Gefühle wie Ängste, Wut und Unwohlsein funken. Forscher des California Institute of Technology entdeckten bei einer autistischen Frau, der jegliches Distanz-Empfinden fehlte, eine geschädigte Amygdala. Das brachte die Wissenschaftler auf die Idee, diesen Gehirnbereich näher zu untersuchen. Sie legten 20 Probanden in den Magnetresonanztomografen und beobachteten die Reaktion des Mandelkerns, wenn sie den Testpersonen in der Röhre sagten, dass direkt neben ihnen jemand stehe. Die Nervenzellen funkten »Unwohlsein«, unabhängig davon, ob wirklich jemand dort stand. Alleine die Vorstellung reichte aus.

Jede Kultur hat ihre territorialen Regeln. Wie viel Nähe ist erlaubt, wie viel Distanz angebracht? Ein Teil davon

● ● ● ● ● ● ● ● ● ● ● ●

RÄTSEL

Was ist der Unterschied zwischen zehn Süditalienern und zehn Norddeutschen in einem Nachtzug mit zehn Wagen? Die Norddeutschen verteilen sich gleichmäßig auf den ganzen Zug, die Süditaliener sitzen alle in einem Abteil, auch wenn es nur sechs Plätze hat.

ist Instinkt, Urwissen – ein anderer anerzogen. Geprägt von der Kultur, in der man lebt. In Deutschland setzt sich jeder neue Fahrgast in Zug, Bus oder einer U-Bahn grundsätzlich erst mal alleine hin und markiert den freien Nebenplatz mit seiner Jacke oder Tasche. Erst wenn kein anderer Platz mehr frei ist, wird ein Sitznachbar widerwillig geduldet. Wenn ein Deutscher in der Hauptstadt der Philippinen Manila in einen Bus steigt, erlebt er ein ganz anderes und für ihn sehr befremdliches Verhalten: Die Filipinas und Filipinos setzen sich grundsätzlich direkt neben jemanden des eigenen Geschlechts, egal wie viele Plätze noch frei sind. Für sie bedeutet das Nähe und Verbundenheit.

Die Distanzzonen zwischen Menschen einzuhalten, ist für die Kommunikation extrem wichtig. Sobald wir jemandem zu nahe kommen, empfindet dieser das als Bedrohung. Zu viel Abstand hingegen bedeutet Ablehnung. Schwierigkeiten entstehen immer wieder, wenn fremde Kulturen aufeinandertreffen. Italiener und Griechen haben ein anderes Näheempfinden als Deutsche und Schweizer. Mexikaner und Südamerikaner lassen einen näher ran als Nordamerikaner. Auch in vielen asiatischen Ländern herrscht ein komplett anderes Verständnis von Nähe und Distanz. Wer einmal in einem indischen Zug dritter Klasse gefahren ist, weiß, wovon wir reden … Da laufen die Snack-Verkäufer über die Schultern der zusammengepferchten Reisenden. Als distanziertestes Volk gelten die Briten. Ein Geschäftstermin zwischen Brite und Italiener gestaltet sich als wahre Völkerwanderung: Der Brite geht unwillkürlich immer wieder einen Schritt zurück, um die angemessene Distanz zu wahren. Der Italiener rückt automatisch nach, um die für ihn wichtige Nähe herzustellen.

WIE VIEL ABSTAND DARF'S DENN SEIN?

Jeder versucht, den für ihn richtigen Abstand zu halten, und wirkt damit auf sein Gegenüber entweder bedrohlich oder zurückweisend. Die kleinen, aber fei-

KISSENSCHLACHT MIT 1000 LEUTEN

Der Mensch heute muss einen Baum gepflanzt, ein Haus gebaut, ein Kind gezeugt und einen Flashmob (Blitzpöbel) besucht haben. Ein spontaner Menschenauflauf, in dem alle etwas Ungewöhnliches machen. 700 Leute kaufen Hamburger bei McDonalds. 200 Leute erstarren für fünf Minuten im New Yorker Bahnhof. Mehrere Tausend Jugendliche treffen sich zur Kissenschlacht vor dem Kölner Dom. Über Internetforen, Chats und per Handy verabreden sich Menschen, um zu einer bestimmten Zeit an einem bestimmten Ort etwas Verrücktes zu tun – alle gleichzeitig. Das Ganze dauert nur wenige Minuten, dann löst sich der Mob wieder auf. Geben Sie mal »Flashmob« in Google ein. Und machen Sie einen mit. Da fühlt man ein dickes Energiefeld der Gemeinsamkeit. Auf Neudeutsch: oneness.

nen Unterschiede in der Definition der persönlichen Distanz führen zwischen Menschen immer wieder zu Irritationen, und wer mit anderen Kulturen zu tun hat, tut gut daran, sich mit deren Näheregeln vertraut zu machen. Seine persönliche Distanzzone kann jeder einfach ausmessen. Strecken Sie, nachdem Sie eine kurze Zeit mit einem Menschen gesprochen haben, Ihren Arm aus und beobachten Sie, mit welchem Teil des Arms Sie die Schulter des anderen berühren. In Westeuropa sind es in der Regel die ausgestreckten Fingerspitzen, in Osteuropa das Handgelenk und in Mittelmeerländern der Ellenbogen. Egal wohin wir gehen, wir nehmen unsere Grenzen überall mit hin und verteidigen sie. In der Bibliothek, im Wartezimmer beim Arzt, auf dem Campingplatz, am Strand – und eben im Zug.

> **» Unsere körpersprachlichen Signale wirken wie Leuchttürme zur Orientierung in zwischenmenschlichen Beziehungen. «** SAMY MOLCHO

Das alles spielt keine Rolle mehr, wenn Tausende Fans im Stadion beim WM-Finale zusammenkommen. Menschenmassen, Enge, Lärm, Bier- und Schweißgeruch – egal. Hauptsache, die eigene Mannschaft gewinnt! Träfen sich alle montagmorgens in einer U-Bahn wieder, gäbe es Mord und Totschlag.

Wenn statt Konkurrenz gemeinschaftliches Erleben herrscht, wird Enge positiv erlebt. Alle haben gemeinsam Spaß, fühlen sich als Teil des großen Ganzen.

MANCHMAL SIND WIR WIE STACHELSCHWEINE

Von dem Philosophen Arthur Schopenhauer stammt die wundervolle Parabel zum Thema Nähe: Eine Horde Stachelschweine steht zusammen, es ist kalt und alle sehnen sich nach Wärme und Nähe. Sie rücken immer mehr zusammen, bis sie sich gegenseitig mit ihren Stacheln wehtun und wieder voneinander wegrücken. Doch bald wird ihnen erneut kalt und sie rücken wieder näher zusammen.

IHR KÖRPER WEISS, WIE VIEL NÄHE ER BRAUCHT

Nähe und Distanz sind wie die beiden Pole eines Magneten, wie die beiden Seiten einer Medaille. Wir brauchen beide, das eine kann ohne das andere nicht existieren. In allen unseren Beziehungen, ja letztlich unser ganzes Leben, bewegen wir uns zwischen diesen beiden Polen und sind auf der Suche nach der richtigen Dosis. Samy Molcho, wichtigster Vorreiter und Forscher zum Thema Körpersprache, beschreibt in seinem Buch »Umarme mich, aber rühr mich nicht an« die Verbindung zwischen Gedanken, Gefühlen, Körperausdruck und der Welt um uns herum. Manchmal wollen wir anderen sehr nahe sein, sie spüren, am liebsten mit ihnen verschmelzen, und zu anderen

Zeiten haben wir ein Bedürfnis nach Abgrenzung, nach Alleinsein, um uns selber zu spüren.

Das Menschsein beginnt in der Verschmelzung von Mann und Frau, und die erste Trennung findet mit der Geburt statt. Von nun an ist ein Mensch, der vorher mit einem anderen verschmolzen war, ein Individuum, hat einen eigenen Körper mit eigenen Bedürfnissen. Und dieser Körper drückt alles aus, was der Mensch ist, was er denkt, was er fühlt. Das Bedürfnis nach Nähe ist ebenso ein körperliches Gefühl wie das Unwohlsein beim Wunsch nach Distanz. Hören Sie zu, was Ihr Körper Ihnen erzählt.

WELCHE NÄHE WIR SUCHEN

Das tiefe Bedürfnis nach Nähe auf der einen Seite und Distanz auf der anderen ist auch Thema der modernen Hirnphysiologie. Jedes Kind kommt laut Hirnforscher Prof. Gerald Hüther mit zwei grundlegenden Bedürfnissen auf die Welt, die es im Mutterleib erlebt hat: Dem Bedürfnis nach engem Kontakt und Verbundenheit auf der einen Seite und der Erfahrung zu wachsen, über sich selbst hinauszuwachsen, die Welt zu entdecken, auf der anderen Seite. Diese beiden Bedürfnisse gleichzeitig zu stillen, bleibt unser ganzes Leben lang unser Wunsch und unser Ziel – und unsere Herausforderung. Erfüllen können wir sie nur, wenn wir lieben. Liebe ist die einzige Beziehungsform, die gleichzeitig Verbundenheit und Wachstum beider Beteiligten fördert. Kinder erleben das – sie wagen sich in die Welt hinaus, gehen ein paar unsichere Schritte und können jederzeit in Mamas schützende Arme zurückkehren. Später als Erwachsene erleben wir das nur noch selten. Vielleicht sollten wir damit beginnen, unseren Mitmenschen den Raum zu bieten, diese beiden Erfahrungen gleichzeitig zu erleben. Dann wäre die Welt sicher ein einfacherer Ort.

WARUM **LIEBE** DIE SCHÖNSTE NÄHE IST

ir alle wollen Nähe, und wir alle brauchen unsere Distanz. Wie schaffen wir es, das zu bekommen, was wir wollen und wann wir es wollen? Mehr Nähe ins Leben zu bringen beginnt damit, sich die eigenen körperlichen Bedürfnisse bewusst zu machen, sich klarzumachen, wonach einem gerade ist. Je besser wir unseren eigenen Körper spüren, je klarer wir seine Signale erkennen, desto besser können wir uns auf andere Menschen einstimmen. Denn dann empfangen wir auch deren Signale. »Nähe muss man einladen«, sagt unsere Lektorin Isabella. »Wenn ich mich selber von innen heraus öffne, dann können andere Menschen auf mich zukommen.« Wem das schwerfällt, der kann es umgekehrt versuchen. Zuerst den Weg über den Körper wählen, sich beispielsweise massieren lassen. Denn dann weitet sich der Geist. Der schönste Weg, Nähe zu erleben, ist, das Herz zu öffnen und Liebe für einen anderen Menschen zu spüren. Dann entsteht automatisch eine Verbindung. Die Freundin mit Kummer liebevoll in den Arm nehmen. Dem gestressten Freund ermutigend die verspannten Schultern massieren. Eine lange nicht gesehene Verwandte mit Freudentränen in den Augen umarmen. Dem Partner liebevoll über die Wange streicheln. Doch nicht oft erleben wir solche Momente. Vor allem nicht als Single.

ERSTE ANNÄHERUNGEN AUF DER TANZFLÄCHE

Tanzkurs, das kennen die meisten aus ihrer Teenagerzeit. Mit unbeholfenen Schritten und roten Ohren das Mädchen oder den Jungen seiner Träume zum Tanze bitten. Mit dem Abschlussball war´s dann aber in der Regel vorbei. Dabei ist Paartanzen eine wunderbare Möglichkeit, sich näherzukommen. Sich über den Körper, nicht über den Kopf kennenzulernen. Nicht wenige glückliche Paare haben sich übers Tanzen kennen- und lieben gelernt. Denn man ist dem anderen gleich sehr nah und spürt, wie er sich anfühlt, kann ihn im wahrsten

Sinne des Wortes beschnuppern und testen, ob er auch Taktgefühl hat. Die Königsdisziplin des Tanzes ist der Tango. Der Mann führt, die Dame lässt sich führen. Er eröffnet ihr Bewegungsräume, sie entscheidet, wie sie diese ausfüllt, etwa wie sie ihr Bein führt und wie hoch. Die Frage des Mannes: »Wie tanzt sich diese Frau?«, kann nur mithilfe von Körperkontakt beantwortet werden, die Optik kann täuschen. Da ist gleich viel Erotik im Spiel. Gute Tangotänzer bringen eine ganze Tanzfläche samt Publikum zum Knistern.

> **»** Tango ist ein vertikaler Ausdruck eines horizontalen Verlangens. **«**
> GEORGE BERNARD SHAW

Eine interessante Form, etwas über sich zu lernen, ist auch die Kontaktimprovisation. Es treffen sich fremde Menschen zum gemeinsamen Tanzspiel. Man tanzt sein Innerstes nach außen – und vertraut einem anderen seinen Körper an. Lässt sich fallen, heben, werfen … Das stärkt auch das Selbstvertrauen.

KUSCHELN IN DER GRUPPE

Seit einigen Jahren und in immer mehr Städten gibt es organisierte Kuschelpartys oder laufende Kuschelgruppen. Hier können sich vor allem Singles ersehnte Nähe holen – ab 15 Euro pro Abend. Auf solchen Partys treffen sich Menschen, um sich gegenseitig Streicheleinheiten zu schenken. Sex ist tabu, alle liegen stundenlang angezogen auf den ausgebreiteten Matratzen und genießen die Berührungen von Wildfremden. Dorthin kommen Berührung und Nähe suchende Männer, Frauen, Singles und auch Paare. Gelegenheitskuschler und Stammkuschler. Viele kennen sich nicht und wollen auch gar nicht miteinander sprechen. Es geht um Berührungen ohne Worte. Nähe ohne Verpflichtung. Kuscheln ohne Sex. Hinterher geht man wieder auseinander, trifft sich unter Umständen nie wieder. Der Kuscheltrend kommt aus New York, der Stadt mit dem höchsten Single-Anteil in den USA. Von vielen verspottet, von Fans geliebt, breitet sich das Kuscheln weiter aus, vor allem in den Großstädten. Manche kuscheln laut Soziologieprofessorin Katharina Liebsch nicht, weil sie sich Nähe wünschen, sondern »um sich fit zu halten«. Kuscheln ist ja bekanntlich gesund. Sind die Teilnehmer am Anfang oft noch gehemmt, fühlen sie sich hinterher sichtbar wohl. Da werden jede Menge Glückshormone ausgeschüttet. Und die stärken ja auch das Immunsystem.

EIN FEELING WIE IN MAMAS BAUCH

Wahrscheinlich stellt es da so manchem die Haare auf: Kuscheln im Wasser mit Fremden … Brrr. Muss ich den Dickbauch da jetzt in den Arm nehmen? Wachsen dem Typen mit Schnurrbart da keine unkontrollierbaren Tentakel? Will ich mich von einer fremden Frau anfassen lassen? Überhaupt von einem fremden Menschen? Susanne, die laut ihrem chinesischen Sternzeichen Wasserratte ist, hat es ausprobiert. Ergebnis: »Ich find´s sensationell!« Es trifft sich also eine Gruppe von neugierigen Menschen an einem Samstagabend in einem Physiotherapiezentrum, und nach einem kurzen meditativen Aufwärmen und Tanzen am Beckenrand gehen alle ins Wasser – in Badekleidung. Das Ganze hat nichts mit Sex zu tun. Die Teilnehmer tauchen eher ab in kindliche Behaglichkeit. Körperwarmes Wasser vermittelt uns das Gefühl der Sicherheit im Mutterbauch. Im Wasser reagiert die Haut viel sensibler auf Berührung als im Trockenen. Einer lässt seine Arme und Hände schwerelos und ohne Anstrengung auf dem Wasser schweben, der andere streichelt sanft die Hände. Dann nimmt einer eine Hand des anderen und streicht damit über seinen eigenen Körper, über die eigenen Arme, Beine, eventuell den Bauch – nur dort, wo er es als angenehm empfindet. Das Vertrauen wächst – und mit den vielen Streicheleinheiten auch das Selbstwertgefühl.

> **»Wasser ist mit seiner Flexibilität und Anpassungsfreude das Symbol für Hingabe schlechthin.«**
> WOLFRAM UND RICARDA GEISZLER

Natürlich kann man das Berührungspotenzierungsmittel Wasser auch einfach mal mit dem Partner in der heimischen Wanne nutzen. Gemeinsames Duschen spart Wasser, heißt der schöne Spruch. Sich gegenseitig den Rücken schrubben und den Kopf massieren, wunderbar. Auch toll: Gemeinsam im Dunkeln baden. Tür zu, Rollladen runter, Licht aus. Genießen.

SCHWERELOS ENTSPANNEN

Als Wellness-Geheimtipp gilt Floaten. Schwerelos schweben im körperwarmen Salzwasser in einem geschlossenen Tank in Dunkelheit und Stille. Und das mindestens eine Stunde lang. Bereits in den 50er-Jahren einwickelte der Neurophysiologe John C. Lilly die ersten Floating-Tanks, weil er wissen wollte, was im Gehirn passiert, wenn es von Außenreizen abgeschirmt ist. Viele Studien haben mittlerweile gezeigt: Nicht nur bei Stress und Depressionen wirkt Floaten positiv. Die Pegel der Stresshormone Adrenalin und Cortisol sinken, ebenso der

Blutdruck. Muskeln lockern sich, das Schmerzempfinden wird geringer. Die Reizausschaltung beim Schweben bewirkt eine tiefe Entspannung von Körper und Geist. Am Anfang vielleicht etwas ungewohnt, dieser Entzug der Sinnesreize. Jedoch: Im Dunklen schwebend spürt man sofort, wo man angespannt ist, festhält, verkrampft ist. Und kann nacheinander jeden Muskel locker lassen. Vielen Menschen fällt das vor allem mit den Nackenmuskeln schwer. Trägt das Wasser wirklich das Gewicht des Kopfes? Das Vertrauen wächst, und mit ihm die Entspannung. Das geniale Körpergefühl bleibt stundenlang. Viele Float-Center bieten auch Paar-Floaten an, ein wunderbares Sinnes- und Nähe-Erlebnis.

WAS UNS VERBINDET

Die schönste Form der Nähe finden wir in der Partnerschaft. Da, wo sich Körper, Geist und Herz zweier Menschen berühren. Dass Männer und Frauen unterschiedlich sind, wissen wir. Dazu gibt es schon Tausende Bücher. Wir sind der Frage nachgegangen, worin wir uns eigentlich alle ähnlich sind. Denn es gibt einen gemeinsamen Nenner zwischen Männern und Frauen, etwas, wo (fast) alle Menschen gleich ticken: Wir alle wollen Nähe, Berührung, Sex. Wir wollen Spaß miteinander haben, und zwar nicht nur auf der geistigen Ebene. Sexualität ist ein Grundbedürfnis – und ein Geschenk. Eines, das viele Menschen nur am Wochenende oder an besonderen Tagen auspacken. Dabei gibt es kaum etwas, das uns so gute Gefühle bereitet und noch dazu gesund ist. Noch mehr Nähe und gute Gefühle als bei der Verschmelzung

zweier Körper gibt´s fast nicht. Wir können uns ruhig öfter darauf einlassen und uns Zeit füreinander nehmen. Let´s feel good!

WAS MANN WILL – EINE UMFRAGE

»Das Wichtigste ist, dass die Frau mir keinen Stress macht«, sagt Henning, ein Freund von Susanne, Anfang 40, selbstständig. Er hat schon genug Stress in seinem Job. Für Martin, einen anderen Freund von Susanne, sind das Wichtigste die kleinen Berührungen im Alltag: »Sich einfach mal so über den Arm streicheln, ein Küsschen geben. Doch das passiert bei uns nur noch selten, mir fehlt das total.« Und Rudolf braucht gleich zwei Partnerinnen: »Eine für Kuscheln und Beziehung und eine fürs Bett. Beide Frauen in einer Person habe ich noch nicht gefunden.« Viele offene Gespräche mit Männern haben Susanne dazu inspiriert, für unser Buch eine Umfrage zu machen. Was ist Männern heute wichtig in Bezug auf Berührung, Nähe und Partnerschaft? Wir wollten unter anderem wissen, ob sich das Klischee bestätigt, dass Männer immer nur Sex wollen, und ob Männer auch intelligente Frauen mögen. 50 Männer im Alter zwischen 30 und 50 Jahren haben bei unserer nicht-repräsentativen Umfrage mitgemacht und eifrig die Fragebögen zurückgeschickt. Die Ergebnisse:

Ist Kuscheln wichtiger als Sex? Beides, Kuscheln und Sex, finden die meisten Männer entweder »wichtig« oder »sehr wichtig«. Der Sex lag mit 36 Stimmen nur knapp vor dem Kuscheln (33 Stimmen), während Gespräche mit der Partnerin nur 23 Männern wichtig oder sehr wichtig waren. Zehn Männer haben sogar angekreuzt, dass ihnen Gespräche nicht so wichtig sind (Kommentar: »Ich rede eh den ganzen Tag.«). 37 Männern ist es »wichtig« oder sogar »sehr wichtig«, dass ihre Partnerin sie im Alltag einfach so mal berührt, umarmt und küsst. Interessanterweise sind aber längst nicht alle bereit, viel Berührung zu geben.

WAS FÜR FRAUEN DIE NÄHE, IST FÜR MÄNNER AUFREGUNG

Wann verlieben sich Männer in Frauen? Das wollten die beiden US-Psychologen Donald Dutton und Arthur Aron wissen. Sie schickten Männer von 18 bis 35 Jahren über eine 140 Meter lange Hängebrücke über eine tiefe Schlucht. Auf der schwankenden Brücke stand eine attraktive Frau, die die Männer bat, an einem kurzen Test teilzunehmen. Sie gab den Mutigen ihre Telefonnummer und bot an, sie über das Testergebnis zu informieren. Denselben Test mit derselben Frau machten die Wissenschaftler auf einer stabilen Holzbrücke, die an einer anderen Stelle und viel tiefer über den Fluss führte. Das Ergebnis: Von den Teilnehmern auf der Hängebrücke rief die Hälfte an, von denen auf der Holzbrücke nur ein Achtel. Weitere Experimente mit Achterbahnen und aufregenden Filmen brachten ganz ähnliche Ergebnisse. Wenn Sie als Frau möchten, dass Ihr Date Sie anruft, sollten Sie mit ihm nicht Eis essen gehen, sondern ihn auf den Freefall-Tower auf dem Oktoberfest einladen.

Auf die Frage »Wie oft am Tag berührst du deine Partnerin (ohne Sex)«? kreuzten ein Drittel der Männer weniger als sechsmal am Tag an. Zu »mehr als 15-mal am Tag« bekannten sich neun Männer. Zum Vergleich: Verliebte streicheln sich laut Studien durchschnittlich 38,7-mal am Tag. Die bevorzugten Streichelzonen von Männern wie Frauen sind übrigens Rücken, Brust, Po, Arme und Hände und als Geheimtipp für viele gilt: Berührungen und Kraulen am Kopf.

Wir wollten natürlich wissen, was Männer sich von Frauen wünschen, und stellten die Frage: »Wie wichtig sind dir folgende Eigenschaften deiner Traumfrau?« Antworten:

- »Sie ist sinnlich, mag Sex« – 43-mal fanden die Männer das »wichtig« oder »sehr wichtig«.
- »Sie ist intelligent« – 42-mal
- »Sie mag ihren eigenen Körper« – 41-mal
- »Sie strahlt Wärme, Geborgenheit aus« – 37-mal

Eine weitere Frage, die uns beschäftigte: Wie viele Streicheleinheiten haben Männer in ihrer Kindheit bekommen und hat das einen Einfluss auf ihr Berührungsverhalten als Erwachsene? Bei den Befragten scheint es tatsächlich so: Allen Männern, die angaben, als Kind wenig Berührung in der Familie erlebt zu haben, ist es »wichtig« oder »sehr wichtig«, von der Partnerin berührt zu werden. Diejenigen, die als Kinder sehr viele Streicheleinheiten bekommen haben, legen darauf nicht so viel Wert. Zwei von diesen Männern haben sogar angegeben, dass ihnen Gespräche mit der Partnerin wichtiger seien als Kuscheln und Sex.

Wir fragten nach Berührung im Alltag. Wie oft sie vorkommen und mit wem: Mit ihrer Partnerin und den eigenen Kindern berührten sich die Männer am häufigsten. Nur wenige erleben Berührungen mit guten Freunden oder Kumpels beim Sport. Unter Kollegen wird kaum berührt. Immerhin sieben unserer 50 Männer gehen regelmäßig zur Massage. Das allerdings vor allem, »weil der Rücken wehtut«.

DAS **HORMON** DER FESTEN BINDUNG

enn wir uns nahe sind, uns berühren, passiert sehr viel in unserem Körper – das Gehirn schüttet einen Hormoncocktail aus, der uns Wohlbefinden schenkt, unser Immunsystem stärkt und uns an andere Menschen bindet. Eine ganz große Rolle spielt dabei das »Liebeshormon« Oxytocin.

Das Wort »Oxytocin« stammt aus dem Griechischen und bedeutet »schnelle Geburt«. Die Produktion des Hormons übernimmt bei allen Säugetieren die Hirnanhangsdrüse im Gehirn. Während einer Geburt setzen Frauen höchste Konzentrationen davon frei. Es fördert die starken Kontraktionen der glatten Muskulatur und bewirkt, dass sich die Gebärmutter zusammenzieht. Deshalb wird es auch beim Orgasmus ausgeschüttet, wenn sich die angestaute Lust in rhythmischen Kontraktionen entlädt. Oxytocin ist auch für das Stillen wichtig, denn es unterstützt die Milchproduktion und bewirkt, dass sich die Milchdrüsenzellen zusammenziehen und die Milch austritt. Es ist das Saugen des Babys, das zur Oxytocin-Ausschüttung im Körper der Mutter führt. Oxytocin lässt nicht nur die Muskeln kontrahieren, vor allem stärkt es auch die Bindung zwischen zwei Menschen: Zwischen Mutter und Kind, zwischen Liebenden, zwischen Freunden.

Verschiedene Forschungen zeigen, dass die Oxytocin-Wirkung bei Männern durch die Sexualhormone abgeschwächt wird. Deshalb wollen sich Frauen eher binden und haben meistens auch stärker und länger mit Liebeskummer zu kämpfen. Auch die Bindung einer Frau an ihr Kind und an ihren Partner ist deswegen stärker als die eines Mannes. Oxytocin verbindet Menschen, denn es fördert die Verschaltungen zwischen den Nervenzellen im Gehirn, schafft neue Muster. Oxytocin ist das Hormon der Liebe, es weckt Vertrauen und sorgt gleichzeitig dafür, dass wir weniger stressanfällig sind. Forscher der Universität von Los Angeles haben herausgefunden, dass Oxytocin beruhigt und die Kontaktaufnahme fördert. Da Frauen in der

Regel höhere Oxytocin-Werte im Gehirn haben als Männer, können sie besser in Kontakt mit anderen Menschen treten und sind weniger stressanfällig. **Das zweite Bindungshormon ist Vasopressin** und verfügt über ganz ähnliche Eigenschaften. Es unterstützt ebenfalls die Verbindung zwischen zwei Menschen und wird deshalb auch als »Treuehormon« bezeichnet. Physiologisch gesehen sorgt Oxytocin für die Muskelkontraktionen beim Orgasmus, während Vasopressin den Druck in den Gefäßen moduliert, sodass die Geschlechtsorgane optimal mit Blut versorgt sind. Vasopressin wird vor allem im männlichen Organismus ausgeschüttet und ist auch der Grund dafür, dass sie nach dem Orgasmus in einen tiefen Schlaf sinken.

LASSEN SICH MÄNNER AN DER NASE HERUMFÜHREN?

Susanne schoss natürlich sofort die Frage in den Kopf, ob sie dieses männerfangende Wundermittel irgendwo kaufen kann. Vielleicht könnte man damit ja sogar einen Mann an sich binden? Einen, der (noch) nicht so richtig will. Oder etwa sogar untreue Casanovas zu treuen Ehemännern machen? Und den netten Herrn Meyer von der Bank dazu bringen, einem einen höheren Kredit zu geben? Die amerikanische Firma Vero Labs hat als erste ein Oxytocin-Spray für jedermann entwickelt, genannt Liquid Trust, »flüssiges Vertrauen«. Das Treuehormon gibt's im Internet! Susanne, neugierig, wie sie ist, hat es gleich bestellt. Für knapp 40 Euro kam in einem winzigen Paket ein klitzekleines Fläschchen per Post. Sieht aus wie eine Parfumprobe und wird auch so aufgetragen. Der Geruch erinnert latent an Nagellack, verfliegt aber sofort wieder. In der Gebrauchsanleitung steht, man solle es nach dem Duschen auf die Haut sprühen, vor allem am Hals und an den Handgelenken. Freilich hat Susanne das noch gleich am selben Abend auf einer Party ausprobiert. Keiner dichtete Liebeslieder, keiner biss an, keiner blieb hängen. Also: Müssen Sie nicht

OXYTOCIN SCHAFFT VERTRAUEN, MACHT VERGESSLICH

Vorsicht, Manipulation: Schweizer Forscher stellten in einer Studie mit 60 Freiwilligen fest, dass diese ihr Geld einem Treuhänder viel leichter für Investitionen überlassen, wenn sie Oxytocin einatmen. Das Hormon Oxytocin festigt nicht nur Bindungen, sondern fördert auch Vertrauen – und macht ein bisschen blöd. Wenn Männer erhöhte Oxytocin-Werte im Blut haben, kann ihre Erinnerung selektiv aussetzen. Im Rahmen einer Studie zeigten Züricher Wissenschaftler Männern Dias mit verschiedenen Begriffen, die sich auf Sex, Babys, Süßigkeiten oder Autos bezogen. Was bleibt davon im Gedächtnis hängen? Männer, die sich Oxytocin in die Nase gesprüht hatten, erinnerten sich nur schlecht an das, was mit Frau, Bindung und Fortpflanzung zu tun hatte, wie die Worte »Vorspiel« oder »Schnuller«. Begriffe wie »Torte« oder »Wagenheber« blieben schon besser hängen. Übrigens: Die höchsten Oxytocin-Werte erreichen Männer beim Orgasmus. Der Grund, warum sie gerne mal vergessen, wer die Dame noch mal war und wie sie eigentlich hieß ...

ausprobieren. Kaufen Sie sich lieber ein nettes Dessous. Das wirkt besser. Wissenschaftler sagen: Oxytocin verfliegt so schnell, dass es das Sinnessystem des anderen gar nicht erreicht. Man müsste es schon direkt in seine Nase sprühen – und damit würde man den Traummann wohl eher vertreiben.

DAS UNTREUE-GEN

Die Ausschüttung von Oxytocin im Gehirn hat auch Einfluss darauf, ob der Partner nach dem Sex treu bleibt oder schnell wieder abhaut – zumindest bei Wühlmäusen. Mäuse sind in der Regel polygam und scheren sich nicht weiter um ihre Sexpartner. Mit einer Ausnahme: Wissenschaftler haben herausgefunden, dass die Vertreter einer nordamerikanischen Mäuseart, die Präriewühlmäuse, ihr Leben lang monogam sind, sich bereits nach dem ersten Mal aneinander binden. In den Gehirnen der Präriewühlmäuse finden sich besonders viele Oxytocin- und Vasopressin-Rezeptoren, die diese starke Bindung fördern. Beim Sex schütten sie jedes Mal Liebeshormone aus, wodurch sich die Bindung immer weiter verstärkt. Der Neurowissenschaftler Tom Insel wollte wissen, was passiert, wenn die Hormonausschüttung unterdrückt ist, und verabreichte den liebenden Mäusen ein Oxytocin-Gegenmittel. Tatsächlich zeigten die Mäuse dann trotz reger Paarung keinerlei weiteres Interesse mehr aneinander und verfielen einem »wahllosen Kopulationsverhalten«. Funktioniert das auch umgekehrt? Kann man untreue Mäusedamen und Mäuse-Casanovas zu ewig liebenden Partnern machen? Man kann. Der Forscher stellte nach einer Gen-Veränderung der Vasopressin- und Oxytocin-Rezeptoren bei den promiskuitiven Bergwühlmäusen fest, dass diese ihrem Partner auf einmal nicht mehr von der Seite wichen.

Manche Männer haben ein Untreue-Gen. Forscher des Karolinska-Instituts in Stockholm untersuchten mit der Hilfe von 522 Paaren die Bindungsfähigkeit von Männern. Prompt stellten sie fest, dass diese in Zusammenhang mit einem bestimmten Gen steht, nämlich dem AVPRA1-Gen. Wenn dieses Gen in einer bestimmten Variante vorkommt, haben Männer weniger Vasopressin-Rezeptoren im Gehirn und neigen eher zu Untreue. In einem Standardtest zur Beziehungs- und Bindungsfähigkeit erreichten diese Männer schlechtere Werte als ihre Geschlechtsgenossen, die keine Kopie dieser Genvariante aufwiesen. Träger dieses Untreue-Gens sind auch häufiger Heiratsmuffel. Bei Frauen hingegen spielt dieses Gen keine Rolle. Vielleicht sollten wir Auserwählte erst zum Gentest schicken.

WARUM DIE **LUST** BEIM SEX KOMMT

 Nächte. Die Amerikanerin Charla Muller hatte eine verrückte Idee: Sie schenkte ihrem Mann ein Jahr lang Sex – jeden Tag. Fast zeitgleich zu ihrem Buch »365 Nächte« erschien »100 Tage Sex«, ein weiterer Sexmarathon, den Annie Brown, ebenfalls Amerikanerin, ihrem Mann zum Geburtstag schenkte. Was passiert in einer Beziehung, wenn ein Paar jeden Tag Liebe macht? Geht das überhaupt? Verliert man dann die Lust aneinander, so wie wenn man jeden Tag Schokoladenkuchen isst – oder weckt man sie überhaupt erst?

Im Schnitt haben Paare, die länger zusammen sind, zweimal die Woche Sex. Erst kürzlich befragte der »FOCUS« über 1000 Männer und Frauen in Deutschland zu diesem Thema und kam zu dem Ergebnis: Wir Deutschen tun es durchschnittlich 1,8-mal. Weit entfernt von täglichem Sex. 365 Nächte lang. So ein Sexmarathon will gut geplant werden – wie ein richtiger Marathon ja auch. Beide Paare haben sich in den Monaten vorher gut vorbereitet, ihre Urlaube geplant, sich um Kinderbetreuung gekümmert, alle möglichen Spielzeuge, Dessous, Gleitcremes, Videos und Literatur gekauft, das Schlafzimmer zu einem Liebestempel gemacht … Und am Tag X ging´s dann los.

> **»** Je mehr Sex ich kriege, desto besser gefällt er mir. Ich finde, tägliche Orgasmen sollten gesetzlich vorgeschrieben sein. **«**
>
> ANNIE BROWN, »100 TAGE SEX«

LANGZEIT-SEXPERIMENT

Eine der wichtigsten Erkenntnisse beider Paare: Die Lust kommt beim Tun. Trotz Kindern, Jobs, Haustieren, Schwiegereltern und Magenverstimmungen jeden Tag Sex zu haben, bedeutet zunächst einmal unglaubliche Disziplin. Wenn wir am Abend unser Tagwerk erledigt haben, sind wir meistens hundemüde und wollen einfach nur schlafen. Doch die Verabredung zum Sex funktioniert. Wer hat es nicht schon erlebt, dass er müde auf der Couch oder im Bett lag, der Partner trotz gemurrtem »bin müde« zärtlich wurde und man auf einmal wieder neue Energie verspürte. Sich hinterher vornahm, das wieder viel öfter zu tun. Die Disziplin an dieser Stelle lohnt sich. Das haben die beiden Paare mit den Langzeit-Sexperimenten einhellig berichtet. Die intensive tägliche Nähe hat ihre Beziehungen spürbar verbessert und gefestigt. Sich über einen so langen Zeitraum so nah zu kommen, das erleben die meisten Menschen in ihrem ganzen Leben nicht. Beide Paare tauschten auch mehr Zärtlichkeit im Alltag aus. Sie gingen liebevoller miteinander um, räumten Unstimmigkeiten schneller aus und schafften es, jeden Streit bis spätestens kurz vor Mitternacht zu beheben.

237 GRÜNDE FÜR SEX …

… fanden die amerikanischen Psychologieprofessoren Cindy Meston und David Buss in einer Studie mit 2000 Männern und Frauen. Der mit Abstand wichtigste Grund für Sex laut Männern und Frauen: »Ich fühlte mich zu der anderen Person hingezogen.« Häufig genannt wurden auch: »Ich wollte meine Liebe zeigen« (Frauen) und »Ich war scharf« (Männer). Seltener nannten die Befragten Gründe wie »Ich wollte mich Gott näher fühlen« und »Ich wollte eine Beförderung« (Frauen) oder »Meine Hormone waren außer Kontrolle« und »Ich wollte meine Partnerschaft beenden« (Männer). Nicht wenige Frauen haben Sex, um Kalorien zu verbrennen – es sind übrigens durchschnittlich 275 Kilokalorien – oder ihre Kopfschmerzen loszuwerden. Tatsächlich fanden Wissenschaftler der Southern-Illinois-Universität heraus, dass Sex gegen Migräne hilft. Diese Ausrede zählt zukünftig also nicht mehr.

> **»** Was kommt zuerst? Sex haben oder sexy sein? Das ist wie bei der Frage nach dem Huhn und dem Ei: Macht Sex einen sexy oder führt es zum Sex, wenn man sich sexy fühlt? **«**
>
> CHARLA MULLER, 365 NÄCHTE

Regelmäßiger Sex ist so ungefähr das Beste, was wir für unsere Gesundheit tun können. Das Immunsystem läuft auf Hochtouren, jede Menge Glücks- und Wohlfühlhormone werden ausgeschüttet und Stresshormone abgebaut, die Durchblutung wird gefördert und das Schmerzempfinden gelindert. Das alles fängt übrigens schon beim Küssen an. Ein intensiver Kuss regt den Stoffwechsel und das Immunsystem an, ein ausgiebiger Zungenkuss wirkt fast wie eine

Schluckimpfung. Vielküsser müssen seltener zum Arzt und altern langsamer. Küssen löst Verspannungen und wir können damit einen lästigen Schluckauf loswerden.

Liebe machen hilft übrigens auch gegen Depressionen. Und zwar vor allem ohne Kondom. Das haben Forscher von der State University in New York herausgefunden. Sie untersuchten das Liebesleben von knapp 300 Studentinnen und stellten fest, dass Frauen, deren Partner keine Kondome zur Verhütung nutzten, seltener unter Depressionen litten. Die Forscher erklärten, dass eine Vielzahl von Hormonen und Enzymen in der Samenflüssigkeit über die Vaginalschleimhaut aufgenommen werde und im Körper der Frau positiv wirkt. Leider bekommen längst nicht alle Menschen so viel Sex, wie sie sich wünschen. Vor allem unter Männern beobachten Ärzte und Psychologen in den letzten Jahren vermehrte Tendenzen zu Unlust und Potenzschwierigkeiten. »We are oversexed and underfucked«?, ist da was dran? Auch, was den Sex betrifft, gilt wie bei allen anderen Themen in der Partnerschaft: Miteinander reden hilft!

SCHATZ, WIR MÜSSEN REDEN!

Wenn es um die Sexualität geht, tun sich die meisten Menschen schwer mit Reden, auch wenn sie sonst richtige Quasselstrippen sind. »Frauen trauen sich oft nicht auszusprechen, was sie sich wünschen, sie erwarten vom Mann, dass er das in ihren Gedanken liest. Dabei ist klar, dass er das nicht kann«, sagt Roswitha Neitzel, Paarberaterin und »LuderCoach« aus Hamburg. Männern rät sie deshalb, einfach mal was auszuprobieren, nicht so vorsichtig zu sein. Gar nicht so selten haben beide die gleichen Wünsche und Fantasien. Doch keiner von beiden traut sich, sie dem anderen mitzuteilen. »Die Frau wünscht sich, dass er es einfach tut, und der Mann wünscht sich, dass sie ihm sagt, was sie will.« Ein solches Gespräch findet am besten nicht im Bett, sondern in einer entspannten Atmo-

WAS TUN, WENN ER KEINE LUST HAT?

Prof. Frank Sommer von der Uniklinik Hamburg, weltweit der erste Lehrstuhlinhaber für »Männergesundheit«, hat in einer Befragung von 10 000 Männern festgestellt, dass Männer heute viel weniger Sex und auch weniger Lust haben als vor 30 Jahren. Hatten Männer im Alter von 40 bis 50 in den 80er-Jahren noch bis zu zehnmal im Monat Sex, sind es heute durchschnittlich nur noch zwei- bis dreimal. Stattdessen wächst die Anzahl derer, die nicht mehr »können«, stetig. Gründe sind vor allem Stress im Job, Existenzängste, Überforderung, schwierige Trennungen. Eine pauschale Lösung gibt es nicht. Miteinander reden ist wichtig, die Unterstützung der Frau ist wichtig. Und Prof. Sommer rät unbedingt auch zu einer körperlichen Untersuchung. »Ein schwächelnder Penis ist ein wichtiger Bote, den man auf keinen Fall unbesehen dopen sollte.«

sphäre statt, bei einem Gläschen Wein oder einem schönen Essen. Die Chance, dass der Partner auf die Wünsche positiv reagiert, ist nämlich viel höher, als man denkt. Das Wichtigste: Ehrlichkeit. Auch wenn dabei die Ohren rot werden.

SIE WILL ES AUCH

Entgegen dem gängigen Klischee haben Frauen genauso viel Lust am Sex wie Männer. Die Nonne, Klostergründerin und Heilige Hildegard von Bingen war die Erste, die bereits im Mittelalter den weiblichen Orgasmus detailliert beschrieben hat. Doch erst heutzutage und längst nicht überall in der Welt kommen Frauen zu ihrem Recht. Langsam, aber sicher beginnen Frauen, eine selbstbestimmte und erfüllte Sexualität zu erleben. Die Anzahl von Partneragenturen und Kontaktbörsen im Internet wächst. Kurios: Seitensprung-Agenturen sind im Trend und bis zu 30 Prozent der weiblichen Mitglieder von Internetplattformen suchen Sex ohne Beziehung, so eine aktuelle »FOCUS«-Studie. Die Frau von heute ist selbstbewusst und nimmt sich, was sie will. Und auch, wie sie es will. Von wegen Orgasmus vortäuschen: Im Trend liegt das Vertuschen. Zumindest laut »ZEIT«-Kolumnist Martenstein, der über eine verheiratete Freundin schreibt: »Seit sie jedoch ihren Orgasmus vertusche, lasse ihr Mann, der ein Perfektionist und sehr ehrgeizig sei, stundenlang nicht mehr von ihr ab, was ihr natürlich eine ganze Weile lang gefalle, bis sie endlich dann doch genug habe und ihm, lange nach dem echten Eintritt des Ereignisses, einen Orgasmus vorspiele.«

WARUM UNSER HERZ NICHT OHNE LIEBE KANN

Egal ob mit oder ohne Höhepunkt, ja sogar mit oder ohne Sex: Was uns Menschen am längsten und glücklichsten leben lässt, ist die Liebe. Menschen, die keinen Partner haben oder ständig Stress in der Beziehung erleben, sterben nachweislich früher als diejenigen in einer glücklichen Partnerschaft. Viele Untersuchungen belegen die traurige Wahrheit: Männer, die sich von ihrer Partnerin nicht geliebt fühlen, haben häufiger Herzinfarkte, Schlaganfälle, Krebserkrankungen, ja selbst Erkältungen. Liebe heilt – besser als jedes Medikament und jede Diät. Eine herzliche Begrüßung am Abend lässt bereits den Blutdruck sinken und stärkt die Schlagkraft des Herzens. Männer, die spüren, dass ihre Frau sie liebt, haben deutlich weniger Herzinfarkte – auch wenn sie rauchen, dick sind, sich wenig bewegen und hohe Cholesterinwerte haben.

Holles Körpersinn-Schulung: MULA BANDHA

»Mula Bandha ist ein Yoga-Training für den Beckenboden, das sowohl unsere Lebensenergie als auch unsere Lust fördert«, sagt die Sportwissenschaftlerin und Yogalehrerin Holle Bartosch. Im Beckenboden entsteht die Lust, und hier können wir sie steuern. Der Beckenboden ist durch seine Muskel- und Gewebsschichten mit dem Becken, dem Hüftgelenk, der Wirbelsäule, der Bauchwand und den inneren Organen eng verbunden. Im Beckenboden, der nahe am Zentrum (»Hara«) unseres Körpers liegt, kann Energie aufgebaut und im ganzen Körper verteilt und genutzt werden. Meist ist uns die Lage dieser Muskelschichten kaum bewusst. Ihr filigraner Aufbau erfordert ein gutes Wahrnehmungsvermögen, das sich zu entwickeln lohnt. Der Beckenboden stützt Organe im unteren Bauchraum wie Gebärmutter, Blase und Darm – und versorgt auch die anderen Organe mit Energie. Die Schwerkraft lässt die Beckenbodenmuskeln erschlaffen.

Vorsicht: Der Beckenboden muss beim Husten, Niesen, Lachen, Hüpfen, aber auch beim Tragen von Lasten stark sein. Da zeigen sich früh die ersten Zeichen der Inkontinenz. Mit einer starken Beckenbodenmuskulatur verbessern sich der Nährstofftransport, die Durchblutung und der Abtransport von Stoffwechselabfallprodukten. Auch der Beckenboden selber wird besser versorgt und ernährt. Ein kräftiger und gut durchbluteter Beckenboden lässt Frauen das Becken besser spüren, so kann sich die sexuelle Energie deutlich steigern.

Es lohnt sich, ein wenig Aufmerksamkeit in die Körpermitte zu lenken, denn ein starker Beckenboden kann auch die Lust und Orgasmusfähigkeit erhöhen. Und genau das erspüre ich beim Anspannen. Ein Kribbeln, eine wohlige Wärme im unteren Bauch … und auch ein wenig Lust, die nach oben aufsteigt. Ein wunderbares Gefühl. Jeder in der Yogastunde berichtete natürlich von anderen Gefühlen. Also spüren Sie einfach …

Diese Muskeln sind leicht zu spüren, wenn Sie sich vorstellen, dass Sie Wasser lassen müssen und keine Toilette in der Nähe ist, Sie es also zurückhalten müssen – und das tun Sie genau mit den erwähnten Muskelpartien. Mula Bandha ist übrigens bei Frauen mehr die Damm- bzw. die Scheidenmuskulatur. Bei den Männern eher der Peroneus-Muskel zwischen Anus und den Genitalien.

Wichtig! Schwangere sollten das Halten von Mula Bandha nicht übertreiben. Denn sind die Muskeln des Beckenbodens zu fest, wird die Geburt schwerer, da das Kind nicht losgelassen werden kann.

Mula Bhanda bedeutet so viel wie »ziehe die Beckenbodenmuskeln leicht zusammen, ohne die Pobacken zusammenzuzwicken«. So wird die Lebensenergie (im Yoga »Prana« genannt) nach oben gezogen. Es ist gar nicht so leicht, die Pobacken locker zu lassen und trotzdem den Bereich zwischen Enddarm und Geschlechtsorganen anzuspannen. Aber es lohnt sich. Denn Mula Bandha hat enorme körperliche, mentale und spirituelle Wirkungen. Bei uns heißt das: Becken-bodentraining. Leider schenken viele Frauen dem Beckenboden erst bei der Geburtsvorbereitung Aufmerksamkeit – und so sind sich viele von uns dieser Muskulatur und ihrer Funktionen nicht einmal bewusst. Das ist mehr als schade.

Die Anleitung: Setzen Sie sich aufrecht mit leicht gegrätschten Beinen auf einen Stuhl. Schließen Sie die Augen, entspannen Sie Ihren Körper. Und richten Sie Ihre Aufmerksamkeit

auf Ihre Sitzbeinhöcker. Spüren Sie, wie diese auf dem Stuhl aufliegen. Nun stellen Sie sich vor: Unten, in Ihrem Becken, liegt ein Schwamm. Vollgesaugt. Pressen Sie ihn aus. Ziehen Sie die Region zwischen Anus und Geschlechtsorgan zu-sammen – ohne die Pobacken zusammenzuzwi-cken. Beim Auspressen atmen Sie langsam über die Nase aus. Halten Sie die Anspannung 10 bis 15 Sekunden und lassen Sie den Atem fließen. Pressen Sie den Schwamm in Ihrer Mitte dreimal hintereinander aus. Bauen Sie das immer wieder in Ihr Leben ein. Morgens beim Zeitunglesen, im Auto im Stau, vor dem Fernseher … Es gibt immer ein paar Sekunden Zeit, unsere Körper-mitte zu stärken. Für ein energierei-cheres, lustvolleres Leben.

Stärken Sie Ihre Wahrnehmung und die Fähigkeit, die Muskeln des Beckenbodens willentlich so-wohl anspannen als auch entspan-nen zu können, mit diesen gezielten Wahrnehmungsübungen für die einzelnen Beckenbodenregionen:

⋯⟫ Für das Training der Vaginalmus-kulatur stellen Sie sich vor, einen Pfirsichkern über die Scheide nach oben zu ziehen.

⋯⟫ Für das Training des Schließ-muskels denken Sie daran, einen Wind zurückzuhalten.

TANTRA: DIE VERSCHMELZUNG VON SINNLICHKEIT UND SEIN

Verliebte Menschen halten ständigen Körperkontakt. Sie gehen Hand in Hand, küssen sich, umarmen sich. Sie schauen sich tief in die Augen und widmen dem geliebten Menschen all ihre Aufmerksamkeit, kümmern sich umeinander. Der Andere ist das Wichtigste auf der ganzen Welt. Paare, die länger zusammen sind, verlieren häufig diese körperliche Verbundenheit oder leben sie nur noch im Begrüßungs- und Abschiedsküsschen und beim gelegentlichen Sex aus. Mit der körperlichen Verbindung schwindet aber auch die Aufmerksamkeit füreinander. Die Nähe des Partners wird irgendwann für selbstverständlich genommen und nicht mehr gewürdigt. Im Tantra, der indischen Liebes- und Bewusstseinsschule, eine Meditation zweier Körper, heißt es, dass der körperliche, sinnliche Kontakt die einzige Möglichkeit ist, die Seele eines Menschen wirklich tief zu spüren. In einem tantrischen Ritual nimmt man sich Zeit füreinander. Richtig viel Zeit. Den anderen spüren, sich ganz auf ihn einlassen, ihm seine gesamte Aufmerksamkeit widmen, das ist die Grundvoraussetzung für eine gelungene Zweisamkeit. Eine erotische Massage, die in einer achtsamen Atmosphäre stattfindet, vertieft die Beziehung enorm und eröffnet neue Dimensionen des Zusammenseins.

BERÜHRUNG VON SEELE ZU SEELE

»Tantra« ist ein jahrhundertealter Begriff aus dem indischen Sanskrit und heißt übersetzt «ausdehnen«, »verweben«, »das Wesentliche«. Tantra hat seine

TANTRA VERTREIBT DIE FEINDE DER LIEBE

Im Alltag eines Paares herrschen oft die Liebeskiller Stress und Routine. Zeitmangel, Hektik, Energielosigkeit und Gleichgültigkeit dominieren die Beziehung. Lebendigkeit, Lebensfreude und das echte Interesse am Partner bleiben auf der Strecke. Tantra ist ein wunderbares Gegenmittel, es schafft kleine und große Rituale der Liebe und Achtsamkeit, es verbindet ein Paar auf der körperlichen Ebene – und schafft damit auch seelische Verbundenheit.

Wurzeln in östlichen Traditionen wie Hinduismus, tibetischem Buddhismus und taoistischer Philosophie. Das heutige Tantra ist auch von unterschiedlichen Einflüssen aus der westlichen und humanistischen Psychologie geprägt. Das Wichtigste an einer tantrischen Massage ist nicht die Technik, sondern die Verbindung von Gebendem und Nehmendem. Deshalb muss man keine aufwendigen Griffe lernen. Diese Massage hat nicht das Ziel, Beschwerden zu lindern oder zu entspannen, sondern sie dient der Liebe und Heilung der Liebenden. Eine Tantra-Massage ist eine Meditation zu zweit, einer ist aktiv und der andere passiv. Beide Partner begegnen sich aus einer Haltung der Fülle und nicht aus dem Mangel: Nicht in Erwartung, dass uns der andere Liebe, Glück und sexuelle Befriedigung schenken, uns verwöhnen soll. Sich aus einem Mangel heraus zu begegnen, ist, wie sich als Bettler zu begegnen, wo keiner was zu geben hat und jeder nur was haben will. »Der Gedanke von Tantra ist, sich aus der Fülle heraus zu begegnen, wie zwei Könige, die ihre Schätze miteinander teilen«, schreiben Leila Bust und Bjørn Thorsten Leimbach in ihrem Buch »Tantra«.

MASSAGE IN ZEITLUPE

Ganz langsam, mit viel Öl streicheln, kreisen, vibrieren, drücken … dabei konzentriert man sich voll auf den Partner. Kleiner Tipp aus dem Buch »Tantra Massage« von Kalashatra Govinda: »Sie sollten das Gefühl haben, dass sich Ihre Hände wie in Zeitlupe bewegen. Die Erfahrung zeigt, dass Sie das Tempo Ihrer Handbewegungen noch weiter verlangsamen können, selbst wenn Sie schon das Gefühl haben, sehr langsam zu massieren.«

Tantra-Massage-Workshops werden rege besucht. Pamela Behnke, Gründerin der Liebesschule »Taste of Tantra«, beschreibt ihre Klientel als »alles von 25 bis 60 Jahren, Männer wie Frauen«. Zu ihr kommen vor allem Menschen, die ihre Sinnlichkeit erforschen oder wiederentdecken wollen. Oft sind das Menschen, die keinen Zugang zu ihrer Sexualität (mehr) haben. Menschen, die ein Bedürfnis nach Berührung und Nähe spüren, aber nicht wissen, wie sie das erleben können. Im Kurs lernen sie zuerst, wie sie es schaffen, sich selber mehr zu mögen. Tantra beginnt bei der Selbstliebe, der Akzeptanz des eigenen Körpers und der eigenen Bedürfnisse.

Tantra heißt, die sexuelle Energie im Körper zu wecken, zu steigern und sie dann im ganzen Körper zu verteilen. Es kann zum Höhepunkt oder auch zu mehreren kommen, muss aber nicht. Tantra ist ziellos. Ist selbst ein Ritual, ein Vorspiel, das so verschieden ist wie seine Anwender. In der tantrischen Massage nimmt man sich viel Zeit füreinander. Der Empfangende darf sich hingeben, nur spüren und entspannen. Tantra weckt die Energie und Kraft im Beckenbereich. Für was auch immer. Für ein ausgiebiges Liebesspiel beispielsweise. Oder man nimmt die Energie mit in den Tag – von Übungen und Massagetechniken, die sowohl Frauen als auch Männern neue Zugänge zu ihrem Körper gewähren können.

»SEXUELLE ENERGIE IST DIE STÄRKSTE KRAFT«

Wir sprechen über Tantra mit der Sexualtherapeutin und Tantralehrerin Pamela Behnke aus München:

Sie lehren Lebenslust mit Tantra. Was ist das?

Tantra ist weder Wissenschaft noch Religion, sondern ein umfassender spiritueller Weg der Erfahrung. Eine Art, das Leben zu betrachten. Es ist ein radikal praxisorientierter Weg. Dahinter stehen keine Dogmen und keine Glaubensbekenntnisse. Tantriker wird man niemals durchs Lesen, sondern nur durch Erfahrung. Tantra vermittelt – in meinem Verständnis – vor allem eine neue Sichtweise, die mehr Bewusstsein und Liebe ins Leben bringt.

Wie ist dieser Ansatz entstanden?

Tantra ist der Dialog zwischen den zwei Göttern Shakti und Shiva. Es geht um das weibliche und männliche Prinzip im Leben. Shakti, das Weibliche, ist rezeptiv, empfängt. Shiva, das Männliche, gibt, legt los, geht nach vorne. Tantra wurde vor 2000 Jahren von buddhistischen Mönchen entwickelt, hat Einflüsse aus dem Yoga und dem Ayurveda. Es zeigt einen spirituellen Weg auf, wie wir Sexualität, Liebe und Bewusstheit in Einklang bringen können.

Ein sexueller Weg, der von Mönchen entwickelt wurde?

Die wussten sehr viel davon, wie man mit der sexuellen Energie umgeht und sie in die Meditation einbezieht, anstatt sie auszuklammern. In den meisten spirituellen und religiösen Schulen wird alles angesprochen – nur der Sex nicht. Sogar in Yogaschulen, denen es ja auch um die männliche und weibliche Energie geht, wird der Sex oft ausgeklammert und bekommt wenig Raum. In Beziehungen ist er aber eines der wichtigsten Themen.

Ein Freund von mir sagt immer: »Wenn der Sex stimmt, macht er 10 Prozent der Beziehung aus, wenn er nicht stimmt, 90 Prozent.«

Natürlich. Sexuelle Energie ist die stärkste Kraft, die stärkste Energie, die der Mensch hat. Sie ist schließlich das Tor ins Dasein, die Quelle des Lebens.

Wie kamen Sie zum Tantra?

Über Kundalini-Yoga. Dort lernt man ja die Energie im Körper bewusster zu nutzen, das untere Chakra (Energiezentrum) mit dem oberen zu verbinden. Neugierig auf mehr, habe ich einen Tantra-Kurs gemacht, um meine eigene Sinnlichkeit ein Stück mehr zu entdecken. Faszinierend! Ich habe dort Dinge erlebt und gespürt, von denen ich niemals gedacht hätte, dass sie möglich sind.

Welche?

Gefühle können sehr, sehr fein sein. Entspannung und Stille lassen einen den eigenen Körper auf eine neue Art erfahren. Anfangs musste ich auch weinen. Wenn sich der Körper richtig entspannt und öffnet, fließen oft Tränen, die sich im Laufe des Lebens im Körper angestaut haben. Und nach ein paar Tagen war mir klar: Orgasmus hat nicht ausschließlich mit Genitalien zu tun.

Diese Meinung teilen Sie mit sehr, sehr wenigen Menschen.

Man muss es erleben. Orgasmus ist ein Zustand der Hingabe, des Sich-Öffnens. Des Hineinentspannens in den eigenen Körper mit sich selbst und mit dem Liebespartner. Sexuelle Energie kann so im ganzen Körper gespürt werden. Wir unterscheiden zwischen verschiedenen Arten von Orgasmus und orgiastischem Sein.

Passt Sexualität zu Spiritualität?

Wenn ein Mensch alle Facetten des Seins lebt, dann nutzt er die sexuelle Kraft im Becken, die Liebe im Herzen und die Bewusstheit im Kopf.

DER LIEBESTEMPEL ZU HAUSE

Liebe braucht Aufmerksamkeit. Sie entsteht nicht von selbst. Richten Sie sich zu Hause einen Liebestempel ein, einen Ort, der der Liebe gewidmet ist. Das kann das Schlafzimmer sein oder auch eine schöne Ecke im Wohnzimmer. Richten Sie Ihren Liebestempel schön und sinnlich her, mit Blumen, Bildern, Duftkerzen, Tüchern. Nutzen Sie ihn als Ort der Entspannung und des Auftankens nach einem anstrengenden Tag.

Zum Tantra gehört auch Achtsamkeit. Wie passt das zum Sex?

Bestens. Man kann sich selbst beobachten: Was passiert in meinem Körper, wenn ich alle meine inneren Bilder und Fantasien weglasse? Mich nur auf meinen Körper konzentriere? Mich von innen heraus spüre und den Augenblick genieße?

Das ist gar nicht so einfach. Doch wenn man das schafft, gibt es oft einen Wendepunkt. Man fängt an zu spüren. Richtig zu spüren.

Und wir dürfen uns auch von dem Druck befreien, gute Liebhaberinnen zu sein?

Ja. Wer sein übliches Programm abspielt, ist mit der Aufmerksamkeit beim anderen – und dann ist keiner mehr zu Hause, bei sich. Wir können uns nicht treffen. Eine gute Übung: Einer verwöhnt den anderen – und der konzentriert sich nur auf sich selbst, gibt nichts zurück.

Wem fällt das schwerer, Männern oder Frauen?

Beiden gleichermaßen. Viele Frauen spüren sich selbst kaum, ihr intravaginales Gewebe ist wie innerlich gepanzert. Sie meinen, sie brauchen immer mehr, um etwas zu fühlen. Sie glauben, der Mann müsse immer mehr und heftiger arbeiten, damit sie überhaupt was spüren. Doch dadurch stumpfen sie noch mehr ab. Männern fällt oft das Entspannen in der Sexualität schwer, weil sie mitunter Angst haben sich einzulassen, gehen sie oftmals aus dem Körper in den Kopf. Ganz konkret könnte man darauf achten, den ganzen Bereich des Anus gelöst zu lassen. Also bis in die tiefsten Bereiche des Körpers loszulassen. Beiden hilft Achtsamkeit. Achtsamkeit beim Sex bedeutet, ineinander zu sein und nur ganz wenig zu machen. Sich ganz langsam bewegen, um viel zu spüren.

Schaut man dem Partner dabei in die Augen?

Das ist aus meiner Sicht ganz wichtig und am Anfang oft eine große Herausforderung. Sich mit dem eigenen Herzen und dem des Partners zu verbinden. Sich in Stille tief in die Augen schauen, das ist für mich das Intimste, was es gibt.

Und es stiftet sicherlich auch Frieden.

Ja, natürlich bringt das Frieden in den Alltag, in die Beziehung, wenn man sich nicht nur beim Frühstück, sondern auch im Bett achtsam begegnet.

Mehr Infos unter: www.taste-of-tantra.de

● ●

Körper-Expedition: TANTRA-MASSAGE ZU HAUSE

Das Wichtigste: viel Zeit! Eine Tantra-Massage ist ein Liebesritual, eine intensive Meditation zu zweit, und dafür sollten Sie sich mindestens zwei bis drei Stunden Zeit nehmen. Ohne Handy- und E-Mail-Check. Entscheiden Sie vorher, wer der Gebende und wer der Nehmende ist. Gewechselt wird erst beim nächsten Mal.

1. Einstimmung innerlich und äußerlich

So wie ein Musiker sein Instrument vor dem Konzert einstimmt, sollten sich beide Partner vor Beginn des Massage-Rituals körperlich und geistig aufeinander einstimmen. Das beginnt mit der Vorbereitung des Raums. Sorgen Sie dafür, dass Sie ungestört sind, und der Raum, in dem Sie die Massage durchführen, zur Entspannung einlädt. Gemeinsam aufräumen und dekorieren, Kerzen aufstellen, sanfte Musik einlegen, eine weiche Unterlage auf dem Boden ausbreiten, Handtücher und Massageöl bereitstellen, hilft, die Gedanken des Tages loszulassen. Sprechen Sie währenddessen möglichst wenig miteinander. Achten Sie auch darauf, dass es warm genug ist.

2. Körperliche und geistige Reinigung

Für Menschen, die Tantra praktizieren, spielt die Pflege des Körpers eine große Rolle und gehört bereits zum Ritual dazu. Der Körper gilt als Tempel der Seele und sollte auch so gewürdigt werden. Gemeinsam baden oder duschen ist ein wunderbarer Beginn des gemeinsamen Erlebens. Verwenden Sie duftende Duschcremes und Badeessenzen. Reinigen Sie zusammen mit Ihrem Körper auch Ihren Geist, lassen Sie alle negativen Gedanken und Grübeleien los und vergessen Sie für den Moment alles, was Sie tagsüber beschäftigt hat.

3. Kontakt aufnehmen

Nach der Reinigung betreten Sie zusammen mit Ihrem Partner den vorbereiteten Raum und nehmen ganz bewusst Kontakt zu ihm auf. Ohne zu sprechen. Setzen Sie sich einander gegenüber und schauen Sie sich tief in die Augen. Vielleicht trinken Sie auch einen Schluck Wein miteinander. Nehmen Sie sich Zeit dafür, sich ganz auf den Menschen gegenüber einzustimmen.

4. Beginn der Massage

Dann legt sich der Nehmende auf die vorbereitete Unterlage. Sie beginnen in der Bauchlage. Der Massierende kniet sich hinter die Füße des Liegenden und legt zunächst die Handinnenflächen vor der Brust aneinander und reibt sie leicht, um sie aufzuwärmen und die Energie seiner Hände zu spüren. Dann nimmt er Kontakt zum Partner auf, indem er die Hände sanft auf die Fußsohlen legt. Darauf folgen einige sanfte Streichungen über den ganzen Körper. Die Massage beginnt an den Füßen.

5. Die Ganzkörpermassage

Der Massierende bewegt seine Hände mit sanften, geraden und kreisenden Streichungen, leichten Druckbewegungen und Vibrationen langsam nach oben bis zum Kopf. Je langsamer die Bewegungen, desto besser. Nehmen Sie sich viel Zeit, den Körper des geliebten Menschen zu verwöhnen. Dann dreht sich der andere auf den Rücken und die Massage geht an den Händen und Armen weiter. Nacheinander folgen sanfte Berührungen und Massagen des Gesichts, der Brust und des Bauches … Achtung: Wenn Sie in intimere Zonen vordringen, dann lieber nicht mit den reizenden ätherischen Ölen, sondern mit einem Gleitgel auf Wasserbasis.

6. Abschluss

Zum Abschluss der Massage verbinden Sie symbolisch Becken, Herz und Kopf, indem Sie die Hände auf Unterbauch und Herzregion, auf Unterbauch und Stirn sowie die Herzregion und Stirn legen und dort ein wenig verweilen lassen. Sie können den Partner auch noch mal von oben nach unten langsam ausstreichen. Lassen Sie ihm dann Zeit, die Berührungen nachzuspüren und wieder im Hier und Jetzt anzukommen.

• • • • • • • • • • • • • •

WAS PASSIERT IN EINEM TANTRA-KURS?

»In den Massagekursen wird vor allem die Massagetechnik und die innere Haltung als Basis des Gebens und Empfangens gelehrt. In Frauenkursen geht es oft um Emotionen und um Selbstliebe, in den Männerkursen mehr ums Thema Lust. In den Kursen selber findet kein Sex statt. Selbst bei Paarkursen nicht, denn es geht ja vor allem darum, bestimmte Themen zu bearbeiten. Alle Teilnehmer lernen vor allem Achtsamkeit und eine Vertiefung des Körperbewusstseins. Wir verstehen uns als Liebeschule, bauen eine Brücke von der Sexualwissenschaft zu Meditation, Psychotherapie und Liebesleben.« Sexualtherapeutin und Tantralehrerin Pamela Behnke aus München
Mehr unter: www.taste-of-tantra.de

6.

HAND AUFLEGEN! MEDIZIN OHNE NEBENWIRKUNG

DIESER TREND IST NICHT MEHR AUFZUHALTEN: IMMER MEHR ÄRZTE UND THERAPEUTEN VERLASSEN SICH WIEDER AUF IHRE HÄNDE. DENN DIE KÖNNEN HEILEN – MANCHMAL SOGAR BESSER ALS MEDIZIN.

WUNDER-VOLLE
ENERGIEMEDIZIN

eute Morgen saß ich beim Zahnarzt. Wenn ich etwas mehr fürchte als den Bohrer, dann ist es diese rosarote Würgmasse, die man im Silbergaumentablett serviert bekommt, wenn der Zahnarzt einen Abdruck vom Gebiss macht. Was habe ich da im Laufe meines Lebens schon alles in der Zahnarztpraxis hinterlassen? Keinen guten Eindruck. Das schlimmste Mal waren die Brokkoli-Farfalle vor acht Jahren ... dieses Veneer habe ich nie bekommen – ich gab auf. Nun, heute, acht Jahre später, brauche ich eine Knirschschiene, weil ich dabei bin, mir meine Vorderzähne rauszuknirschen. Das möchte ich wirklich nicht. Diese Schiene kann kein Techniker ohne Abdruck anfertigen. Jedenfalls saß ich da im Stuhl, und Frau Jira, ihres Zeichens Zahnmedizinische Fachangestellte, rührte diese Paste an. Und ich dachte an das Abenteuer mit Frau Holle, als ich vor zwei Jahren ein Sabbatical als Bäuerin machte. Die Internet-Ziegen-Melk-Anleitung war irgendwie nicht vollständig. Da stand nicht, dass man erst einmal etwas abmelken muss bei Frau Holle und das Ganze vielleicht noch auf den Herd stellt

> **»** Ärzte verabreichen in großer Menge Arzneien, über die sie wenig wissen, gegen Krankheiten, über die sie noch weniger wissen, an Menschen, über die sie nicht das Geringste wissen. **«** VOLTAIRE (1694–1778)

und abkocht. Ich hab das so probiert. Natur pur. Himmel ... Eine Stunde lang bin ich im Sichtschatten der Bäume übers Grundstück getorkelt. In der Hoffnung, dass mich da jetzt keiner sieht. Während ich noch denke, dass ich jetzt mal besser den nächsten Gedanken nicht denke, schwebt eine riesige rosarot gefüllte Metallschiene auf mein Gesicht zu. »Mund auf!« ... »Atmen. Tief durchatmen.« Ich habe um mein Leben gehechelt. Es dann mit »Ommmm« probiert. Dann mit den Füßen gestrampelt. Und endlich ... es streicht mir ein Latexhandschuh sanft über den Nasenrücken. Hin und her, hin und her. Ruhe kehrt in die aufwallenden Eingeweide. Es gab nur noch ein kurzes Aufbäumen, als Frau Jira sagte: »Nur noch zehn Minuten.« Berührung ist Medizin, die sofort wirkt. In meinem Fall: konkurrenzlos.

PURE ENERGIE

Ein Kind schlägt sich das Knie auf. Mama bläst den Schmerz einfach weg. Ein Kind hat Bauchweh. Mama legt ihre heilenden Hände drauf. Schon ist alles besser. Das kennen Sie. Das haben Sie als Kind erlebt. Das ist energetische Medizin. Die wird in den USA schon längst praktiziert. Ärzte und Physiotherapeuten legen die Hand auf, bringen mit einfachen energetischen Übungen das Energiefeld des Menschen in Harmonie. Steckt in unseren Köpfen noch in der Schublade: Esoterik, Scharlatanerie. Und in Amerika tritt ein 65-jähriges Energiebündel namens Donna Eden in der Talkshow von Oprah Winfrey auf und bringt eine ganze Nation dazu, sich auf die Thymusdrüse klopfend zu entstressen, die Hand massierend Glückshormone im Gehirn zu erzeugen – und auch die Ärzteschaft nimmt das ernst. Nicht nur, weil ihre Bücher in den USA auf den Bestsellerlisten stehen. Diese Frau muss man ernst nehmen. Sie ist pure Energie. Glauben Sie nicht? Dann machen Sie mal Donnas 2-Minuten-Energie-Übung auf Seite 229.

Unser Körper ist mehr als ein Sack für Knochen und Organe, in den man eine Pille einwirft oder aus dem man mit dem Skalpell was rausschneidet. Da steckt auch ein Geist drin und eine Seele und eine Urintelligenz. Und all das ist verbunden durch Energie. Und natürlich kann man diese Energie messen, das tun Ärzte schon lange. Zum Beispiel mit dem EKG, mit dem EEG ...

Wir nehmen Energie auf durch Atmung, Nahrung, Sonnenlicht. Wir geben Energie ab durch Stoffwechselprozesse, Arbeit, Gefühle. Und ist das Ganze in Balance, schwingt alles fröhlich miteinander, pulsiert die Lebensenergie, ist alles in Fluss, fühlen wir uns wohl. Verlieren wir unsere Balance, ist die Energie blockiert, geht es uns schlecht. Mit der Zeit sehr schlecht. Wir sind krank. Das wissen die Chinesen seit Jahrtausenden. Darum haben sie die Akupunktur erfunden.

UNSERE GEDANKEN BEEINFLUSSEN UNSERE GENE

Zimmermädchen in der Ausbildung, denen man erklärte, dass ihr Job auch ein gutes körperliches Training sei, nahmen innerhalb eines Monats im Schnitt ein Kilo ab – und hatten auch noch bessere Blutwerte. Krebskranke Menschen, mit denen Ärzte nur für sieben Minuten über spirituelle Themen sprechen, haben drei Wochen später eine nachweisbar höhere Lebensqualität und weniger Depressionen.

»Die Wissenschaft hat lange gebraucht für die Erkenntnis, dass etwas scheinbar so Immaterielles wie eine Überzeugung sich körperlich manifestieren kann«, steht in Dawson Churchs Buch »Die neue Medizin des Bewusstseins«. Gedanken können über das An- und Abschalten bestimmter Gene unsere Gesundheit und sogar unsere Lebensdauer drastisch beeinflussen. Damit beschäftigt sich ein neuer Wissenschaftszweig, die Epigenetik. Ihr Körper liest Ihre Gedanken. Stellen Sie sich mal die Wirkungen der »Hintergrundmusik« vor, die tagtäglich in Ihrem Kopf abläuft. Vielleicht lohnt es sich, die CD mal zu wechseln.

KANN MAN ENERGIE FOTOGRAFIEREN?

Energiemedizin weiß: Probleme zeigen sich erst im Energiefeld – und dann erst im Körper. Und wer die »Fehler« in diesem energetischen System findet, kann verhindern, dass sie einen krank machen. Dieses Energiesystem kann ein sensibler Mensch, ein Heiler – so heißt es – sehen. Und man kann es auch fotografieren. Die Kirlian-Fotografie ist ein fotografisches Verfahren zur Visualisierung elektrischer Entladungen, die noch keine Funken sind. In der alternativen Medizin wird sie verwendet, um herauszufinden, ob energetische Leitbahnen, die Meridiane, blockiert sind oder nicht. Fotografiert werden vorwiegend Hände und Füße. Denn in der TCM, der Traditionellen Chinesischen Medizin, enden die Meridiane nach der Akupunkturlehre an Fingerkuppen und Zehen. Das hat übrigens nichts zu tun mit den von Aura-Fotografen abgelichteten bunten Wolken um Gesichter.

Fluss, Pulsation, Schwingungen, Lebendigkeit – das ist normal in einem kindlichen Körper. Bis der junge Mensch lernt, dass er Gefühle beherrschen und Tränen oder Wut unterdrücken soll. Selbstbeherrschung, wie geht das denn? Er hält den Atem an, spannt den Muskel an … und schon fließt die Lebensenergie nicht mehr. Machten wir dieses Seelen-Muskel-Training öfter, verspannen die Muskeln. Das wirkt direkt auf das vegetative Nervensystem, und dieses regelt die Funktion unserer Organe, der Drüsen, des Immunsystems. So macht jedes negative Gefühl (= Stress) krank.

WIEDERBELEBUNG DER KÖRPERINTELLIGENZ

Lebendigkeit ist Beweglichkeit, ist Herzschlag, ist Atem. Ist der Wechsel zwischen Anspannung und Entspannung. Der Austausch zwischen der Außenwelt und der Innenwelt. Sind diese Gegenpole nicht in Harmonie, tut das nicht gut. Zu wenig Bewegung, schlechtes Essen, mangelndes Selbstwertgefühl, eine unglückliche Partnerschaft, Streit in der Familie, Stress am Arbeitsplatz führen mit der Zeit unbewusst über chronische muskuläre Verspannungen zur Mangelversorgung von Körperzellen, zu Schmerzen, zu Krankheit. Und hier setzt die Energiemedizin an. Sie löst muskuläre, bindegewebige und energetische Blockaden im Körper auf. Aktiviert die Lebensenergie. Beeinflusst das vegetative Nervensystem und damit die Organe, das Immunsystem, die Hormone. Das tut der Orthopäde mit dem Magnetfeld, der Osteopath mit seinen Händen, der TCM-Mediziner mit seinen Akupunkturnadeln, der Kinesiologe mit seinen Muskeltests, der Physiotherapeut mit Massagen und Bewegungstherapie, der Heiler mit Handauflegen, der Schamane …

Sie sehen: Energiemedizin ist uralt, verbreitet, eigentlich »normal« – und gescheit. Sie weckt nämlich die Intelligenz des Körpers wieder auf. Die somatische Intelligenz, sich selbst zu heilen, sich selbst fröhlich zu stimmen, sich selbst vor Krankheiten zu bewahren.

Die Hände und ihre Rolle in der Energiemedizin werden auch von modernen Medizinern wiederentdeckt. Das ist schön. Wie in der Orthopädie-Praxis von Dr. Peter Leitner. Sein Markenzeichen: die Fliege am Hemdkragen. Meist in frühlingshaften Regenbogenfarben. Einfach freundlich. Mit geschlossenen Augen tastet er den Patienten von Kopf bis Fuß ab. Und sagt: »Der Patient muss sich selbst kennenlernen, das ist der wichtigste Teil meiner Arbeit.« Deshalb fordert er seine Patienten auch immer wieder auf, in sich hineinzuspüren: »Was fühlen Sie? Hören Sie in Ihren Körper!« Lesen Sie das Interview auf Seite 234.

● ●

Kleine Körper-Expedition: ZWEI MINUTEN ENERGIEMEDIZIN

Energie fließen lassen, Kraft und Freude tanken – das tun wir seit Jahrtausenden über einfache Körperbewegungen, durch Dehnen. Donna Eden schrieb darüber ein wunderbares Buch: »Energiemedizin für Frauen« (VAK-Verlag). Hier eine Übung, die sie »Himmel und Erde verbinden« nennt. Sie hat sie in ägyptischen Hieroglyphen im Museum of London gefunden.

1. In Schrittstellung hinstellen, rechtes Bein vorne.
2. Hände aneinanderreiben, ausschütteln.
3. Mit gespreizten Fingern vorne auf den Oberschenkel legen.
4. Arme in einer Kreisbewegung langsam auf die Seite führen, dabei tief einatmen.
5. Ausatmen und über den Kopf, vor der Brust Hände in Gebetsstellung zusammenführen.
6. Tief einatmen, Hände lösen, rechten Arm Richtung Himmel strecken, mit dem Blick folgen, Handfläche nach oben schieben. Den linken Arm hinter dem Po strecken, mit der Handfläche etwas nach unten schieben.
7. Position halten, solange es Ihnen guttut.
8. Durch den Mund ausatmen, Hände vor der Brust falten. Übung noch dreimal wiederholen. Arme wechseln.

DIE BE**HAND**ELNDE HAND

m Wort »behandeln« steckt ja die Hand schon drin, die man früher ganz selbstverständlich aufgelegt hat, um den Menschen zu heilen. Heute tun wir das ganz selbstverständlich mit uns selbst. Wir streichen mit der Hand über schmerzende Stellen. Und es wirkt. Es wirkt immer. Natürlich wirkt es nicht, wenn wir nicht dran glauben. Weil es dann nicht wirken kann. Weil all das, an was wir nicht glauben, uns nur unter Stress setzt, wenn wir damit in Verbindung kommen. Und dieser Stresshormon-Cocktail ist alles andere als heilend. Aber nimmt man das Handauflegen als das, was es ist, dann hilft es. Handauflegen ist Berührung mit der Absicht zu heilen. Und Heilen bedeutet immer: Die Selbstheilungskräfte des Körpers anregen und unterstützen. Die einen nennen es Liebe, die durch die Hände fließt und dem anderen bei der Heilung hilft. Die andern nennen es universelle Energie. Im Körper passiert immer dasselbe: Entspannung entkrampft die Muskulatur, Angst schwindet. Der Körper produziert seine eigene Medizin aus biochemischen Substanzen. Der Schmerz nimmt ab. Die Heilung geht schneller voran. Und heute hat man für das Handauflegen auch modernere Begriffe wie »Massage«, »Therapeutic Touch«, »Tragern«.

> **»**Es ist einfach Liebe. Liebe ist die Kraft, die die Energien im Universum zusammenführt. Das Wissen um die Technik ist zweitrangig. Liebe ist der Schlüssel für alles Heilen.**«**
>
> RON CARSON, SPIRITUELLER HEILER

THERAPEUTIC TOUCH – MODERNES HANDAUFLEGEN

Therapeutic Touch (TT) ist die am häufigsten untersuchte und am meisten eingesetzte Energiearbeit, eine sanfte Heilmethode, 1972 in den USA aus dem Handauflegen entwickelt. Alleine in den USA sind über 100 000 Menschen darin ausgebildet, es wird an Hochschulen und Universitäten gelehrt und es gibt kaum ein modernes Krankenhaus, das diese Methode der unterstützenden Heilung nicht zusätzlich einsetzt. Langsam spricht sich das auch bei uns herum. So wird auch in der berühmten Charité in Berlin therapeutical getoucht.

Der Grundgedanke: Der Mensch ist ein offenes System, das über elektromagnetische Wellen im Austausch mit der Umwelt steht. Der Mensch verfügt um sich herum über ein Energiefeld, das durch Hände erspürbar und harmonisierbar ist. Und zwar auch ohne den Körper anzufassen. Berührung kann also noch mehr – mittels Berührung können wir Energie lenken. Es handelt sich um einen bewusst gesteuerten Prozess des Energieaustausches, bei dem der Behandelnde seine Hände als Diagnoseinstrument nutzt, um energetische Störungen aufzuspüren und um die natürlichen Heilungsprozesse des Körpers zu unterstützen. Es wird hauptsächlich im Energiefeld des Menschen oder auch dem von Katze, Hund und Pferd gearbeitet, mit der Absicht, das heilende Energiemuster wiederherzustellen.

Therapeutic Touch lindert den Schmerz, entspannt tief, erhöht die Vitalität, beschleunigt die Wundheilung nach Operationen. Es verbessert das Wohlbefinden bei chronischen und akuten Krankheiten, lässt Chemos und Bestrahlung besser vertragen und Knochenbrüche schneller heilen. Der Behandelnde befindet sich selbst in einem konzentriertem, entspannten Bewusstseinszustand. Seine Hände erspüren das Energiefeld des Patienten, nehmen Wärme, Kälte, Prickeln, Fülle, Leere wahr, aktivieren und stabilisieren den Energiefluss und damit die Selbstheilungskräfte unseres Körpers. So wirkt Therapeutic Touch auf eine sehr ähnliche Art wie die Massage oder Akupunktur.

WIE HEILER AUF DEN PUNKT KAMEN

POWER-BALANCE-ARMBAND

Wo man hinguckt, sieht man weiße, pinkfarbene, blaue Gummiarmbänder mit zwei Hologrammen an den Handgelenken. Spitzensportler machen gerne Werbung für das Balance-Band. Wirkungen soll es vielerlei haben. Die Energie zum Fließen bringen, das Gleichgewicht verbessern ... Überzeugte Träger sprechen von mehr Energie, weniger Problemen beim Einschlafen und mehr Gelassenheit. So berichtet eine Balletttänzerin im Internet von einer besseren Haltung beim Spitzentanz. Ein Sportschütze freut sich über seine verbesserte Trefferquote. Hobbyseiltänzer, die die Trendsportart Slacklinen für sich entdeckt haben, gehen nicht mehr ohne aufs Seil. Und natürlich gibt's jetzt schon Gürtel für mehr Potenz, besseres Abnehmen ... Wirkt ein Gummiarmband mit nichts als zwei Hologrammen wirklich? Die einen sagen »Ja!« und beweisen es mit dem Kinesiologischen Muskeltest (siehe Seite 126). Kritiker sehen die Balance-Bänder als stylische Reinkarnation der guten alten Hasenpfote. Also als einen einfachen Glücksbringer, der hilft, wenn man dran glaubt. Was nun stimmt, das kann ja jeder selber fühlen.

Bestimmte Punkte auf der Oberfläche des Körpers dienen als Pforten ins Innere. Reiben, Drücken, Kneten, Klopfen aktiviert dort Energie oder beruhigt sie. Diese Punkte liegen auf den Energieleitbahnen, den Meridianen. Aus diesem Erfahrungswissen entwickelten die Chinesen vor etwa

● ●

Kleine Körper-Expedition: BAI HUI

Setzen Sie sich aufrecht, aber entspannt hin. Legen Sie Ihre Hände für eine halbe Minute auf den Bauch und atmen Sie tief ein und aus. Nun tasten Sie sich entlang Ihres Scheitels zum höchsten Punkt des Körpers. Er liegt auf dem Kreuzungspunkt der Körpermittellinie und der Verbindungslinie zwischen den Ohrspitzen oben auf dem Kopf. Dieser Punkt heißt »Bai Hui« (Bai = 100 / Hui = treffen).

Nun drücken Sie ihn zwei bis drei Minuten kreisend, erst sanft, dann fester. Die Augen dabei schließen. Tief einatmen durch die Nase, ausatmen durch den Mund. Fühlen Sie, was im Körper passiert …

Haben Sie das auch gespürt, als Sie mit Ihren Fingern den höchsten Punkt Ihres Körpers entdeckten? Wenn nein, dann probieren Sie es noch einmal. Richten Sie Ihre Aufmerksamkeit auf das, was sich bei Ihnen innen drin abspielt. Wenn Sie immer noch nichts wahrnehmen, macht das auch nichts. Jeder Mensch fühlt anders. Wenn Sie Lust haben, probieren Sie das einfach später einmal wieder aus. Nichts bleibt, wie es ist. Auch wir ändern uns.

5000 Jahren die Akupressur »Zen Jui«. Später entstand daraus die Akupunktur, die heute sogar die Krankenkassen bezahlen. Und die zahlen ja nur, was nachweislich wirkt.

Zwölf Hauptmeridiane überziehen den Körper und stehen über die Akupunkturpunkte mit den Organen in Verbindung. Dann gibt es noch acht Sondermeridiane, die mit den Funktionen unseres Körpers verbunden sind, mit der Atmung, dem Herzschlag, der Wärmeproduktion, der Verdauung, der Muskelbewegung … Zwei davon gelten als die Wichtigsten: Das Lenkergefäß zieht sich von der Oberlippe über den Kopf (»Bai Hui«!) und den Rücken runter zum Damm. Und das Konzeptionsgefäß verläuft vom Damm über den Bauch und die Brust zur Unterlippe. Ein Kreislauf. Ein Energiekreislauf. Und das Interessante daran: Die wichtigsten Punkte, die da drauflegen, entsprechen den Energiezentren der indischen Medizin, den Chakren. Und, jetzt kommt's: Der westliche Schulmediziner findet dort Geflechte des vegetativen Nervensystems, die bestimmte Organe regulieren. Quot erat demonstrandum.

Punktgenaue Intuition. Wer Kopfschmerzen hat, massiert rein intuitiv seine Nasenwurzel. Schmerzen auf der Schulter massieren wir mit dem Finger auf einem bestimmten Punkt weg. Wenn wir uns auf etwas konzentrieren, kneten wir das Ohrläppchen. Rein intuitiv. Wir »wissen« also um diese Tore nach innen, die uns das Leben erleichtern, uns wach machen, uns fröhlich machen, uns Schmerzen nehmen, die Verstopfung lösen … Das Wissen ist nur oft verschüttet.

WAS AKUPRESSUR ALLES KANN

Mithilfe der Akupressur können wir uns gut selbst behandeln – überall, immer und ohne Geräte. Wir schaffen uns ein wohliges Befinden, bauen Stress ab, werden wach und beugen Krankheiten vor. Ein guter Therapeut kann noch mehr. Schmerzende Punkte und Verspannungen zeigen ihm: Da stimmt was mit der Energie nicht – und das beeinflusst unsere Organe. Vielleicht schon so stark, dass sie nicht mehr richtig funktionieren. Bringt er die Energie mit Akupressur wieder ins Gleichgewicht, löst er Blockaden, dann kann auch ein hoher Blutdruck verschwinden, Menstruationsbeschwerden, Schlafstörungen, Angstzustände, Rückenschmerzen, Depressionen … Akupressur lindert oder heilt sogar manche Krankheit. Aber das lernen Sie nicht aus einer Zeitschrift, einem Buch. Was wirkt, hat Nebenwirkungen. Die richtigen Punkte und die Technik der Massage sollten Sie sich von einem guten Therapeuten zeigen lassen. Auch die Technik ist wichtig! Denn gleichmäßiger und längerer leichter Druck, etwa eine Minute, entspannt. Kurzer und zunehmender Druck – etwa drei bis fünf Sekunden – regt an.

● ●

Kleine Körper-Expedition: AKUPRESSUR ZUM AUSPROBIEREN

Lust auf eine Entdeckungsreise? Das können Sie einfach mal ausprobieren:

Besser konzentrieren: Beide Ohrläppchen mit Daumen und Zeigefinger massieren und dann mehrmals am Ohrläppchen ziehen
Darm in Schwung bringen: Zwischen Daumen und Zeigefinger in der fleischigen Gewebefalte mit Zeigefinger und Daumen der anderen Hand massieren
Schlechte Laune vertreiben: Mit dem Daumen beider Hände auf den Punkt am Nagelbett des Mittelfingers fünfmal fest drücken. Ruhig mehrmals am Tag.
Heißhunger Herr werden: Drücken Sie sanft mit dem Zeigefinger den Hungerpunkt genau zwischen Nase und Oberlippe. Etwa ein bis zwei Minuten. Oft lassen die Gelüste nach. Der zweite Hungerpunkt: in der Mitte am oberen Rand des Handballens. Ebenfalls ein bis zwei Minuten drücken.

»DER MIT DEN HÄNDEN HEILT«

Dr. Peter Leitner studierte nach der Orthopädie sechs Jahre lang Chirotherapie, dann fünf Jahre Osteopathie und nutzt heute auch andere Heilmethoden aus der Energiemedizin wie Akupunktur nach Yamamoto und Kinesiologie. Er hat eine Praxis in München.

Wann setzen Sie Ihre Hände ein?

Schon bei der Begrüßung, Ich fühle, wie fest der Händedruck ist, wie locker, warm, kalt oder feucht die Hand ist. Und am liebsten wäre mir, wenn ich den Patienten zur Begrüßung umarmen könnte, so könnte ich schon mal den Rücken wahrnehmen. Aber das ist sehr, sehr selten.

Wie kommt man als ausgebildeter Schulmediziner zur manualen Therapie?

Wenn man in der Klinik arbeitet, merkt man, dass man durch Operationen, mit Tabletten, Bestrahlung usw. immer nur einen Teil des Menschen behandelt. Unsere diagnostischen Möglichkeiten wie Röntgen und Kernspin zeigen dem Arzt nur einen Teil des Menschen, nie den ganzen. Wir haben uns in der Behandlung immer weiter vom Patienten entfernt. Dabei gehören der Kontakt und die Berührung zu unseren Urinstinkten.

Das war einmal anders.

Früher untersuchten die Ärzte den Patienten mit den Augen, der Nase, mit den Händen, sie guckten genau, rochen, tasteten alles am Patienten ab. Sie hatten ja sonst nichts, keine Instrumente. In der schulmedizinischen Ausbildung wird diese Art der Diagnose unterdrückt, man guckt nur auf die Laborwerte, man glaubt an Statistiken, der Patient wird im Grunde gar nicht mehr untersucht. Ein Krankengymnast sagte mal zu mir: »Ärzte sind so blöd, sie schneiden den Patienten auf ... Warum könnt ihr den Patienten nicht anfassen und seinen Körper zunächst so erfahren?«

Ein Manualtherapeut nimmt seine Hände zur Diagnose. Wie läuft das ab?

Er gebraucht seine Hände, weil Röntgenbild, Laborbefund oder Kernspin schon vorhanden sind. Ich arbeite auf der Grundlage der altgriechischen medizinischen Praxis, sie untersucht fünf Krankheitsmerkmale: Tumor (Schwellung), Rubor (Rötung), Calor (Temperatur), Color (Verfärbung) und Functio laesa (verminderte Funktion).

Sind Hände klüger als technische Geräte?

Nein, sie ergänzen. Die Hände schenken mir eine völlig andere Wahrnehmung vom Körper des Patienten. Mit ihnen erkunde ich eine andere Seite des Körpers, sie machen die Behandlung vielseitiger – und feiner. Die groben Sachen spüren alle, aber die feinen, versteckten Asymmetrien, da muss man hinfühlen.

Kann das jeder Arzt lernen?

Jeder mit Geduld. Man bekommt erst nach zwei bis drei Jahren ein Gefühl dafür, mit den Händen wahrzunehmen, über die Hände den Körper des Patienten zu erfahren.

Warum vertrauen wir der technischen Medizin mehr als der Manualtherapie?

Weil Technik uns alle fasziniert und sie für alle erreichbar ist. Die Ergebnisse sind demonstrierbar, nachvollziehbar, sichtbar. Technik kann man kaufen. Um sie zu bedienen, muss man nicht jahrelang üben. Das ist eine bequeme Sache. Manuale Befunde sind hingegen nicht immer für alle nachvollziehbar und demonstrierbar. Für manuale Fertigkeiten muss man oft jahrelang üben.

Dabei ist Vertrauen doch das Wichtigste zwischen Arzt und Patient.

Für die Manualtherapie braucht es sehr viel Vertrauen, denn die Beziehung zwischen Arzt und Patient ist intimer, weil keine Maschine zwischen sie geschaltet ist. Daher ist in der Manualtherapie die Kommunikation zwischen Arzt und Patient auch so wichtig: Je vertrauter die Beziehung, umso besser funktioniert das Zusammenspiel zwischen Diagnostik, Heilung und Handeln. In der Manualtherapie kann man nichts verheimlichen oder verschweigen, der Körper offenbart sich ohne Zensur, er lügt nicht. Er kann nicht sagen: Darüber möchte ich jetzt nicht sprechen.

Woran erkennt man einen guten Manualtherapeuten?

Daran, dass er hilft, auf den Patienten eingeht und umdenkt, wenn plötzlich ein anderes Merkmal auftaucht, der Patient plötzlich etwas anderes fühlt. Der Arzt darf nicht stecken bleiben in der Diagnose. Patienten bekommen häufig den Befund: Das ist chronisch, da kann man nichts machen. Dabei bedeutet chronisch nur, dass wir versagen, wir nichts von der Sache verstehen, wir nicht genug darüber nachdenken, was wir verändern könnten …

... und eine Tablette nach der anderen verschreiben.

Ja. Wenn der Arzt das Leiden als chronisch abstempelt, hat er mit der Sache abgeschlossen – und der Patient meist auch. Bis ihm die Pharmaindustrie eine neue Tablette liefert und ihm mithilfe von Studien zu beweisen versucht, dass diese Tablette hilft. Viele Mediziner denken nicht, sie kaufen.

Und was untersuchen Sie?

Das ist abhängig von der Krankheit. Nachdem ich mir angehört habe, was der Patient selbst als Problem empfindet, untersuche ich ganzkörperlich: Aufbau, Muskeln, Gelenke, Bindegewebe. Den biologischen und psychologischen Allgemeinzustand. Von Kopf bis Fuß. Im Stehen, im Liegen, im Sitzen. Mit dem Hauptaugenmerk darauf: Erklärt der körperliche Befund die Klagen des Patienten und was zeigt mir, warum bisherige Behandlungen erfolglos waren? Danach teste ich mit einem eigenen kinesiologisch-orthopädischen Test, welche Beziehung er zu seiner Umwelt hat, wie Einlagen, Medikamente, Schmuck, Uhren, Handy auf ihn wirken. Das ist natürlich alles weit mehr, als wir auf der Uni gelernt haben.

Was fühlen Sie, wenn Sie tasten?

Das Leben. Ich fühle bis hin zu den Knochen, und im Bauch bis hin zu den Organen, ob das Gewebe lebt oder nicht lebt. Und ich fühle, warum es nicht lebt. Zum Beispiel wegen Verklebungen. Oder weil Temperatur und Durchblutung nicht stimmen, wegen einer Unterfunktion oder Überfunktion. Eine Überfunktion fühlt sich warm an, äußert sich vielleicht als Schwellung, Spasmus. Eine Unterfunktion fühlt sich weich an, tonuslos, unterkühlt. Man fühlt all diese Sachen: Temperatur, Festigkeit, Härte, Vibration, Eigenbewegung. Und ich spüre sofort, ob der Patient die Berührung als angenehm empfindet oder schmerzhaft. Man muss sehr langsam arbeiten, damit sich Arzt, Patient und Körper auf die Berührung einstellen können.

Gibt es auch Patienten, bei denen Sie mit Ihren Händen nichts oder kaum etwas spüren, weil sie einen zu dicken Schutzpanzer tragen?

Wenn der Patient mir erlaubt zu tasten, dann habe ich nur mit den original biologischen Substanzen zu tun. Der Körper ist immer daran interessiert zu zeigen, wo das Problem liegt. Und dann kann er auch Hilfe bekommen. Wir sind seit Geburt darauf programmiert, uns durchzukämpfen – und uns zu erhalten.

Der Muskel lügt nicht. Nutzen Sie die Kinesiologie als Diagnoseinstrument?

Wenn es notwendig erscheint, wenn man den Befund damit korrekt erheben und ergänzen kann. Die Schulkinesiologie arbeitet mit dem Deltamuskeltest, dem Armdrücken. Der Test ist mir zu willkürlich. Mit dem Willen beeinflussbar. Ich taste die Muskeln einzeln in ihrer Ruhephase ab. So bekomme ich als Ergebnis den autonomen inneren Zustand des Muskels, ohne willkürliche Ansteuerung. Ich gebrauche zur Diagnose auch Magnete oder Hals- und Armbänder aus und Silber, die ich den Patienten um Hals oder Handgelenk lege. So erfahre ich, wie sich diese spezielle Umgebung auf den Körper auswirkt. Ob sie ihm hilft, sich selbst zu verbessern, zu heilen.

Wie fühlen Sie schon vorher, dass ein Muskel, wenn Sie ihn leicht angreifen, Schmerzen bereiten wird?

Durch das Abtasten der Muskeln entstehen beim Patienten nur dann Schmerzen, wenn ich eine unterschwellige, vom Patienten selbst nicht registrierte Krampfbereitschaft (Pathologie) verstärke. Wenn bereits eine Vorspannung existiert, kann ich sie erkennen, weil ich fühle, dass dieser Teil nicht zum allgemeinen körperlichen Gleichgewicht passt. Ich spüre diese Schwäche, der Patient nimmt dagegen nur wahr, wenn ein Muskel angespannt (hyperton) ist. Hypotone Muskeln ermüden früher, sie machen nach einer Belastung keinen Muskelkater, sondern lokale Schmerzen.

Wie wirken Gefühle wie Wut, Ärger, Angst, Trauer im Körper?

Diese Gefühle fallen alle unter Stress. Stress macht in einem System immer das schwächste Glied am stärksten nieder. Wenn der Körper eine angeborene oder eine unfallbedingte Schwachstelle hat, schwächt Stress diese Stelle zusätzlich. Trauer macht Kopfschmerzen, wenn jemand sowieso Probleme mit Migräne hat, Ärger macht Rückenschmerzen oder Magendruck – bei mir erhöht sich der Blutdruck, das ist mein Schwachpunkt.

Heilen kann nur der Körper selbst – Sie regen das mit Ihren Händen an. Wie?

Mein Motto heißt: Cogito, ergo, taste. Empfinde, bearbeite, tue. Das heißt, ich rege mit meiner Behandlung nicht den Körper an, sich zu heilen, sondern räume die Ausbremser für eine Heilung aus dem Weg. Heilung ist der Normalzustand, weil der Körper sich ständig erneuert. Diese Selbsterneuerung funktioniert aber nicht, wenn der Körper an seiner Selbstheilung gehindert wird, zum Beispiel durch Traumata, Umwelteinflüsse, Infektionen, Folgen von Verrenkungen und angeborene Dysbalancen. Lindere ich diese Probleme, hat der Körper weniger Arbeit und kann sich ganz auf seine Grundaufgabe der Erneuerung konzentrieren. Seine ganze Kraft da reinstecken.

Das Immunsystem hat dann ebenfalls mehr Kraft zur Abwehr, zum Beispiel, um Tumore zu bekämpfen.
Ja. Auch wenn eine Operation ansteht, rate ich meinen Patienten, vor und nach dem Eingriff zu mir zu kommen, um mögliche Probleme zu behandeln, die eine Operation erschweren und den Heilungsprozess verzögern können. Ich schaue mir die Gelenke, Wirbel und die Umgebung um den Eingriff genau an und lindere dort mögliche Probleme. In einer besseren körperlichen Umgebung verläuft eine Operation unproblematischer, der Patient erholt sich schneller.

Wie viele Behandlungen braucht man, um einen verspannten Nacken dauerhaft zu lösen oder chronische Rückenschmerzen zu beheben?
Dafür muss man wissen, ob der Nacken seit einem bestimmten Erlebnis verspannt ist, etwa nach einem Unfall, nach Überarbeitung oder Unterkühlung. Dann hilft meist auch eine einmalige Behandlung. Ist der Grund für die Verspannung eine lange vorhandene Fehlstatik, dann muss man bei der Heilung immer wieder nachhelfen, die Ursache zu beheben. Und dann braucht das manchmal ein halbes Jahr lang, manchmal auch zwei Jahre.

Kleine Narben können große Auswirkungen auf den Körper haben.
Natürlich. Der Chirurg ist aber nicht immer allein daran schuld, dass sich eine Narbe verbreitet oder verknotet, der Chirurg operiert bei allen mit derselben Sorgfalt. Wenn ein Narbenproblem entsteht, dann deshalb, weil irgendetwas die Heilung stört. Dieses Störfeld muss ich finden. Manchmal funktioniert die lokale Anspritzung, ich behandle direkt die Narbe und verändere damit die örtliche Situation – die Narbe beruhigt sich, weil sie lokal bedingt war. Ist die Narbe global bedingt, rührt sie von einer anderen Störung im Körper her. Ich muss woanders behandeln, und mit dieser globalen Behandlung behandle ich dann auch die Narbe mit. Die schulmedizinische Narbenentstörung sagt, dass man die Narbe direkt anspritzen muss, aber das funktioniert eben nicht immer.

Narbe ist also nicht gleich Narbe?
Es gibt Narben als Störfelder und es gibt Narben als gestörte Felder. Das heißt, entweder ist die Narbe selbst die Quelle einer Störung, weil sie falsch verwachsen ist. Oder die Narbe wurde nur deshalb zu einer Narbe, weil die Heilung gestört ist.

Wenn ich mit meinem Finger eine alte Narbe an meinem Körper berühre, schmerzt die Muskulatur meiner Wade. Warum?
An jeder Stelle des Körpers liegt ein Feld von Informationen vor. Der Körper kann an dieser Stelle eine ver-

steckte Spannung haben, hervorgerufen beispielsweise durch eine Pockenimpfung. Diese ist ein Riesentrauma für den Körper. Die Erinnerung ist bis heute nicht verarbeitet, der Körper verspannt an der Impfnarbe. Diese energetische Spannung fließt bei Berührung der Narbe in ein anderes Körperteil. Die Wade tut weh. Berührt ein anderer Mensch die Narbe, fließt die Energie auch in seinen Körper und verstärkt eine bereits vorhandene Spannung, zum Beispiel im Waden- oder Armmuskel. Ich selbst spüre die Spannungen meiner Patienten natürlich auch, während ich sie berühre. Ich erstarre manchmal selbst, habe Schmerzen – manchmal tritt auch bei mir ein Unwohlgefühl auf.

Kann jeder seine Finger schulen und mit den richtigen Berührungen den Körper zur Selbstheilung anregen?

Das würde ich nur Erfahrenen empfehlen, da man nicht weiß, ob man bei sich selbst richtig vorgeht, die Kontrolle fehlt. Man geht vielleicht davon aus, alles richtig gemacht zu haben, der Körper reagiert nicht und man denkt, es nützt nichts. Dabei hat man nur nicht das Richtige getan. Es gibt kleine Bücher über Akupunktur oder Druckbehandlung für zu Hause, diese Sachen kann man mal ausprobieren. Was ernsthafte Rücken-, Kopf- oder Hüftprobleme angeht – da ist der Laie überfordert. Die körperliche Konstitution ändert sich so häufig, dass es schwer ist, den Körper in allen Belangen zu erfassen und zu verstehen.

Ein Schlusswort bitte …

Heute weiß man: Die Schulmedizin kann nicht alles, wer ganzheitlich denkt, benutzt uraltes Wissen und ergänzt mit rationaler Medizin, mit seiner jahrelangen eigenen Erfahrung – und wer heilt, hat recht.

Mehr Infos unter: www.drleitner.de

Kleine Körper-Expedition:
TORE NACH INNEN

Machen Sie sich doch einfach mal auf die Suche nach Ihren Toren nach innen. Was fühlen Sie, wenn Sie die Hand über den Nabel auf den Bauch legen? Wenn Sie mit den Fingerknöcheln auf das Brustbein klopfen? Wenn Sie die Füße, die Finger massieren? Tasten Sie Ihr Gesicht ab, nach Punkten, die sich besonders sensibel anfühlen, Ihren Nacken, Ihre Hände. Lernen Sie Ihren Körper einfach ein bisschen besser kennen.

MASSAGEN –
STREICHELEINHEITEN FÜR KÖRPER UND SEELE

 ürzlich gönnte ich mir eine ayurvedische Bauchmassage. Ja, auch ich tauche in die Recherche dieses Buches immer tiefer ein, um Neues zu erspüren. Die Ayurveda-Therapeutin Anja sagt: »Lassen Sie die Gedanken vorbeiziehen. Versuchen Sie, bei sich zu sein. Wir kommen auch an den Nabelpuls, die Essenz ihrer Existenz, vielleicht erhaschen Sie einen Duft, dann kommen Sie ein Stück an Ihr wahres Ich. An das, was Sie pur sind, nicht das, was die Umwelt aus Ihnen gemacht hat.«

Ich habe schon so oft gelesen, dass Massagen verkrusteten Gefühlen einen Weg nach außen schaffen. Dass Menschen auf der Liege unter den massieren-den Händen plötzlich zu weinen anfangen. Das ist mir auch schon passiert, vor vielen Jahren bei einer Craniosacral-Therapie. Es heißt, da erlebe man die Geburt noch mal. Und das ist ja schon zum Weinen – oder?

SEELEN-BERGUNGSARBEITEN

Es heißt, dass man über eine Massage auch an verschüttete Traumata kommen kann. Der Begriff »Trauma« stammt aus dem Griechischen und bedeutet so viel wie »Wunde«. Ein Trauma ist eine Situation, die uns irgendwann bedroht hat und immer noch tief aus dem Unterbewussten bedroht, weil wir meinen, uns dieser Situation nicht entziehen zu können, meinen, ihr hilf- und schutz-los ausgeliefert zu sein. Und manchmal, wenn wir uns tief entspannen, dann taucht da so ein ganz altes Trauma auf. Etwas, das wir als Kind erlebt haben – und das uns schon alleine deshalb keine Angst mehr machen würde, weil wir erwachsen sind. Uns aber immer noch beeinflusst. Angst vor dem Verlassen-werden, vor Vorgesetzen, vor …

Wird es uns bewusst, kann es nicht mehr länger dort unten im Unterbewusstsein rumgeistern und Sorgen machen, unsere Energien blockieren. Bewusst können wir es verarbeiten. Die Opferrolle verlassen.

Anja sagt: »Ich bin am Puls. Halten Sie das Bild, das sie jetzt haben, fest.
Können Sie es fühlen?« Mein Bild: Ein gewaltiger Canyon. Ich höre einen
mächtigen Indianerschrei. Ein Mustang galoppiert vorbei. Ich fühle die Bewegung: aufspringen und los … Das ist ein schönes Bild. Ein schönes Gefühl, das
ich mit aus dieser neuen Körpererfahrung nehme. Und es trägt mich in den
nächsten Tagen, nein, es lädt mich auf, mit Energie. Und es gibt mir zu denken.
Wie schön, dass wir beides haben. Die Gefühle und die Gedanken.

DIE HEILKRAFT DER MASSAGE

1997: Im Karolinska-Institut in Stockholm wird Sophie von einer Laborassis-
tentin massiert. Ihr Blutdruck wird aufgezeichnet, ihre Herzfrequenz, ihre Kör-
pertemperatur. Nach fünf Minuten ist es vorbei mit Wellness im Dienste der
Forschung. Sophie muss zurück in den Käfig. Damals stellten die Wissenschaftler fest, dass die Massage die Ratte so beruhigt, dass sie ohne Narkose operiert
werden kann. Heute, über ein Jahrzehnt später, ist Berührung Medizin für den
Menschen – und die akzeptierteste Form davon heißt: Massage.

Der Effekt einer klassischen Massage: der naheliegendste ist freilich Entspannen und Lockern von Muskeln, Sehnen und Bindegewebe. Dadurch verschwinden Schmerzen und Verspannungen, ein wonniges Wohlgefühl stellt sich
ein. Der Berührungsreiz bringt den Körper dazu, jede Menge Glückshormone
auszuschütten, man fühlt sich einfach gut dabei – und
danach natürlich auch.

Die Massage und das Baby. Das Baby im Bauch erfährt
immer wieder Berührungen, wird neun Monate lang
kontinuierlich massiert. Durch den Herzschlag, die
Atmung und die Bewegungen der Mutter oder wenn
jemand die Bauchdecke streichelt.

Wenn ein Hundewelpe auf die Welt kommt, dann
wird er von der Mama geleckt. Von oben bis unten
und ausgiebig und lang. Das tun auch Ratten, das tun
auch Affen. Lange haben die Forscher gemeint, das
tun die Mütter, um ihr Junges zu säubern. Stimmt

● ● ● ● ● ● ● ● ● ● ● ●

DIE RICHTIGE STREICHELFREQUENZ

Die schwedische Physiologin Kerstin
Uvnäs-Moberg hat herausgefunden, dass
der schmerzlindernde Effekt von Massagen auch mit der Streichelfrequenz zu
tun hat. 40-mal pro Minute sind optimal.
Das ist übrigens genau die Frequenz, mit
der wir intuitiv einen Hund oder unser
Zwergkaninchen streicheln.

nicht. Diese Form der intensiven Berührung ist viel, viel mehr. Die Zunge massiert über die Haut alle Funktionen im Körper herbei. Die Verdauungsorgane nehmen ihre Arbeit auf, die Ausscheidungsorgane, der Darm, die Niere kriegen ihre Signale, mit ihren Aufgaben nun loszulegen. Ein Junges, das nicht von der Mutter geleckt wird, geht ein. Darum müssen wir einem Kätzchen, das wir mit der Flasche aufziehen, mit feuchter Watte den Bauch und den Popo massieren.

DIE BESTE MASSAGE UNSERES LEBENS

Warum eigentlich lecken wir unsere Kinder nicht ab? Wenn das sogar Affen tun? Forscher vermuten, dass wir das mal taten. Die Neandertaler-Mamis haben vor 300 000 Jahren ihre Kinder noch abgeleckt. Ist schon befremdlich, wenn man das anguckt im Film »Der letzte Neandertaler«. Aber man könnte das schon tun, wenn es nicht mit einem »Bäh« besetzt wäre. Nun sind aber Forscher wie Frédérick Leboyer der Meinung, das bräuchten wir gar nicht. Diese Aufgabe übernimmt die Wehe. Darum dauert unsere Geburt so lange. Auf dem Weg vom Uterus ins Licht kriegen wir unsere erste Massage. Und was für eine. Der französische Gynäkologe und Vater der sanften Geburtsmedizin Leboyer bezeichnet sie als »die beste Massage unseres Lebens«, wenn auch gleichzeitig als »die gefährlichste Reise unseres Lebens«. Klar, da kann auch was schiefgehen. Dennoch ist eine natürliche Geburt das Beste, was uns passieren kann. Die rhythmischen Kontraktionen helfen unter anderem, das Atmungssystem des Kindes zu aktivieren, und auf dem Weg durch den Geburtskanal wird Fruchtwasser aus den Lungen gepresst. Kinder, die auf natürlichem Weg geboren werden, atmen sofort und kräftig – besser als Babys, die mithilfe eines Kaiserschnitts auf die Welt kommen. Kinder, die den beschwerlichen Weg durch den Geburtskanal geschafft haben, können sich auch später besser auf das Leben einstellen, sie schreien im Durchschnitt weniger und haben weniger Berührungs- und Trennungsängste. Befürworter der natürlichen Geburt vermuten sogar, dass sie später als Erwachsene seltener an Angstattacken leiden und ein stärkeres Selbstbewusstsein haben.

Massage gehört übrigens zur modernen Geburtsvorbereitung. Am Touch Research Institute in Miami führten Wissenschaftler eine Studie über den Nutzen von Massagetherapie bei der Entbindung durch. Frauen, die neben Anleitung zum Atmen auch Massagen erhielten, hatten kürzere Wehen, weniger Ängste und Schmerzen und geringere Komplikationen nach der Geburt. Natürlich kommt der neue Erdenbürger sofort auf den Bauch von der Mama. Je früher und je näher der Körperkontakt zur Mutter, desto besser wächst und gedeiht das Baby.

Massage lässt Babys wachsen. Die Psychologin und Massageforscherin Dr. Tiffany Field, die 1992 das Touch Research Institute gründete, interessierte sich schon früh in ihrer wissenschaftlichen Laufbahn für die Entwicklung von Frühgeborenen, da ihre eigene Tochter zu früh auf die Welt kam. Dr. Field und ihr Team gaben im Rahmen einer Studie Frühgeborenen zunächst einen Schnuller, um durch Aktivierung des Saugreflexes ihr Wachstum zu fördern. Die Erfahrung, dass die Frühchen schneller zunahmen und sich auch insgesamt besser entwickelten, brachte sie auf die Frage, ob die Entwicklung durch gezielte körperliche Stimulation noch weiter gefördert werden könne. Sie gaben den Säuglingen regelmäßige Massagen, und diese nahmen fast 50 Prozent mehr Gewicht zu als die nicht massierten.

MASSAGE ALS OPIUMERSATZ

Bevor die Medizin opiumhaltige Medikamente entdeckte, gehörten Massagen zu den völlig gängigen Schmerztherapien. Es wäre wünschenswert, wenn sie wieder mehr in der Medizin eingesetzt würden – denn sie sind absolut nebenwirkungsfrei und man braucht kein Medizinstudium, um sie zu geben.

Massierende Hände locken Endorphin und Oxytocin, beide wirken schmerzstillend. Auch was den Kummer betrifft. Deswegen helfen Massagen, auch die Fibromyalgie ein wenig zu lindern, diese fürchterliche chronische Schmerzerkrankung des Bewegungsapparates – von der keiner so richtig weiß, wo sie herkommt und bei der (meines Erachtens!) ein guter Feldenkrais-Practitioner am ehesten helfen kann. Warum hilft denn das Handanlegen gegen Schmerzen? Ganz einfach: Streichelsignale werden etwas schneller ans Gehirn weitergeleitet als Schmerzsignale. Zusätzlich hilft das sogenannte Auslöschphänomen: Schmerzen verschwinden, weil die Nerven dem Gehirn einen neuen, stärkeren Impuls melden, den Druck des Massagegriffs. Der überlagert das ursprüngliche Schmerzsignal. Positiv. Das machen wir oft instinktiv, wenn wir uns bei Kopfschmerzen die Schläfen massieren, bei Nackenschmerzen Hals und Schultern und bei Muskelkater den leidenden Muskel. Nebenbei fördert das auch noch die Durchblutung, treibt die Heilung voran.

Was passiert da im Körper? Die beiden Ärzte Roland Melzack und Patrick Wall erklären die schmerzlindernde Wirkung von Druckstimulation, wie

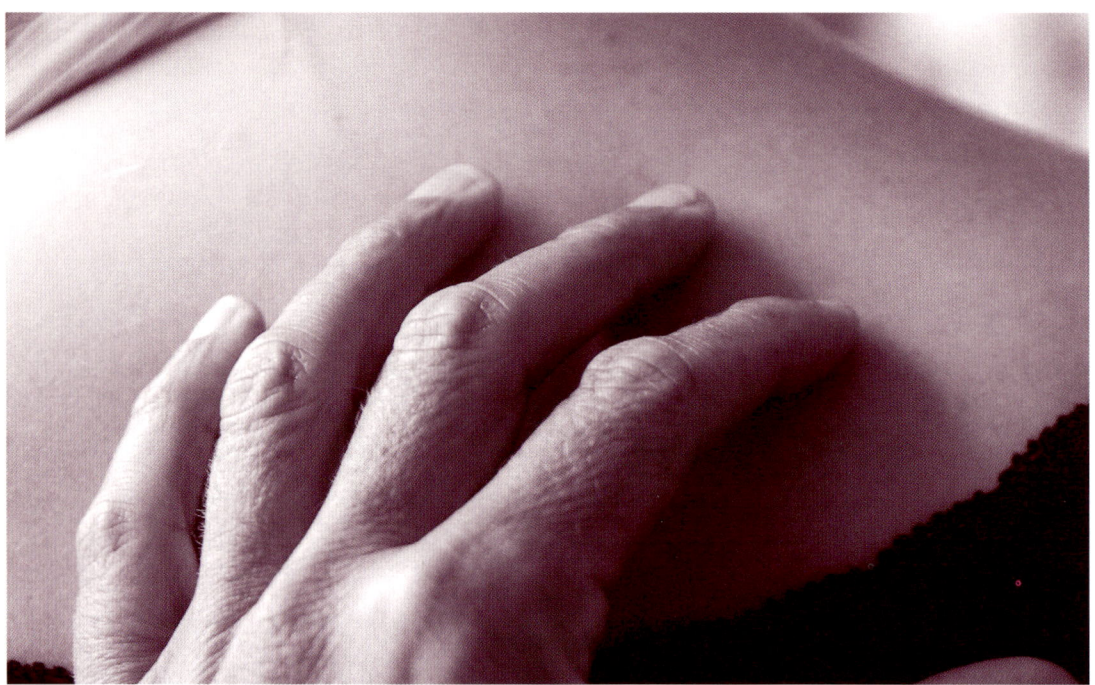

Massagen und Akupressur, mithilfe der Torkontrolltheorie. Diese besagt, dass Informationen über Hitze, Kälte und Druck schneller im Gehirn ankommen, also das Tor zum Hypothalamus durchqueren, als die Schmerzreize. Heißt: Die machen dann das Tor zu. Der Schmerz bleibt draußen. Wunderbar! Deshalb wickeln wir auch einen kalten Umschlag um unseren Fuß, wenn wir ihn uns verstaucht haben, oder legen uns kalte Kompressen auf die Stirn, wenn der Schädel brummt.

KNETEN ODER TRETEN? WESTLICH ODER ÖSTLICH?

Hippokrates, der als der berühmteste Arzt des Altertums und Begründer der modernen Medizin gilt, riet, ein Arzt müsse unbedingt auch »im Reiben« bewandert sein. Massage ist nicht gleich Massage. Grob kann man zwei Arten unterscheiden: Zum einen die westlichen Techniken wie klassische bzw. schwedische Massage, Manualtherapie, Chiropraktik, die vor allem die Muskeln lockern, mit Dehnung arbeiten und den Körper »mechanisch« behandeln. Auf der anderen Seite die östlichen Techniken wie Akupressur, Shiatsu, Jin Shin Jyutsu und andere, die den feinstofflichen Energiefluss im Körper, das Chi, wieder zum

Fließen bringen. Und es gibt natürlich verschiedenste Kombinationsmöglichkeiten zwischen beiden. **Tut akut etwas weh,** zum Beispiel der Nacken, dann hilft die westliche Technik wunderbar schnell. Knetend, klopfend, reibend lockern Physiotherapeuten Muskeln und das Bindegewebe, fördern die Durchblutung. Die klassische schwedische Massagetechnik gehört in westlichen Ländern zu den beliebtesten Berührungstherapien.

Ist einem mehr nach Entspannung, innerer Balance, einem stärkeren Immunsystem, dann lässt eine östliche Methode die Energie des Körpers wieder fließen. In China sind die Hände seit über 5000 Jahren Medizin – nicht nur in der Akupressur. »Chi« oder »Qi«, unsere Lebensenergie, fließt nicht richtig, wenn der Körper geschwächt oder krank ist. Durch Berühren und Massieren bestimmter Punkte auf den Energiemeridianen im Körper wird das Gleichgewicht wiederhergestellt.

Nach einem ähnlichen Prinzip wirkt auch die Thai-Massage – es wird gedehnt und gedrückt und getreten, zwei Stunden lang. Auf der Shiatsu-Matte werden Punkte auf den Energiemeridianen gedrückt. Einfach wunderbar und mehr entspannend ist die Schamanen-Massage aus Hawaii: Lomi Lomi Nui. Auf der Gummimatte liegen und mit großflächigen Bewegungen am ganzen Körper mit viel, viel glitschigem Öl eingerieben werden. Oder eine ayurvedische Aroma-Ölmassage – am liebsten mit vier Händen.

MESSBARE WUNDER

Massagen stimulieren das parasympathische Nervensystem, den Vagusnerv, und wirken dadurch entspannend, aber nicht ermüdend, sie erhöhen die Aufmerksamkeit und Wachheit. Schenken uns also Energie und machen uns fröhlich. Massagen haben natürlich auch die Kraft, den Gesundheitsräuber Nummer eins deutlich zu reduzieren. Stress fällt den ackernden Fingern zum Opfer. Messbar sinkt das zerstörerische Haupt-Stresshormon Cortisol. Nicht nur darum stärkt die regelmäßige Massage auch das Immunsystem. Eine Studie des Touch Research Institute an Aids-Patienten, die über einen Monat fünfmal in der Woche eine Dreiviertelstunde massiert wurden, zeigte eine enorme Erhöhung der Immunzellen im Blut, kombiniert mit einer spürbaren Minderung von Angst und Stress. Massagen haben noch viele weitere positive Wirkungen auf unseren Körper, die in den verschiedenen Studien des Touch Research Institute nachgewiesen wurden:

Sie lindern Depressionen: Berührung und Druck auf die Tastrezeptoren erhöhen im Gehirn den Serotoninspiegel. EEG-Messungen zeigen, dass die Aktivität der Hirnströme nach links wechselt. Dort findet man in der Regel höhere Aktivitäten bei lebensfrohen Menschen.

Sie senken den Blutdruck: Gleichzeitig verbessern sie die Durchblutung der Muskeln und Organe und den Lymphabfluss.

Sie schützen vor Herz-Kreislauf-Erkrankungen: Man redet immer von weniger rauchen, gesund essen, mehr bewegen. Keiner erzählt: Lass dich massieren.

Sie verbessern das Zusammenspiel von Muskeln und Nerven: extrem wichtig zum Beispiel bei multipler Sklerose.

Sie lindern die Symptome von Autoimmunerkrankungen wie Asthma, Diabetes Typ 1 und Dermatitis. Durch weniger Stresshormone im Blut und bessere Laune der Patienten.

Sie wecken Vitalität und stärken das Immunsystem bei Krebserkrankungen – und das völlig nebenwirkungsfrei.

Sie beruhigen und helfen gegen Schlafstörungen: Im Tiefschlaf schütten wir verstärkt Wachstumshormone aus. Die regenerieren den Körper, stärken das Immunsystem, bauen Fett ab.

Es gibt nur wenige Kontraindikationen, also Situationen, in denen nicht massiert werden sollte: bei akuten Entzündungen und starken Krampfadern.

LAUTER GUTE GEFÜHLE

Der Masseur hat zwar den Anästhesisten am OP-Tisch noch nicht abgelöst, doch wo man hinguckt, scheint Berührung eine gute Lösung für Probleme zu sein. Ritalin-Kinder, die Kinder mit ADHS-Syndrom, früher Zappelphilipp genannt, sitzen in der medikamentenfreien Alternativ-Therapie am Tisch, werden von den Betreuern sanft am Rücken massiert und kommen nebenwirkungsfrei zur Ruhe. Massagen bewirken auch sehr viel bei Menschen, die sonst in ihrem Leben wenig Berührung erfahren. Ältere allein lebende Menschen beispielsweise werden oft wenig berührt und können schon durch kurze Massagen regelrecht aufblühen. So beschreibt Maria Caplan in ihrem Buch »Berühren heißt leben«, wie sie ihre 91-jährige Großtante massiert. »Angesichts ihres anfänglichen Unbehagens

> **»** Menschen brauchen täglich eine Dosis Berührung – genau wie eine gesunde Ernährung und körperliche Bewegung. **«**
>
> TIFFANY FIELD,
> GRÜNDERIN DES TOUCH RESEARCH INSTITUTE

und ihres Charakters war ich verblüfft, als ich sah und spürte, dass ihr Körper die Berührung trank, wie eine Wüstenpflanze die Feuchtigkeit aufsaugt.«

Wer gibt, kriegt ... Nicht nur derjenige, der eine Massage bekommt, profitiert von der Berührung. Auch jegliche Form der Berührung, die man selber gibt, trägt zu Heilung und guten Gefühlen bei. Studien zeigen: Wer streichelt, leidet weniger an Depressionen, Stresshormone sinken, das Selbstbewusstsein steigt. Das funktioniert auch durch Streicheln von Tieren. Therapiehunde reduzieren Einsamkeit und Medikamentendosis in Krankenhäusern und Seniorenheimen, Bürohunde dimmen Aggressionen und Mobbing.

Und schon eine Massage hilft. Das müsste ich mir mal wieder öfter gönnen!, denkt man sich, wenn man auf der Massagebank liegt. Dass eine Massage ein wohliges Gefühl im Körper auslöst und die Muskeln entspannt, hat wahrscheinlich jeder schon mal erlebt. Dass schon eine einzige Massage direkten Einfluss auf körperliche Funktionen hat, das Immunsystem stärkt und Stresshormone im Körper verringert, bewiesen Forscher vom Cedars-Sinai Medical Center in Los Angeles. Sie ließen ihre Probanden 45 Minuten lang klassisch massieren und nahmen davor und mehrmals in kurzen Abständen danach Blutproben. Dabei zeigte sich, dass die Massierten signifikant mehr Lymphozyten im Blut hatten. Diese zu den weißen Blutkörperchen gehörenden Immunzellen kämpfen im Körper gegen Viren und Bakterien. Gleichzeitig war die Menge des Stresshormons Cortisol im Blut signifikant geringer und der Blutdruck sank.

TEAMMASSAGE ALS ERFOLGSREZEPT

Unser liebenswerter Werwolf Lianne Kolf, ihres Zeichens Literaturagentin, knurrte zu diesem Buchtitel: »Und was soll das heißen, sollen wir uns jetzt etwa alle anfassen hier im Büro??? Das ist ja schrecklich!!!« Ihre Mitarbeiterin Alexandra guckte um die Ecke und rief nur: »Ich fände das toll!« Die Bedürfnisse sind halt unterschiedlich. Fakt ist: Eine kurze Schulter- und Nackenmassage am Arbeitsplatz wirkt Wunder. Studien zeigen: Die Konzentration und Aufmerksamkeit verbessern sich erheblich. Die Forscher des Touch Research Institute ließen die Angestellten einer medizinischen Fakultät einen Monat lang jeden Tag während der Mittagspause eine Viertelstunde lang massieren und zeichneten dabei ihre Gehirnwellen auf. Ergebnis: Die Mitarbeiter waren topfit und mental entspannt, jedoch kein bisschen müde. Ihre Aufmerk-

● ● ● ● ● ● ● ● ● ● ● ● ●

MASSIER DEN KOLLEGEN

Ideal: Jeden Tag eine Massage-Einheit
in den Terminplan des Teams integrieren.
Fünf Minuten reichen. Fördert den
Teamgeist – und macht unglaublich viel
Spaß! Hintereinander im Kreis aufstellen,
jeder massiert seinem Vordermann Schultern und Nacken. Der Massagekreis
ist auch ein perfekter Einstieg für ein
Meeting oder einen Workshop.

samkeit stieg, sie konnten mathematische Aufgaben wesentlich schneller lösen als ohne Massage. Die gute Nachricht: Es gibt immer mehr mobile Büro-Massage-Services, und jedes Unternehmen kann sie nutzen. Da kommen ausgebildete Masseure ins Büro und bearbeiten die Mitarbeiter schnell und effektiv an ihrem Arbeitsplatz oder auf der mitgebrachten Massageliege. Selbstverständlich angezogen, meistens mit Akupressur- oder Dehnungstechniken und ohne Öl. Praktisch: Die Kosten dafür sind steuerlich absetzbar – bereits ab einem Mitarbeiter! Unter den Stichworten »Mobile Massage«, »Massage im Büro« oder auch »Muskelnotdienst« findet man bundesweit Anbieter. Tipp: Diese Seite kopieren, dem Chef auf den Tisch legen! Oder – wenn die Kollegen ein wirklich gutes Team sind und sich mögen – können sie sich auch untereinander massieren. Eine kurze Massageeinheit unter Kollegen wirkt Wunder für den Teamgeist – mehr als Redemarathon-Meetings. Berührung verbindet, lässt die Mitarbeiter an einem Strang ziehen, macht gute Laune.

VERSUCHSKANINCHEN MARION: FACIAL HARMONY

Wie sagt es der Volksmund noch mal so beschönigend? »Mit 20 haben wir das Gesicht, das uns die Natur schenkte. Ab 40 haben wir das Gesicht, welches unser Leben prägte.« Stimmt. Lachen versprüht fröhliche Fältchen um die Augen, Sorgen ziehen tiefe Furchen über die Stirn, Unzufriedenheit gräbt sich von der Nase zum Mundwinkel. Stress schlägt seine Kerben ziellos über das Gesicht. Das mögen Frauen in der Regel nicht.

Beim Frühstück sieht man im Fernsehen, welche Moderatorin gestern bei der Botox-Party war. Das Problem mit den Stirnfalten löst seit ein paar Jahren das Toxin des Botulismus-Erregers, das auch Schweißdrüsen versiegen lässt oder gegen Migräne hilft. Die Botox-behandelte Stirn kann Frau dann nicht mehr in Falten legen, sie kann aber auch nicht mehr die Augenbrauen hochziehen, und irgendwie sieht das Ganze nach gelähmter Mimik aus. Aber die Falte ist weg. Bis zur nächsten Spritze. Andere lassen sich Falten weglasern oder die Gesichtshaut abziehen und neu hinnähen. Fiele mir im Traum nicht ein. Ich mag meine Falten. Doch als Babsi letztens kam (sie sagt auch mir ihr Alter nicht), sah sie zehn

Jahre jünger aus. So gelöst und strahlend. Ich: »Was hast du denn gemacht?« Sie: »Sieht man, gell? Ingrid war da. Sie macht Facial Harmony.«

Wie Berührungen verjüngen. Facial Harmony ist ein ganzheitlicher, integrierender Prozess, der durch die Anwendung sanfter Hände auf dem Gesicht unter Zuhilfenahme kinesiologischer Techniken tief sitzende Lebensmuster freisetzt. Die Anspannung von Jahren fällt von Ihnen ab und Sie fühlen sich frisch und rein, als hätten Sie gerade in einer Bergquelle gebadet.

Ingrid kam am nächsten Tag mit ihrer Liege und Meditationsklängen und Düften. »Das Gesicht ist Bindeglied zwischen Körper, Geist und Gefühl«, flüstert sie, während ihre Finger sanft über die Meridiane auf Gesicht, Kopf, Hals, Dekolleté und Nacken streichen – so zart, dass ich den Druck nur ahne. »Die Meridiane sind mit den Organen verbunden. Gibt es Blockaden, wirkt sich das auf den Energiefluss aus, auf unser Wohlbefinden.« Sanft streicht sie den Stress aus meinem Gesicht, aus meinen Organen, aus meiner Seele. »Eigentlich dient Facial Harmony in erster Line dazu, Blockaden zu lösen. Verjüngung ist ein Nebeneffekt, den wir gar nicht so gerne propagieren«, haucht die Fee, die mich in ein immer tieferes Wattewolkenmeer taucht. Und nebenbei das Gesicht liftet: Kaum merkliche kreisende Bewegungen lösen Verspannungen, stellen den Tonus der Muskeln wieder her. Sie aktivieren Lymphfluss und das Bindegewebe, das dafür sorgt, dass sich die Haut regeneriert, kleine Fältchen verschwinden. Nach 60 Minuten schält sie mich mit Worten sanft aus meiner Wolke. Ich fühle mich nicht dösig, sondern merkwürdig frisch. Und was sagt der Spiegel? Ehrlich? Auch da war ich ziemlich verblüfft. Verjüngung ist nur ein Nebeneffekt!

SUSANNES MASSAGE-FUNDGRUBE: VON CHI BIS IGEL

April 2010, Flughafen Singapur, lange Laufbänder zwischen den Terminals, bunt gemusterter Teppichboden, gepolsterte Bänke und sesselähnliche Sitzgelegenheiten. Davor: Fußmassagegeräte, die den Langstreckenfluggästen die müden Füße durchkneten. Kostenlos, versteht sich. Auf einer dieser Bänke sitzt Susanne, auf dem Weg nach Bali, zu einem Frauen-Leadership-Training. Wieso gibt es so was eigentlich noch nicht an jedem Flughafen? Susanne – zurzeit Single – nutzt derzeit jede sich bietende Gelegenheit für eine Massage. Und wenn kein Masseur oder kein Flughafen in der Nähe ist, hat sie Körperschmeichler für den Hausgebrauch, das Shiatsu-Massage-Kissen aus dem Lufthansa World Shop, die Chi-Maschine, den Massage-Igel und das Neuralmassagegerät. In Susannes Sammlung fehlen noch: Massagegürtel für die verspannten Lendenwirbel und der Massagesessel für 5000 Euro. In den USA machen Massagegeräte übrigens mittlerweile 30 Prozent des Sortiments von Versandhäusern aus.

April 2011, München, Corporate Health Convention. Eine Messe für betriebliches Gesundheitsmanagement. Man sieht: Vibration ist »in«. Für Fitness, schnellsten Muskelaufbau und ewige Knochenjugend, die seitenalternierende Muskelstimulation. Und für die schnelle Entspannung legt sich Susanne für einen kurzen Power-Nap auf die vibrierende Klangwoge. Und ist sofort weg. Die ergonomisch geformte Liege ist mit Klangresonatoren ausgestattet, sodass man den Schall der Musik nicht nur über den Kopfhörer hört, sondern im ganzen Körper spürt. Vibrierende Membranen erzeugen einen Klangmassage-Effekt, der sofort beruhigt und entspannt. So wie ein Stein Wellen auslöst, wenn man ihn ins Wasser wirft, übertragen sich die Schwingungen der Tonfrequenzen auf Susannes Körper. Jede ihrer 70 Billionen Körperzellen nimmt die Schwingungen auf. Die tiefenwirksame Massage löst Verspannungen und Blockaden, setzt Selbstheilungsprozesse in Gang, verbessert die Körperwahrnehmung, stimuliert Nerven und die Durchblutung von Haut und Muskeln. »Das sanfte Vibrieren an verschiedenen Stellen des Körpers führt zu sofortiger Entspannung und hilft beim Einschlafen, besser als jede Schlaftablette«, erklärt Kaspar Harbeke von Allton, der seit über 20 Jahren Musikinstrumente und Klangmöbel herstellt – und seit fünf Minuten heimlich versucht, Susanne aus ihrem Rundum-Messerummel-Tiefschlaf zu holen. Sie hatte eine sehr, sehr kurze Nacht.

WELCHE MASSAGE HÄTTEN SIE DENN GERNE?

Eine Massage kostet etwa 1 Euro pro Minute. Ist sie meistens wert. Manche Menschen sind einfach zum Massieren und Berühren geboren, andere wären wohl besser Pizzabäcker geworden. Männer massieren in der Regel kräftiger als Frauen – es sei denn, man geht ins Thai-Massage-Studio. Und das ist dann

---

WIRKT WUNDER GEGEN KOPFSCHMERZEN UND DENKBLOCKADEN – DAS NEURALMASSAGEGERÄT

Ein 8,5 Zentimeter langer, silberner Metallstab mit 12 dünnen, metallenen Ärmchen. An deren Enden: Kleine, abgerundete Acryl-Massagekügelchen. Die Ärmchen langsam über den Kopf gleiten lassen, sanft auf und ab bewegen, leicht drehen. Aaaaaaahhhh. Die perfekte Kopfmassage. Regt die Durchblutung der Kopfhaut an, schüttet Glückshormone aus, hilft gegen Kopfschmerzen, erfrischt den Geist. Gehört in jeden Denkerhaushalt.

nicht jederfraus Sache. Wir haben in den letzten Monaten regelrechtes Massagehopping betrieben – und jede von uns stieß dabei auf ihr großes Massage-Glück. Suchen Sie sich eine Form der Massage, die zu Ihnen passt (siehe auch Übersicht ab Seite 252). Sagen Sie auf ihrer Reise ins Neu-Land der Berührungen aber immer, was Sie nicht wollen … Zum Beispiel:

1. Schmerzen: Tut was weh, dann sollte der Therapeut zumindest wissen, dass er gerade foltert. Die Masochisten unter uns mögen das ja mitunter gerne – für alle anderen gilt: Am besten vorher sagen, wie kräftig Sie die Massage mögen.

2. Geräusche: Sie möchten sich auf die Berührung konzentrieren. So haben Sie am meisten davon: Vorbeifahrende LKWs schließt man mit dem Fenster aus. Tickende Uhren kann man aus dem Zimmer entfernen. Genauso wie die Kaufhausmusik und sonstiges Nerv-Gedudel. Telefone haben an der Massageliege nix verloren. Mit dem Kollegen können die Therapeuten beim Kaffee klatschen. Sprechen Sie direkt an, was Sie stört, Sie bezahlen schließlich dafür, sich zu entspannen.

3. Gerüche: Auch die rauben einem Entspannung. Der zarte Schweißgeruch eines massierenden Adonis kann einen ja in pheromonischen Wolken schweben lassen – oder auch nicht. Suchen Sie sich das Aromaöl aus, das Sie wirklich gerne mögen und auch nach der Massage auf Ihrer Haut riechen können.

4. Kälte: Wenn man in der Massage anfängt zu frösteln, ist es vorbei mit der Entspannung. Deshalb bestehen Sie auf einen gut geheizten Raum. Oder fragen Sie nach einer beheizbaren Massageliege.

ZWISCHEN DIESEN MASSAGEN KÖNNEN SIE WÄHLEN:

Klassische Massage, Ganzkörper- oder Teilmassage: Entspannt und lockert die Muskeln und das Bindegewebe, vor allem am Rücken und im Schulter-Nacken-Bereich. Die Durchblutung wird gefördert, Verspannungen werden aufgehoben. Die klassische Massage wird bei psychosomatischen Beschwerden und Verspannungszuständen eingesetzt. Man unterscheidet verschiedene Griffe wie Streichen, Reiben, Klopfen, Kneten, Vibrationen, Schütteln und Walken. Mit der klassischen Massage kann auf das Venen-Lymphsystem, das Herz-Kreislauf-System, die Atmung, den Stoffwechsel und das neurovegetative Nervensystem eingewirkt werden.

Ayurvedische Öl-Massage: Ayurveda, die 2500 Jahre alte ganzheitliche Medizin aus Indien, bedeutet wörtlich übersetzt »Lebensweisheit« oder »Lebenswissenschaft«. Neben Gesundheits- und Ernährungslehre spielt auch die Massage eine wichtige Rolle. In der ayurvedischen Massage wird warmes Sesam- oder Kräuteröl sanft über den Körper verteilt und bis in die Haarwurzeln einmassiert. Der Masseur arbeitet mit punktgenauen Massagegriffen sowie Ausstreichungen und fördert so eine tiefe Entspannung, Revitalisierung, Zellerneuerung und Entgiftung. Ein besonderes Erlebnis ist eine ayurvedische Synchronmassage mit vier Händen. Ein Dampfbad rundet die Massage ab. Was man immer wieder auf Fotos sieht, ist der ayurvedische Stirnguss. Ein feiner Strahl warmen Öls fließt auf die Stirn, wird in die Kopfhaut einmassiert. Laut vielen Anwendern eine »göttliche Erfahrung«.

Thai-Massage: Bis zu drei Stunden dauert diese Ganzkörper-Massage. Der Massierende bezieht seinen eigenen Körper mit ein, indem er sein eigenes Gewicht für Dehnungen nutzt oder beim Massieren selber yogaähnliche Stellungen einnimmt. Es geht darum, die Energiemeridiane wieder zum Fließen zu bringen. Wer beim Anblick der 1,50 Meter großen freundlich lächelnden Thailänderinnen, die das Ritual mit einer Fußwaschung beginnen, sanfte Berührungen erwartet, täuscht sich. Die Thai-Massage arbeitet mit Druckpunktmassage, Strecken und Dehnen. Sie verwendet kein Öl, dafür passive Yogabewegungen. Die traditionelle Thai-Massage ist im 5. Jahrhundert vor Christus entstanden, der thailändische Name Nuad Phaen Boran bedeutet »uralte heilsame Berührung«.

Shiatsu: Auch diese Methode behandelt die Energiemeridiane des Körpers. Und zwar wird über die Berührung ein energetisches Feld geschaffen. Die Energien des Behandlers und des Behandelten berühren und übertragen sich. Der Behandler zentriert sich vor der Behandlung und macht sich »leer«, um so die Energien seines Klienten zu spüren, der locker gekleidet auf einer Matte auf dem Boden liegt. Mit leichten Dehnungen, Streckungen sowie Druck mit Fingern, Handballen und Ellenbogen harmonisiert er die Energiemeridiane. Eine Behandlung dauert 40 bis 60 Minuten.

Lomi Lomi Nui: Die traditionelle hawaiianische Massage diente ursprünglich der Heilung und Initiation in die Priesterweihe. Diese Massageform der Schamanen verwendet viel Öl, das mit großflächigen Bewegungen mit Händen, Unterarmen und Ellenbogen im Rhythmus von hawaiianischer Musik und Gesängen am ganzen Körper verteilt und einmassiert wird. Eine Massage dauert bis zu zwei Stunden, löst Verspannungen und bringt die gesunden Körperenergien (»mana«) im Körper zum Fließen.

Jin-Shin-Do-Akupressur: Diese Massageart hat ihren Ursprung in der Traditionellen Chinesischen Medizin. Sie funktioniert ähnlich wie die Akupunktur, nur: Statt Nadeln lösen Hände Spannungen und Blockaden des Energieflusses (»Chi«) an den Akupunkturpunkten. Unter sanftem Druck lösen sich Schmerzen an den gestauten Akupunkturpunkten und Lebensenergie fließt wieder frei. Körperliches Wohlbefinden und innere Ruhe treten ein. Die Behandlung baut in der Regel auf einer gezielten Diagnose auf.

Craniosacral-Therapie: Die manuelle »Schädel-Kreuzbein«-Therapie basiert auf der Arbeit mit dem sogenannten craniosacralen System, einem Pulssystem der Gehirn- und Rückenmarksflüssigkeit. Dieser Puls ist am ganzen Körper ertastbar und Praktizierende dieser Methode erspüren den Rhythmus. Durch gezielte Mobilisation, durch Harmonisierung und Stärkung dieses Pulssystems regt der Masseur die Selbstheilungskräfte an, löst Funktionseinschränkungen und seelische Traumata.

Jin Shin Jyutsu: Diese aus Japan stammende Heilungstechnik bedeutet ungefähr »die göttliche Heilkunst, die durch den mitfühlenden Menschen wirkt« und hat das Ziel, die Energieströme im Körper zu harmonisieren. Sie wird auch als »Kunst des Strömens« bezeichnet. Jeder Körper besitzt einen Hauptzentralstrom, zwei Betreuerströme sowie davon abzweigende diagonale Vermittlerströme. Auf den Strömen finden sich 26 »Sicherheits-Energieschlösser«, das sind Punkte von etwa 7 Zentimetern Durchmesser. Der Therapeut hält seine Hände auf oder kurz über diese Punkte und bringt dadurch die Energie wieder zum Fließen. Meistens hält er zwei Punkte gleichzeitig, und zwar so lange, bis er in seinen Händen ein Pulsieren spürt. Der Klient macht nichts, liegt entspannt auf dem Rücken. Erinnert uns ans Quanteln, siehe Seite 279.

Reflexzonenmassage: Die verschiedenen alternativen Heilverfahren der Reflexzonentherapie verbindet die Grundannahme, dass bestimmte Bereiche und Punkte der Körperoberfläche über sogenannte Reflexbahnen mit anderen Bereichen des Körpers, z. B. den Organen, in Verbindung stehen. Als reflektorisch wirksam gelten vor allem die Füße, die Hände und die Ohren. Über das Massieren bestimmter Punkte an diesen werden die Organe positiv beeinflusst. Man kann auf diese Weise Störungen im Körper finden und diese auch behandeln. Alles hängt mit allem zusammen. Wenn man Kopfschmerzen hat, hilft es, den großen Zeh zu massieren. Praktisch für den Hausgebrauch und für alle, die sich gerne die Füße massieren lassen: Reflexzonen-Socken, auf denen alle wichtigen Zonen und Organe abgebildet sind.

Hot-Stone-Massage: Warme Basaltsteine oder Specksteine werden auf ausgewählte Meridianpunkte gelegt und entfalten durch Gewicht und Wärme positive therapeutische Wirkung. Flache kleine und größere Steine regulieren und fördern den Energiefluss im Körper und bringen rasch Entspannung und Wohlgefühl. Für die anschließende Massage wird der Körper eingeölt und mit einem heißen Stein in langen Strichen massiert. Seit Entdeckung des Feuers hilft sich der Mensch mit heißen Steinen. Schamanen, Heiler und Medizinmänner aller Kontinente kannten die Behandlung. Die moderne La-Stone Therapy wurde Anfang der 90er-Jahre in den USA (wieder)entdeckt und ist heute fester Bestandteil vieler Wellnessangebote. Und: Es gibt sogar Edelsteinmassagen!

Klangmassage: Ist der Mensch mit sich und seiner Umwelt im Ein-Klang, dann geht es ihm gut. Die Klangmassage nutzt die Wirkung von Klängen und greift dabei auf über 5000 Jahre altes Wissen der indischen Heilkunst zurück. In der Behandlung werden eine oder mehrere Klangschalen auf den bekleideten Körper des liegenden Menschen gelegt und angeschlagen. Die dabei entstehenden feinen Vibrationen und Töne berühren Körper, Geist und Seele. Sie fließen durch den Körper und erreichen alle Zellen. Der Schall überträgt sich auf den Körper, entspannt tief, löst Blockaden. Die tiefen

Töne erleben viele Menschen als ursprünglich, dadurch wird Vertrauen geweckt und eine Atmosphäre der Geborgenheit geschaffen, in der Loslassen möglich ist.

● ●

Manuelle Lymphdrainage: Hierbei handelt es sich um eine sanfte Massage, die die Lymphzirkulation des Organismus anregt und dadurch zu einer intensiven Entschlackung führt. Sie dient vor allem der Entstauung von Ödemen und geschwollenen Körperregionen. Durch verschiedene Massage- und Grifftechniken wird das Lymphsystem aktiviert, die Pumpleistung der Lymphgefäße wird verbessert. Gleichzeitig wird die Flüssigkeit in der Haut und Unterhaut leicht bewegt und das Abfließen erleichtert. Die Therapeuten sind in der Regel Physiotherapeuten mit einer speziellen Ausbildung.

● ●

Kräuterstempelmassage: Hier wird man abgestempelt: Diese aus Indien stammende Massageform verwendet spezielle Stempelsäckchen und vorgewärmte Öle, um den Körper innerlich wie äußerlich in Harmonie zu bringen. Kräuter, Gewürze und Pflegewirkstoffe werden individuell gemixt, in ein faustgroßes Baumwollsäckchen gefüllt und in einem Basisöl auf 65 bis 80 Grad erhitzt. Mit zwei Säckchen wird der Körper sanft massiert. Die Öle und Salze beruhigen und entspannen und unterstützen die Entschlackung.

Dorn-Breuss-Massage: Ein bayerischer Landwirt erfand diesen Ansatz, um seinen Kühen zu helfen. Später wendete er die Methode auch bei Menschen an. Der Dorn-Therapeut behandelt Wirbel und Gelenke, korrigiert sanft Fehlstellungen. Die Breuss-Massage gilt als noch feinfühligere Methode. Die energetische Breuss-Rückenmassage im Bereich der gesamten Wirbelsäule löst tief liegende feinere Blockaden auf und wird vor allem auch bei Bandscheibenproblemen angewendet. Diese beiden Massageformen gelten als sehr gute Heilmethoden bei Problemen des Rückens, der Wirbelsäule und der Gelenke. Beide werden heute meist in Kombination gelehrt und angewendet.

● ●

Watsu (Water-Shiatsu): Eine ganzheitliche Körpertherapie, die 1980 von dem Shiatsu-Meister Harold Dull in Kalifornien entwickelt wurde. Der Klient schwebt auf den Armen des Therapeuten im körperwarmen Wasser. Er muss nichts tun, außer sich zu entspannen. Mit sanften Bewegungen, Dehnungen und Fingerdruckmassagen löst der Therapeut Verspannungen und Blockaden. Der Klient fühlt sich so entspannt wie der Fötus im Mutterleib. Der Auftrieb des Wassers entlastet die Gelenke, Wasserkontakt regt die periphere Durchblutung an.

WINKEN, TAPPEN, KLOPFEN –
EINBLICKE IN DIE KURZZEITTHERAPIE

Aus dem schwarzen, ledernen Massagestuhl quillt ein Wortstrom. Der Wuschelkopf schimpft über Gott und die Welt und ihre zahlreichen Probleme, ohne Luft zu holen. Manuela Böhme bittet sie, einen Moment ruhig zu sein. Tippt ihr leicht mit zwei Fingern mitten auf die Stirn, dann auf das Brustbein. Der Wuschelkopf verstummt – und entspannt sich. In der Münchner Praxis der beiden Therapeuten und Coaches Andreas Heilmeier und Manuela Böhme wird nicht lange um den heißen Brei gesprochen, sondern körperorientiert kurzzeittherapiert. Der Wuschelkopf ruft am nächsten Tag an und sagt, sie hätte die erste Nacht seit Monaten wieder durchgeschlafen.

BLOCKADEN LÖSEN, ÄNGSTE BEWÄLTIGEN, STRESS DROSSELN

Einfach die ganzen Befindlichkeitsstörungen, die uns das Leben vermiesen, verschwinden lassen … Manchmal reicht schon eine einzige Sitzung, um ein Thema, das Sie vorher jahrelang mit sich herumgetragen haben, so zu bearbeiten, dass es Sie nicht mehr am Schlafen hindert, nicht mehr am Reden vor Menschen hindert, nicht mehr am Aufzugfahren hindert … Der Haken? Die Methoden erscheinen fremdartig und bizarr. Sie müssen sich erst einmal vorstellen können, dass das Klopfen auf Meridian-Endpunkte in unseren Emotionen etwas bewegen, verändern kann; sonst werden Sie es wohl gar nicht erst ausprobieren und können somit auch nicht spüren, dass echt etwas passiert. Und Sie müssen lernen, so etwas Doofes zu akzeptieren wie den Satz: »Ich liebe und akzeptiere mich voll und ganz, auch wenn ich mich gerade fürchterlich über meine Schwieger … ärgere.« Also da gehört bei Verstandesmenschen, auch wenn sie viel mit viel Gefühl machen, schon eine Portion Überwindung dazu. Auch wenn Kurzzeittherapeuten eine verdünnte Alternativ-Wort-Packung anbieten wie »Ich schätze und achte mich, auch wenn ich gerade wütend bin …«.

Die meisten Kurzzeittherapien beziehen den Körper mit ein – auf oft wundersame Art und Weise. Man klopft sich auf die Stirn (sollte in diesem Moment besser nicht seinem Chef begegnen), die Augen wandern schnell, wie in der Traumphase, hin und her oder man tätschelt sich überkreuz rechts-links-rechts-links auf die Schultern (auch das ist weniger bürostuhltauglich). Freilich ist so was schulmedizinisch nicht immer erforscht und natürlich zahlt das auch die gesetzliche Krankenkasse in der Regel nicht. Obwohl es schon sehr viel billiger käme, bräuchte man keine fünf Jahre dauernde Gesprächstherapie, um ein Trauma zu lösen, das einem das Leben vermiest, weil man vor lauter Panikattacken nicht mehr aus dem Haus geht.

> **»Das größere Geheimnis, als das Leben zu verlängern, ist, das Leben zu vertiefen. «** CHINESISCHE WEISHEIT

Eine Methode ist jedenfalls auch wissenschaftlich abgesichert: EMDR – die Augenbewegungs-Therapie setzen Experten sehr erfolgreich gegen Traumata ein, die durch Katastrophen wie Fukushima ausgelöst wurden. Mehr dazu gleich.

Interessanterweise finden sich in den Weiterbildungskursen für Klopfen (EFT, TFT, PEP), Wingwave und ähnliche psychoenergetische Anwendungen zunehmend Ärzte, Zahnärzte und Psychotherapeuten, die ihr Repertoire erweitern – und ihren Patienten schneller helfen wollen. In drei bis fünf Sitzungen hat der Behandelnde die meisten Themen, mit welchen Klienten kommen, bearbeitet, so die Erfahrung von Therapeut Andreas Heilmeier. Und man muss mal ins Internet gehen und sich wundern: Tausende Erfahrungsberichte zeigen, dass Winken, Tappen und Klopfen tatsächlich helfen. Und zwar nachhaltig. Wenn der Klient es zulässt und es akzeptieren kann, dass Themen, die ihn jahrelange belastet haben, wie beispielsweise Vortragsangst, Höhenangst oder eine Spinnenphobie, Bindungsprobleme oder Flugpanik, sich innerhalb weniger Stunden für immer verabschieden können.

BERÜHRUNG BERUHIGT

Klopfen hilft schon deshalb, weil wir uns dabei selbst berühren. Haptik-Forscher Dr. Martin Grunwald ließ in einem Experiment Probanden Muster ertasten und anschließend aufzeichnen. Währenddessen irritierten sie Geräusche wie Schreie und Schüsse. Per EEG wurde das Stresslevel in ihrem Gehirn gemessen. Der Stress stieg – bis die Probanden sich kurz ins Gesicht fassten oder mit den Händen durchs Haar fuhren – im selben Moment nahm der Stress signifikant ab.

WAS MACHT DIESE THERAPIEN SO SCHNELL?

Kurzzeittherapien fokussieren grundsätzlich auf die Lösung eines Problems. Es geht nicht darum, das Problem groß zu analysieren, sondern die Problemlösungsfähigkeiten des Klienten zu aktivieren. In der Fachsprache heißt das so schön: Ressourcen-Arbeit. Bedeutet: Der Therapeut hilft dem Klienten, seine inneren Ressourcen wiederzufinden, zu aktivieren, um sein Problem selbst zu lösen. Denn man geht davon aus, dass jeder Mensch alle Ressourcen besitzt, die er zur Lösung seiner Probleme braucht. Sie sind ihm nur nicht immer zugänglich, weil unbewusst. Und der Therapeut löst den Stress auf, der mit einem unangenehmen Erlebnis, einer unangenehmen Emotion verbunden ist. Durch Winken aktiviert er auf einer Umgehungsstraße des Bewusstseins die schnelle Verarbeitung von traumatischen Erlebnissen im Gehirn. Durch Klopfen nimmt er direkt Einfluss auf unser »Fühlhirn« (das limbische System), regt den Energiefluss in den Meridianen an, was wiederum Hormone und Nervenbotenstoffe aktiviert, die positive Gefühle erzeugen – und bringt das Gehirn durcheinander. In den körperorientierten Kurzzeitverfahren begegnen wir unangenehmen und belastenden Gefühlen dort, wo wir sie spüren – in unserem Körper.

ANLEITUNG ZUM SELBST-KLOPFEN

Tipp-Tipp-Tipp mit Zeigefinger und Mittelfinger auf der Stirn. Tipp-Tipp-Tipp über der Oberlippe, unter der Unterlippe, auf der Thymusdrüse oberhalb des Herzens … Um das Klopfen zu lernen, braucht man ein gutes Buch oder einen guten Coach. Also ich hab das Klopfen vor vielen Jahren von Frau Prof. Barbara Schott gezeigt bekommen. Ja, genau: *Eine Professorin*. Hochintelligent. Hoch angesehen. Ich hab das Klopfen dann in der Sendung »Menschen der Woche« Frank Elstner gezeigt. Weil der nämlich, so wie ich, unter Lampenfieber leidet. Und der hat sich dann in der Sendung an die Stirn geklopft und gesagt: »Das mach ich, wenn ich gestresst bin, im Stau … und dann kommt der Polizist …«

Mein Lampenfieber bin ich damals aber noch nicht losgeworden. Da musste viele Jahre später eine weitere Technik ran. Und ein bisschen mehr Glauben. Damals stand mir mein Verstand in vielen Dingen noch im Weg.

Klopftechniken nutzen das Meridiansystem. Sie wissen bereits, die Energieleitbahnen des Körpers. Und so hat Klopfen also seine Ursprünge in der Traditionellen Chinesischen Medizin. Klopfen ist eine wunderbare Technik gegen Ängste und akute Stresszustände, für jedes belastende und unangenehme Gefühl, das da gerade hochkrabbelt, sei es Wut, sei es Furcht, sei es Scham, sei es Neid, sei es Liebeskummer. Ideal für unsere Zeit.

Im Westen entdeckte der amerikanische Arzt und Chiropraktiker George Goodheart die Methode des Klopfens in den 60er-Jahren. Er fand heraus, dass das Klopfen von Akupunkturpunkten Stress und emotionale Ängste auflösen kann. Im Übrigen ist es schon sehr interessant, dass es oft die Chiropraktiker sind, die auf so lustige Methoden kommen, egal ob Klopfen oder Quanteln. Es gibt ja sogar Kuh-Chiropraktiker, die auf so wunderbare Wundertechniken kamen wie die Dorn-Methode (Seite 255). Zurück zu Goodheart. Er stellte also die Hypothese auf, dass

> **» Der Körper ist die Bühne der Gefühle. «** ANTONIO DAMASIO, BIOLOGE, NEUROWISSENSCHAFLTER, PHILOSOPH

wir über die Endpunkte der Meridiane Emotionen beeinflussen können. Goodhearts Methoden wurden von Namen wie John Diamond, Roger Callahan, Fred Gallo, Gary Craig und Dr. Michael Bohne weiterentwickelt, zu EFT (Emotional Freedom Techniques), TFT (Thought Field Therapy) und PEP (Prozess- und Embodimentorientierte Psychologie). In allen Methoden geht es darum, die Anfangs- und Endpunkte der Meridiane zu beklopfen oder zu betappen, um so akute emotionale Missstände zu beseitigen. Also schwuppdiwupp und die Angst vor der Kamera, vor Aufzügen, vor Spinnen ist weg? Na ja, fast. Die Technik muss einem schon jemand zeigen, der sie kann. Danach kann, wer will, endlich beim Dschungelcamp zugucken.

● ●

Kleine Körper-Expedition: DIE GORILLATROMMEL

Klopfen mit den Fingerspitzen beider Hände auf die Thymusdrüse fördert den Transport chemischer Botenstoffe zwischen Nervenbahnen und Zellen. Die Thymusdrüse befindet sich hinter dem Brustbein, etwa 2 Zentimeter unter dem V des Schlüsselbeins. Spätestens nach ca. 1 bis 1,5 Minuten atmet man automatisch tief ein. Und man fühlt sich anschließend gekräftigt. Eine aktive Thymusdrüse spielt eine wichtige Rolle im Stoffwechsel und bei der Immunabwehr. In der chinesischen Medizin gilt die Thymusdrüse als Steuerungszentrale für den Energiefluss in den Meridianen. Diese Übung dient zum Stressabbau, sorgt für Zentriertheit und Ausgeglichenheit. Sie kann auch bei Kopfschmerzen, Müdigkeit, Erschöpfung oder Konzentrationsstörungen angewendet werden und ist hilfreich bei Ängsten und Panik.

All diese Methoden von EFT bis PEP lassen sich schnell erlernen – und hervorragend bei sich selber anwenden. Das heißt: Wir können relativ schnell feststellen, ob es hilft oder nicht hilft. Und sie gelten in der Therapie und im Coaching als sehr gute begleitende Maßnahmen. Das Klopfen ist zudem eine wunderbare Gehirnentrümpelungs-Therapie. Mit dem Meridianklopfen können nicht nur Heißhunger, Ängste, posttraumatische Störungen, Phobien und Stress behandelt werden, es hilft auch, wenn wir nicht aufhören können, uns über den Nachbarn oder uns selber aufzuregen. (Fast hätte ich sie vergessen: über die Schwiegermutter. Die hat einfach jeder. Und jeder schimpft. Es scheint: Nur ich habe keinen Grund dazu.) Also: Das Klopfen einfach mal ausprobieren. Die Körperexpedition zum Klopfen finden Sie auf Seite 259.

WINGWAVE – DIE WINKE-WINKE-TECHNIK

Mein Leben hat schon auch einen Haken: Ich bin ein Hasenfuß. Ich fürchte mich vor jeder Kamera, vor jedem Mikrofon. Ich habe vor Jahren verschiedene Methoden ausprobiert. Nix hat geholfen. Das hat mich nur gestresst. Darum beschert mir Lampenfieber vor einem schlichten Fototermin immer noch drei Wochen Schlaflosigkeit. Das harmloseste Symptom meiner Angst ist, dass mir das Wasser wie in zwei kleinen Springbrunnen von den Händen schießt. Vor einer Fernsehkamera bin ich schon mal fast in Ohnmacht gefallen. Mit diesem Haken bin ich 49 Jahre alt geworden – nur: das Herz rutschte kürzlich mal wieder dermaßen tief in meine Jeans runter, nur weil die Redakteurin von Radio Dingsbums einen Termin mit mir machen wollte … sodass ich mir schwor: »Jetzt tust du noch mal was!« Und schon stehe ich, von meiner Hausärztin geschickt, in der Wasserburger Landstraße 274 in München, klingele bei »dosai – Coaching & Therapie«. Klingt wie »Dasein« auf Bayrisch. Langsam stiefele ich mit nassen Händen die Treppen rauf, um mich auf ein Experiment einzulassen. Wingwave: Lampenfieberfrei in wenigen Sitzungen.

Freilich hab ich erst mal im Netz geguckt, was das überhaupt ist, was mir meine Ärztin da empfiehlt. Da stand: »Wingwave-Coaching wird in den Bereichen Business, Leistungssport, Pädagogik und Didaktik, Gesundheit sowie in Künstlerkreisen erfolgreich genutzt.« Also, da bin ich ja schon mal gut aufgehoben. Da stand dann weiter: »Wingwave ist bereits in Studien an der Universität Hamburg und der Medizinischen Hochschule Hannover erforscht worden. Hierbei hat sich gezeigt, dass schon zwei Stunden Wingwave-Coaching Redeangst und Lampenfieber in Präsentationssicherheit und Auftrittsfreude verwandeln können.« Erforscht. Genau das braucht mein Verstand. Der mittlerweile bereit ist, an viel mehr zu glauben, mitunter auch an Unerforschtes. Doch in diesem Augenblick habe ich das gerne gelesen.

Wow. Das ist ja genau das Richtige. Da wackelt einfach jemand mit dem Zeigefinger vor deinem Gesicht … Und du folgst mit deinen Augen. Nicht mehr und nicht weniger. Nicht vergleichbar mit der mehr als schmerzhaften Fußreflexzonenmassage von Irene oder Anjas Wackelstab, der alle Muskeln brennen lässt. Genau das Richtige für mich. Das Magazin »Der Spiegel« taufte die US-amerikanische EMDR-Methode, die übrigens seit circa 25 Jahren gegen posttraumatischen Stress erfolgreich eingesetzt wird, liebevoll »Winke-Winke-Therapie«. Und die hat bei ziemlich vielen ärgerlichen Befindlichkeitsstörungen ziemlich gute Erfolge aufzuweisen. Ade Angst, ade Heißhunger, ade Nikotinsucht, ade Selbstzweifel, ade Liebeskummer, ade Sportstress, ade Lampenfieber!

Oder andersherum: Manche Dinge kann man auch herwinken: Innere Balance, Selbstsicherheit, Spitzenleistung – Sportler bereiten sich so vor.

MIT LAMPENFIEBER BEIM WINK-TERMIN

Die Praxis des Coaching-Teams Manuela Böhme und Andreas Heilmeier fängt einen auf wie eine Wolke aus lauter kleinen, wattigen Sicherheitsmolekülen. In den Bambusstäben und Pistazienschalen auf den kleinen Kunstwerken von Catrina Caminetti und im Aprikot und Lichtgelb der Wand versinkt die Aufregung im Nirwana. Der Ledermassagestuhl schubst mich schlussendlich in den Jetzt-lass-ich-los-Zustand.

Manuela und Andreas erzählen von »bilateraler Hemisphären-Stimulation«. Ich folge schnellen Fingerbewegungen vor den Augen, die flitzen hin und her – und das erinnert an die REM-Phase unserer Träume: Rapid Eye Movement. Und die Abkürzung EMDR steht für Eye Movement Desensitization and Reprocessing.

EINSATZGEBIETE FÜR DIE KURZZEIT-THERAPIE

- ⇢ Ängste wie: Rede- und Auftrittsangst, Lampenfieber, Prüfungsangst, Flug- und Höhenangst, Platzangst
- ⇢ Phobien, z. B. Spinnen- und Schlangenphobie
- ⇢ Minderwertigkeitsgefühle, Hemmungen, Rot werden, Schüchternheit, Scham- und Schuldgefühle
- ⇢ Trauer, Trennung, Liebeskummer, Verlustängste, Einsamkeit
- ⇢ Ärger, Enttäuschungen, Eifersucht, Frustrationen, belastende Erinnerungen an unangenehme Erlebnisse
- ⇢ Erschöpfung, Stress, Unruhe, Burn-out-Prophylaxe
- ⇢ Reaktive Depression (= Depression als Reaktion auf ein belastendes Ereignis oder Trauma)
- ⇢ leichte Formen von Sucht, Heißhunger oder Nikotin-Abhängigkeit, Alkohol

Über die Augenbewegungen stößt man auf die eingebrannten Sorgen im Gehirn, die einen ein Leben lang falsch beraten. Schlechte Erfahrungen, nicht nützliche Glaubenssätze … Hat man sie erst gefunden, kann man sie umpolen. Von Flugangst zu Reiselust. Von »Ich fühl mich dick« zu »Ich bin soooo leicht«, … von Lampenfieber zur Rampenlust. Man bahnt also über diese Stimulation beider Hemisphären, beider Gehirnhälften eine neue Zusammenarbeit der beiden an – und löst so Blockaden, die einem das Leben schwer machen. Irgendwie scheinen da das rechte kreative Gehirn und das linke logische gemeinsam eine Lösung zu finden für ein Problem, das in unserem Unterbewusstsein jahrzehntelang unverdaut festhängt. »Das geht nicht nur über die Augen, sondern auch übers Hören und Fühlen«, erklärt Manuela und gibt mir zum Ausprobieren eine CD gegen meine schlaflosen Vollmondnächte mit.

Der biologische Lügendetektor. Um zu testen, ob der Flügelschlag des Schmetterlings »wing« im Gehirn auch dort ankommt, wo er soll, zieht Manuela in einer unglaublichen Geschwindigkeit immer wieder meinen Daumen und Zeigefinger auseinander, die ich zu einem »O« forme. Mal schafft sie es, mal nicht. Dieser sogenannte Myostatik-Test ist eine kinesiologische Testvariante, die sich vom sogenannten O-Ring-Test nach Dr. Omura ableitet. Sie wissen aus

Kleine Körper-Expedition: TAPPING

Sie können gleich mal ausprobieren, wie Wingwave so wirkt. Das geht mit dessen kleiner Schwester namens Tapping. Wer oder was ärgert Sie gerade besonders? Das holen Sie sich jetzt mal vor Ihr geistiges Auge. Und Sie lassen diesen Ärger so richtig hochsteigen. So richtig! Denken Sie an diesen Menschen, die Sache – und konzentrieren Sie sich auf das Gefühl. Nun wenden Sie die sogenannte Butterfly-Technik an: Überkreuzen Sie die Arme vor der Brust, sodass Ihre Fingerspitzen auf Ihren Schultern liegen. Und nun abwechselnd im eigenen Rhythmus (z. B. im Sekundentakt) mit den Händen auf die Schultern klopfen – links, rechts, links, rechts, links, rechts … Das können Sie im Sitzen oder im Liegen machen, wichtig ist nur, dass Ihre Beine dabei nicht überkreuzt sind. Machen Sie das circa 30 bis 60 Sekunden lang und dann atmen Sie tief durch. Jetzt spüren Sie mal der Veränderung nach. Nagt da noch die gleiche Wut in Ihnen? Oder ist da vielleicht ein neues Gefühl aufgetaucht? Wenn die Wut immer noch nagt oder ein anderes unangenehmes Gefühl aufgetaucht ist, dann wiederholen Sie die Technik so lange, bis der Bauch frei ist.

dem Kinesiologie-Kapitel: Sobald uns etwas stresst, lässt die Muskelkraft sofort nach. Mein Verstand könnte ja viel erzählen, den umgeht Manuela mit ihrem biologischen Lügendetektor. Er hilft ihr herauszufinden, welches Thema wir behandeln müssen, in welchem Alter die Wurzel dieses Lampenfiebers steckt – und dieser Test zeigt ihr, wie gut ihr Wingwave-Coaching bei mir ankommt, ob es etwas bewirkt.

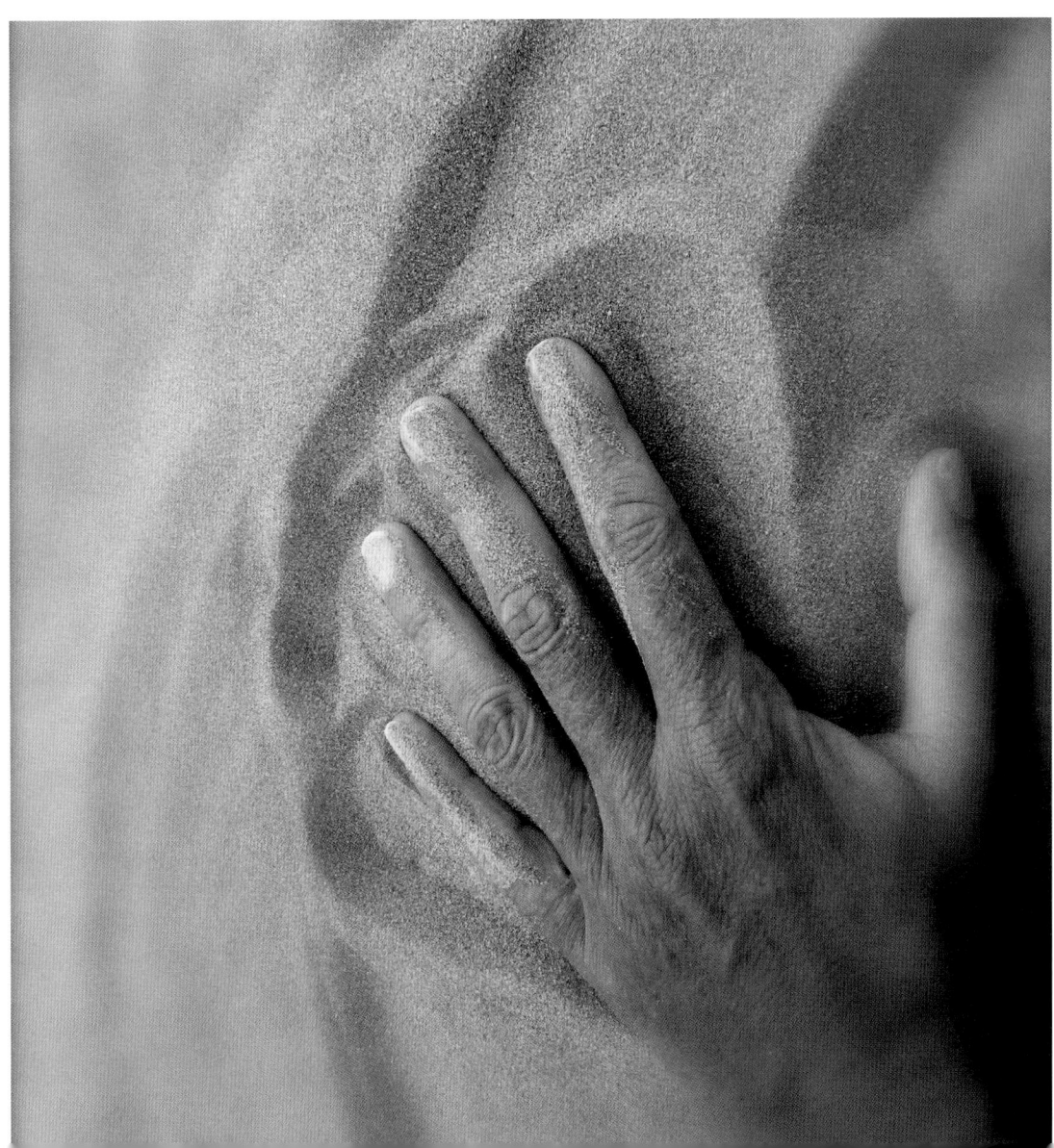

Nach zwei Stunden Fragen und O-Testen haben wir tatsächlich den Kern meiner Angst gefunden: Eine Ballettaufführung, in der ich ein Gedicht vortragen sollte. Ich stand vor über 100 Leuten, hielt einen goldenen Schlüssel und mir fielen die Zeilen nicht mehr ein. Ich war vier Jahre alt – und die Einzige, die nicht mittanzen durfte, weil sie dafür ziemlich unbegabt war.

WARUM WINKEN FUNKTIONIERT

Eye Movement Desensitization and Reprocessing (kurz EMDR) ist in erster Linie eine Behandlungsmethode für Traumata, Phobien und posttraumatischen Stress. Sie wurde Ende der 80er-Jahre von der amerikanischen Psychologin Francine Shapiro entwickelt. Dabei arbeitet der Therapeut mit koordinierten abwechselnden Rechts-links-Bewegungen, auch genannt »bilaterale Hemisphärenstimulation«. Der Klient denkt an ein belastendes Ereignis und folgt dabei mit den Augen dem Finger des Therapeuten, der sich im gleichmäßigen Rhythmus nach rechts und links bewegt. Die neurologische Wirkung der Augenbewegung löst das Trauma, so wie es häufig auch im Schlaf passiert. In der REM-Phase (Traumphase) bewegen sich die Augen ebenfalls schnell hin und her und man geht heute davon aus, dass die Augenbewegung hilft, die Ereignisse des Tages zu verarbeiten. Die bilaterale Hemisphärenstimulation funktioniert auch auditiv, also mit Tönen, die abwechselnd rechts und links gespielt werden. Oder man stimuliert das Hirn kinästhetisch, indem man abwechselnd die rechte und linke Körperhälfte berührt, sich beispielsweise auf die Oberarme tippt. Wichtig ist ein gleichmäßiger Rhythmus, die Geschwindigkeit ist individuell unterschiedlich. Therapeuten brauchen hier ein gutes Gespür. Während der EMDR-Behandlung denkt der Klient an ein belastendes Erlebnis und spricht darüber, während sich gleichzeitig seine Aufmerksamkeit auf die äußere bilaterale Stimulation richtet. Dadurch wird die Verarbeitung belastender Erinnerungen deutlich beschleunigt.

Kleine Körper-Expedition: ERST LIEBEN, DANN KLOPFEN

Den heilenden Punkt stimulieren. Grundlage für alle schnellen Therapien ist: Liebe dich selbst. Sonst funktioniert gar nichts. Und das ist ja auch schön, wenn man den, der einem ja wirklich am nächsten steht, auch lieb hat. Nur: Das fällt vielen mehr als schwer. Dafür gibt es den »heilenden Punkt«. Wenn wir diesen Selbstakzeptanz-Punkt oder im Englischen »score spot« (= wunder Punkt) aktivieren, ist das besonders wirksam für die Stärkung der Selbstliebe. Er liegt einige Zentimeter unterhalb des Schlüsselbeins auf der linken Körperseite über dem Herzen. Man kann ihn spüren, als empfindliche kleine Erhebung oder Vertiefung. Dort laufen Lymphbahnen zusammen, zuständig für den Abtransport von Schadstoffen aus dem Körper, und anscheinend fließen Unstimmigkeiten mit der eigenen Person auch gleich mit davon. Es heißt: Wenn man den Punkt sanft kreisend reibt, hilft das, negative Gedankenmuster aufzulösen – und sich selber zu lieben und zu akzeptieren. «Hilft!«, sagt Susanne. Reiben Sie diesen Punkt in Ihrem Tempo und sagen Sie den Satz: »Auch wenn ich genervt bin über … /mich schrecklich aufrege wegen … / zwei Kilo mehr wiege als vor Ostern … liebe und akzeptiere ich mich selbst.« Oder Sie verwenden die abgeschwächte Version: »… schätze und achte ich mich selbst immer mehr.«

Richtig Klopfen muss man lernen. Am besten von einem Coach. Aber man kann das Klopfen ruhig ausprobieren – und gucken, was man empfindet. Man denkt an das Thema, das einem gerade Stress macht. Egal, ob es mit mangelndem Selbstwertgefühl, Angst, Sorgen oder Ärger oder Trägheit zusammenhängt.

⋯❖ Denken Sie an das Erlebnis, checken Sie den Ärger ab. Wie viel Stress hab ich damit auf einer Skala von null bis zehn? Null heißt gar keinen, zehn sehr viel. Oder wie viel Energie habe ich: null = keine, zehn = viel.

⋯❖ Und dann klopfen Sie mit Zeige- und Mittelfinger zwischen den Augenbrauen auf ihre Stirn. Fünf- bis siebenmal. Und denken an das Thema. Dann zwischen Nase und Oberlippe. Dann unter der Unterlippe auf dem Kinngrübchen. Und dann auf der Brust in der Mitte, wo die Thymusdrüse sitzt.

⋯❖ Vier- bis fünfmal klopfen Sie so in derselben Reihenfolge, denken an Ihr Thema, atmen ruhig. Bis Sie das Gefühl haben, dass der Stress auf der Skala deutlich nach unten gerutscht ist. Oder die Energie nach oben. Vielleicht müssen Sie sogar lachen.

»HEUTE ANGESAGT: KLOPFEN UND WINKEN«

Interview mit den Kurzzeit-Therapeuten Manuela Böhme und Andreas Heilmeier, Heilpraktiker für Psychotherapie.

Warum funktionieren Therapien wie Klopfen oder Wingwave so schnell?

Andreas: Diese Therapien sprechen den Körper an – und erreichen in unserem Gehirn nicht nur den Verstand.

Warum wirkt das Klopfen Ihrer Meinung nach?

Andreas: Die Wirksamkeit hat sich praktisch erwiesen, ist aber wissenschaftlich immer noch nicht erforscht. Eine Wirkhypothese besagt, dass durch die Aktivierung von Akupunkturpunkten energetische Blockaden gelöst werden. Wir sind davon überzeugt, dass direkt im Gehirn Verarbeitungsprozesse in Gang gebracht werden und dadurch festsitzende Emotionen, Muster oder nicht nützliche Glaubenssätze und Überzeugungen überwunden werden können.

Manuela: Das Wort »Emotionen« enthält ja als Bestandteil das Wort »Motio«, das auf Lateinisch »Bewegung« bedeutet. Zudem bringt das Klopfen Verwirrung ins Körper-Geist-System, das nennt man auch Perturbation oder Verstörungstechnik. Der Klient wird in seinem Drama gestört.

Im Drama gestört?

Andreas: Genau. Du tust etwas Ungewöhnliches. Du fühlst dich elend – und klopfst. Das ist verwirrend, das kennt der Körper nicht. Das Gehirn checkt ab: Ist die Emotion noch angemessen? Nein, ist sie nicht. Man ist abgelenkt, darum beruhigt sich die Emotion. Angst, Furcht, Trauer schwinden.

Wie kommt es zu einer nachhaltigen Wirkung?

Manuela: Das Gehirn sammelt in diesem Moment der Verwirrung eine neue Erfahrung. Obwohl man total traurig und aufgelöst ist, erlebt man, wie es besser wird: Klopf-klopf, huch, ich bin ja gar nicht mehr so traurig.

Andreas: Man wechselt die Perspektive, wirft einen anderen Blick auf eine Situation. Mit der neuen Erfahrung wird eine alte überschrieben. Wir wissen nicht genau, wie das funktioniert. Doch schon alleine die

Erfahrung, dass man durch sein eigenes Tun etwas ändern kann, ist sehr hilfreich. Man erlebt, wie man die Kontrolle zurückgewinnt.

Warum Gefühle löschen? Ist es nicht gut, einfach traurig zu sein, wütend, enttäuscht?

Manuela: Natürlich. Trauer, Wut, Enttäuschung sind ganz wichtige Gefühle. Die Frage ist: Wie lange sind diese Gefühle angemessen? Wir hatten mal eine Klientin, die wurde drei Jahre zuvor von ihrem Freund verlassen. Litt immer noch fürchterlich und weinte ständig, so als wäre es gerade passiert. Das hat sie komplett blockiert und ihr ganzes Leben beeinträchtigt.

Wie habt ihr geholfen?

Manuela: Mit einer Kombination aus Wingwave und Klopfen. Wir haben über das Thema gesprochen und gewunken, da kam sehr schnell die Traurigkeit hoch. Nach kurzer Zeit kam auf einmal ganz viel Wut. Über das, was sie sich hat gefallen lassen, was er ihr alles angetan hat. Ohne Winken wäre sie gar nicht an die Wut rangekommen. Danach kamen Vorwürfe und Erwartungen an den Exfreund. Diese haben wir mit der Klopftechnik lösen können. Dann noch mehr Emotionen, wie Angst vor dem Alleinsein, Eifersucht ... und die haben wir alle aufgelöst.

Wie kann man Emotionen auflösen?

Andreas: Durch die bilaterale Stimulation, also die Rechts-links-Stimulation, wird das Trauma verarbeitet. Unsere Klientin wurde ja immer von ihren Gefühlen überrollt. Jedes Mal, wenn sie an diesen Mann dachte, kam das gleiche Gefühl hoch, wie damals, als er sie verlassen hat. Dieser Schock kam immer wieder. Nach der Sitzung fühlte sie sich erleichtert, frei und gelöst. Natürlich wusste sie noch, wie traurig sie die Trennung gemacht hat. Aber sie konnte das Gefühl nicht mehr herholen. Sie konnte den Schock nicht mehr fühlen. Die Trennung war nun »verkraftet«. Es war vorbei!

Einmal Winken und ein Thema ist durch?

Andreas: Das kommt auf das Thema an. Einen zweiten Termin halten wir auf jeden Fall für sinnvoll. In drei bis fünf Sitzungen können sehr schöne Ergebnisse erreicht werden. Wichtig ist auch, dass in den Tagen nach der Sitzung noch viel nachwirkt, und es kann auch sein, dass andere Situationen, Emotionen hochkommen, die man dann möglicherweise bearbeiten möchte. Und wenn es um Bereiche wie Rauchen, Essen, Gewicht, chronische Schmerzen oder auch Probleme in Beziehungen zu anderen Menschen geht, braucht man mehr Zeit.

Wie läuft so eine Behandlung ab?

Andreas: Das hängt davon ab, wie tief das Problem sitzt und wie viele unangenehme Emotionen oder auch nicht nützliche Glaubenssätze und Überzeugungen damit zusammenhängen. Wir arbeiten hier mit einer Kombination aus Wingwave, PEP (dem Klopfen nach Dr. Michael Bohne) und weiteren Methoden.

Manuela: Unser Ziel ist es, festgefrorene Emotionen und hinderliche Glaubenssätze zu finden, sie bewusst zu machen und dann aufzulösen bzw. zu verändern. Manche unserer Emotionen haben die Tendenz, sich dauernd zu wiederholen, beim kleinsten Anlass unkontrolliert aufzutauchen, und genau um diese geht es.

Woran erkennt ihr, dass eure Behandlung erfolgreich war?

Manuela: Man kann das im Gesicht des Klienten erkennen. Wenn aus dem traurigen Gesicht ein wütendes und später ein entspanntes wird. Wir beobachten als Therapeuten genau und achten auch darauf, was wir selber spüren. Wenn jemand traurig ist, spürt man das, bevor es im Gesicht steht.

Andreas: Und der Myostatik-Test ermöglicht ein punktgenaues Arbeiten. Wir bearbeiten nur die Themen oder Emotionen, die noch Stress auslösen. Und im Anschluss wiederum zeigt der Test, ob sich der Stress nun gelöst hat.

Man braucht also gar nicht viel zu reden?

Manuela: Nein, das ist nicht notwendig. Es kommt vor, dass ein Klient über ein bestimmtes Thema nicht reden möchte, zum Beispiel weil das Thema extrem schambesetzt ist. Und auch dann ist es möglich, den Stress zu lösen. Wir leiten unseren Klienten durch seine inneren Prozesse und beobachten seine emotionalen und körperlichen Reaktionen. Es ist für unsere Behandlung nicht relevant, warum er sich schämt, auf wen er sauer ist und warum oder wovor er Angst hat. Es ist nur wichtig, dass er ein Thema hat, an dem er arbeiten möchte.

Hat die Kurzzeittherapie Nebenwirkungen?

Andreas: Eigentlich nur die, dass Menschen den schnellen Erfolg für sich manchmal nicht annehmen können: Es kann doch nicht sein, dass zehn Jahre Leiden in einer Stunde verschwinden.

Ist es ein Problem, ein Problem einfach loszulassen?

Andreas: Ja, nicht wenige empfinden das als Beleidigung für ihren Intellekt. Entweder machen sie nachträglich das Problem klein – »war doch nicht so schlimm« – oder sie lassen es nicht los. Der Schmerz und das Leid wollen gewürdigt werden.

Viele haben Flugangst und kommen zum Klopf-Therapeuten. Das letzte Erlebnis ist aber vom letzten Sommer – uralt.

Manuela: Ja, für die Behandlung braucht es eine »angetriggerte« Emotion. Die Leute kommen oft zum Therapeuten, wenn sie ihre Krise, die Panikattacke, die Redeangst, die klaustrophobische Attacke in der Höhle, schon überstanden haben, das ist ja nicht wie bei akuten Zahnschmerzen. Sie kommen und wollen etwas Bestimmtes nicht wieder erleben. Dann ist es unsere Aufgabe als Therapeuten, das unangenehme Gefühl im Moment der Sitzung noch einmal ganz kurz erlebbar zu machen. Es ist nicht wichtig, ob eine Traurigkeit tatsächlich als Traurigkeit oder auf der körperlichen Ebene, zum Beispiel als Kloß im Hals, wahrgenommen wird. Wenn man ein unangenehmes Gefühl im Moment der Sitzung spürt, kann man auch die Erleichterung nach der Auflösung spüren.

Sie arbeiten da ja auch mit Trance.

Andreas: Das ist ein Weg. Ein sehr guter. Man kann über ein Trance-Erleben einen Menschen wieder in eine belastende Situation zurückführen und ihn hierbei aber seine bereits vorhandenen Ressourcen bewusst erleben lassen. Die Situation kann noch einmal, aber dieses Mal in einem kraftvollen Zustand durchlebt werden.

Wann sind Kurzzeittherapien nicht geeignet?

Manuela: Es gibt Themen und auch Menschen, für die das nichts ist. Manche wollen alles bis ins Detail verstehen, die arbeiten besser tiefenpsychologisch.

Andreas: Kontraindiziert sind endogene Störungen wie Schizophrenie oder schwere Depressionen, das gehört in ärztliche oder psychiatrische Behandlung.

Und wann helfen sie gut?

Manuela: Ängste und Phobien, Selbstwertthemen, Trauer- und Verlustreaktionen, Beziehungsprobleme eignen sich gut zur Behandlung, auch zur Selbstbehandlung. Alle Kurzzeittherapiemethoden eignen sich sehr gut als begleitende Verfahren bei Psychotherapie und Coaching und können in einem solchen Rahmen von einem erfahrenen Therapeuten eingesetzt werden.

Andreas: Klopfen und Wingwave sind sehr wirksame Zusatztechniken. Wir verwenden in unserer Praxis noch weitere Methoden wie z. B. Hypnose, systemische Struktur- und Familienaufstellungen und Magic Words. Denn: Wenn das einzige Werkzeug, das man hat, ein Hammer ist, sieht jedes Problem aus wie ein Nagel.

Mehr Infos unter: www.dosai.de

7.

IN BERÜHRUNG MIT DEM UN-FASSBAREN

SIE AHNEN GAR NICHT, WAS SIE ALLES LERNEN KÖNNEN: KÖRPERENERGIE SPÜREN, GLÜCK HERBEIMEDITIEREN UND WÜNSCHE IM UNIVERSUM QUANTELN. AUCH WENN ES VÖLLIG VERRÜCKT KLINGT.

DER **KOSMOS**, MEINE SCHWIEGERMUTTER, DIE ENERGIE UND ICH

ach dem Urknall fügten sich Atome zu Molekülen zusammen, diese wiederum zu Zellen und daraus bildeten sich die ersten Lebewesen. Und in diesen Lebewesen verwandelten sich einige spezialisierte Zellen zum Gehirn. Dann begann der Verstand die Welt zu dominieren und der Körper hing als armer Sklave einfach unten dran. Irgendwann bekam der dann ein Mantra in den Mund gelegt, ein Feng-Shui-Hemd angezogen, Birkenstock untergeschoben und ein Balance-Powerbändchen umgeschnallt – und schaltete den Verstand völlig ab …

Nun, wie immer gibt es einen Mittelweg: Eine kluge Mixtur aus Gefühl und Verstand, eine Einsicht sozusagen, dass diese ja eins sind, ein Körperbewusstsein, das wiederum ein gewisses Maß an Spiritualität zulässt. So viel, dass es einem gut geht damit. Denn Sinnsucher sind wir ja alle. Und dem einen »wächst die Seele« schon beim Lesen der Bücher von Paulo Coelho, der nach seinem Schutzengel in der Wüste sucht. Der andere zieht jeden Morgen eine Engelskarte wie Detlef Soost, Tänzer und Choreograf, bekannt durch die Castingshow »Popstars«. Michelle Hunziker wiederum holt sich freundschaftlichen Rat bei Berghella, einer staatlich anerkannten Prana-Therapeutin. Und viele Promis wie Richard Gere oder Oliver Stone haben eine Affinität zum Buddhismus. Ronald Reagan, Ex-Präsident der Vereinigten Staaten, legte übrigens die Sicherheit des ganzen Landes in die Hand einer Astrologin.

ES GIBT DINGE, DIE UNSERE RATIO NICHT BEGREIFT

Das Gefühl kennen Sie vielleicht: Sie denken an das kommende Wochenende und Ihre Schwiegermutter – und schon klingelt das Telefon mitten in Ihr schlechtes Gewissen. Die Schwiegermutter ist dran. Auch alte Freundinnen rühren sich dann, wenn Sie zufällig Klassenfotos angucken. Eine Postkarte von der ersten Liebe trudelt ein – Sie haben doch gerade erst von ihr geträumt. Es gibt also irgendetwas Unsichtbares, das uns verbindet. Sogar mit unserer Schwiegermutter. Das ist Energie. Und das nennt jeder anders. Die Kirche spricht von Engeln und dem heiligen Geist. Die Heiler von einer universellen oder kosmischen Energie. Quantenphysiker nennen es Kraftfeld. Die Chinesen sprechen von Chi, die Inder von Prana. Und die Schamanen vermitteln zwischen der oberen und der unteren »feinstofflichen« Welt, kommunizieren mit Geistern und Tieren. Uralte Zeremonien und heilige Rituale lassen neue Kräfte entstehen. (Unbedingt das Buch lesen von Joachim Faulstich »Das Geheimnis der Heilung«!) Und nun gibt es neuerdings noch die Quantler, die holen sich ein Eu-Gefühl (= Wohlgefühl) und bringen den Körper in eine heilende Ordnung oder lassen sich gar quantelnd Wünsche vom Universum erfüllen. Die Basis ist bei allen sehr, sehr ähnlich, das, was wir Trance nennen oder Rosenkranzbeten oder Meditation …

Halten wir einfach fest: Diese Art spirituellen Agierens bringt den Menschen rund um den Globus zur Ruhe, den Blutdruck in allen Himmelsrichtungen runter – und, so neue Studien, macht auch noch glücklich. Darum wollen wir das hier im letzten Kapitel unseres Feelgood-Faktor-Buches nicht unerwähnt lassen. Machen Sie sich täglich Ihr Glück selbst – und bestellen Sie ruhig mal was beim Universum.

● ● ● ● ● ● ● ● ● ● ● ●

DAS GESETZ DER SEHNSUCHT

»Menschen suchen die Natur, weil sie etwas in sich selbst verloren haben. Denn in seinem Körper ist auch der Mensch Natur.«, beschreibt der Biologe und Philosoph Andreas Weber in seinem Buch »Alles fühlt« die tiefe Verbundenheit des Menschen mit der Welt. Er formuliert einen Paradigmenwechsel in den Naturwissenschaften, weg von der rein objektiven und beobachtbaren Wissenschaft hin zu einer ganzheitlichen Denkweise, in der Gefühle eine große Rolle spielen. Nicht nur beim Menschen, sondern bei allen Lebewesen. Webers erstes Gesetz der Sehnsucht lautet: »Alles, was lebt, will mehr Leben. Organismen sind Wesen, denen ihr Leben etwas bedeutet.« Und dieser Lebenswunsch findet Ausdruck »im lebenden Leib«. Hunger, Durst, Lust sind Anzeichen von Lebendigkeit. Leben drückt sich immer über den Körper aus, bei Menschen, bei Tieren, selbst bei Pflanzen.
Ein Buch zum Wundern und Staunen und Freuen.

MEDITATION – ODER DIE FORMEL ZUM GLÜCK

or 15 Jahren musste ich mal eine Geschichte über das Meditieren schreiben. Und das mochte ich so gar nicht. Es hatte für mich das Hautgoût von makrobiotisch-bleichen Gesichtern. Transzendentalblödem Lächeln. Erleuchtungsgewäsch. Und ich glaubte diesen blauäugigen, hohlwangigen, bärtigen Typen nicht, die da von Glückseligkeit faselten und Mitgefühl und … Für mich war Meditation nur dann ehrlich, wenn sie von einem Dalai Lama oder einem Thampai Rinpoche oder einem anderen Mönch praktiziert wurde. Die können das. Die sind damit aufgewachsen. Die sind ehrlich. Aber nicht diese »Ommm«-jodelnden Typen um mich herum, auf diesem esoterischen urschreiangefüllten Körnerfutter-Wochenendseminar, das ich wegen eines Artikels über mich ergehen lassen musste.

Tja, auch meditations-intolerante blonde Zicken können ihre Meinung irgendwann mal, wenn sie reifer sind, ändern und mit Susanne und weiteren 1199 andern im Anschein ziemlich normalen Menschen in Jeans und Hawaiihemden, Anzügen und Kostümen »Ommmmmmmmm« summen – um den Stress draußen zu lassen und von dem indischen Philosophen und spirituellen Denker Deepak Chopra eine Kurzmeditation zu lernen. Für mehr Spiegelneuronen im Gehirn, für mehr Zufriedenheit im Herzen. Wissenschaftlich nachweisbares Glück: $h = s + v + c$. Übersetzt aus dem Amerikanischen lautet die Formel folgendermaßen:

Glücksempfinden = Glückserwartung (50 %) + Lebensumstände (10 %) + freiwillige Handlungen (40 %)

Deepak Chopra ist jemand, dem man gerne glaubt. Denn der ist Arzt, der ist Wissenschaftler, der ist Philosoph. Der lebt seinen ganzheitlichen Ansatz für körperliche Gesundheit, emotionales Gleichgewicht und spirituelles Bewusstsein selbst. Dem traut man. Auf den wartet man auch zehn Jahre, bis er wieder nach Deutschland kommt. Übrigens: Prominente wie Oprah Winfrey, Demi Moore, Morgan Freeman, Lady Gaga und unsere schönste Kriminalistin Maria Furtwängler bewundern ihn.

WARUM SICH GLÜCK HERBEIMEDITIEREN LÄSST

v = Lebensumstände: Fangen wir mit der Glücksformel in der Mitte an: Ob jemand reich ist oder arm, einen Unfall hat oder im Lotto gewinnt, das beeinflusst sein Glücksempfinden nur zu etwa 10 Prozent. Ein Jahr nach einem tragischen Verlust pendelt sich sein individuelles Glücksempfinden wieder auf dem Niveau von vorher ein.

c = Freiwillige Handlungen:
40 Prozent unseres Glücks sind davon abhängig, wie wir uns verhalten. Tun wir Dinge, die uns Freude bereiten, verschaffen wir uns ein Eintages-Glück. Menschen, die jeden Morgen Laufen gehen, haben das ganze Jahr über etwas davon. Länger hält dieses c-Glück an, wenn wir andere Menschen glücklich machen. Und das hängt an den Spiegelneuronen, an unserer Fähigkeit für Empathie, für Mitgefühl.

s = Glückserwartung: Das ist der »Setpoint« im Gehirn, der verantwortlich für das ist, was wir an Glück in unserem Leben erwarten. Und das wiederum macht 50 Prozent unseres aktuellen Glücksgefühls aus. Dahinter steckt die einfache Tatsache: Jeder ist seines

Glückes Schmied. Anders ausgedrückt: Wie groß empfinden wir unsere Chance, auf etwas Einfluss zu nehmen? Können wir dem Chef den Stinkefinger zeigen und gehen? Haben wir unsere Rückenschmerzen selbst im Griff? Diese Haltung ist genetisch bedingt – und anerzogen. Unsere Fähigkeit zum Glücklichsein wird in unseren ersten drei Lebensjahren in unserem Gehirn angelegt (z. B. Spiegelneuronen!). »Das können wir aber verändern«, sagt Chopra. Nach vier Wochen Meditation haben wir ein besseres Hirn – das uns 70-Billionen-Zell-Haufen glücklich macht. Und zwar müssen wir nur drei kleine Formen der Besinnung anwenden, die jeweils einen anderen Bereich, eine andere Gehirnregion ansprechen.

DREI MEDITATIVE WEGE ZUM GLÜCK

⋯⋙ **Reflexion:** Stellen Sie sich Fragen wie: Wer bin ich? Was ist meine Aufgabe in dieser Welt? Welche Talente habe ich? Welche Beziehungen sind mir wichtig? Es reicht, sich diese Fragen zu stellen. Sie müssen sich keine Antwort geben. Hier aktivieren Sie den linken präfrontalen Kortex. Bilden neue Neuronen. Und die funken Zufriedenheit.

⋯⋙ **Kontemplation:** Fühlen Sie Liebe, Mitgefühl und Freude. Das aktiviert unser limbisches System. Zuständig für Wohlbefinden, Heilung und Homöosthase. Die Balance aller Stoffwechselvorgänge. Und wenn wir Mitgefühl meditieren, dann ist die Inselrinde aktiv. Wir bilden mehr Spiegelneuronen, und die sorgen für mehr Empathie.

⋯⋙ **Meditation:** Richten Sie Ihre Aufmerksamkeit auf den Atem oder das Herz oder sprechen Sie ein Mantra. Diese Konzentration ersetzt den Gedankenfluss. Das wirkt auf das ganze Gehirn mit Alphawellen, dem Gehirnstrom zwischen 8 und 13 Hertz, der für entspannte Wachheit steht.

WIE (NICHT NUR) MÖNCHE ZUR ERLEUCHTUNG KOMMEN

Amerikanische Gehirnforscher legen immer wieder und sehr gerne Mönche in den Magnetresonanztomografen, um zu untersuchen, was in ihren Köpfen sie vom Rest der Welt unterscheidet. Richard Davidson von der University of Wisconsin in Madison untersuchte vor einigen Jahren das Gehirn von acht tibetischen Mönchen, die der Dalai Lama höchstpersönlich schickte. Davidson machte sich auf die wissenschaftliche Suche nach der Erleuchtung. Im Tomografen konnte Davidson sehen, dass die Aktivität des **linken Stirnhirns,** des Frontalkortex, bei Menschen, die meditieren, viel höher ist. Dort sitzen: Heiterkeit, Ausgeglichenheit, Optimismus. Was bedeutet: Da oben im Kopf meditierender Menschen sprüht es vor Glück. Nicht nur während des Meditierens. Immer. Folglich kann man Glück trainieren. Man muss nur meditieren.

Kleine Körper-Expedition: MEDITATION FREI NACH CHOPRA

Susanne und ich haben die Meditation mit Deepak Chopra erlebt – und richtig genossen. Sie ist einfach und wirkungsvoll. Lassen Sie sich 15 Minuten Zeit.

- Setzen Sie sich bequem hin. Schließen Sie die Augen. Legen Sie die Hände auf die Oberschenkel, mit der Handinnenseite nach oben.
- Fühlen Sie Ihren Atem, wie er hineinzieht in Ihren Körper und hinaus. Spüren Sie ihm einfach eine Zeit lang durch den ganzen Körper nach.
- Nun sagen Sie im Geist »So«, wenn Sie einatmen, und »ham«, wenn Sie ausatmen. Sie können auch »ich« und »bin« sagen.
- Nun konzentrieren Sie sich auf Ihr Herz. Fühlen Sie es. Hat es eine Farbe? Wo sitzt es? Fühlen Sie den Herzschlag. Lassen Sie sich Zeit dafür.
- Nun denken Sie an alle Dinge, an alle Ereignisse und Menschen in Ihrem Leben, für die Sie dankbar sind. Fühlen Sie eine tiefe Dankbarkeit.
- Stellen Sie sich einen Ort vor, der Sie persönlich glücklich macht. In kräftigen Farben –

und mit allen Sinnen. Ein Beispiel: Das Meer und einen Sonnenuntergang. Schmecken Sie die salzige Brise, fühlen Sie den Wind auf der Haut. Welche Farbe hat der Himmel?

- Nun denken Sie an eine Situation, in der Sie starke Freude empfunden haben. Fühlen Sie sich in diese Situation hinein.
- Nun denken Sie an einen Menschen, den Sie lieben. Fühlen Sie das Gefühl?
- Nun denken Sie an einen Menschen, für den Sie Mitgefühl empfinden. Und fühlen Sie, wie Sie ihm helfen wollen.
- Nehmen Sie Ihr Herz wieder wahr. Wenn Sie den Herzschlag spüren, gehen Sie mit der Aufmerksamkeit in Ihre Hände, spüren Sie den Herzschlag in Ihren Fingern.
- Stellen Sie sich vor, dass es dort in den Fingern einen Lichtpunkt gibt, der im Rhythmus Ihres Herzschlages pulsiert. Dieses pulsierende Licht in Ihrem Herzen ist das Licht Ihrer Seele. Es sendet Liebe, Wissen und Glückseligkeit in alle Zellen Ihres Körpers. Und dann verblasst es. Gleiten Sie ganz langsam wieder in die Gegenwart zurück.

Wenn die Mönche »Vorbehaltloses Mitgefühl« meditieren, also Liebe und Mitleid durch den Körper fließen lassen, durchfluten **Gammawellen** das ganze Gehirn. Die tauchen beim Normalmenschen nur ganz selten auf und wenn, dann nur ganz kurz – dann, wenn er sich extrem auf etwas konzentriert. Bei Mönchen ist das anders: Im Moment tiefster Entspannung und höchster Aufmerksamkeit schwingen alle Nervenzellen im Gehirn synchron auf Gamma-Frequenz. Man denkt nicht, spürt seinen Körper nicht mehr, alles wird eins … man ist erleuchtet. Bedeutet: Die Erleuchtung, das Feuerwerk namens Gammawellen, das Phänomen, das Normalmenschen wie mich noch leise zweifeln ließ, ist wissenschaftlich belegt. Das ist Aufmerksamkeit!

Auch Empathie wächst im Kopf. Erst kürzlich legte Prof. Richard Davidson für die Uni Madison 16 Mönche und 16 Laien-Meditierer in den Kernspin. Mit dem Ziel herauszufinden, ob wir Güte und Mitgefühl genauso lernen können wie Klavierspielen. Er fand signifikante Aktivitäten in der Inselrinde der Mönche – und die spielt eine Schlüsselrolle, wenn unser Körper Emotionen zeigt. Dort kreieren Langzeitmeditierende Barmherzigkeit. Wenn wir den Herzschlag bis in die Fingerspitzen fühlen und starke Empathie für andere empfinden, zeigt sich das in einer aktiven Inselrinde. Und durch Meditation können wir die Aktivitäten vermehren. Güte lernen.

Die Forscher ziehen aus diesen Erkenntnissen den Schluss: Kein Mensch muss bleiben, wie er ist. Bewusstsein und Persönlichkeit lassen sich durch Meditation gezielt beeinflussen.

· ·

DER KÖRPER UND DIE MEDITATION

Meditieren senkt Bluthochdruck, normalisiert Cholesterinwerte. Meditieren lindert Migräne, schärft die Intelligenz und wirkt gegen Lampenfieber, Panik, Liebeskummer, Wut, Verlustängste oder Selbstzweifel. Meditieren lindert Depressionen, baut Angst ab, puffert Aggressivität. Wir schlafen besser, nehmen Schmerzen weniger wahr. Das Immunsystem ist viel aktiver. Meditierende haben um 25 Prozent mehr Antikörper im Blut. Meditieren senkt den Blutzuckerspiegel. Das vegetative Nervensystem schaltet auf Beruhigung. Das lindert Durchfall, die Reizung von Darm oder Magen. Rücken- und Nackenschmerzen verschwinden. Der Körper drosselt die Produktion von Stresshormonen wie Adrenalin und Cortisol. Das senkt das Herzinfarkt- und Schlaganfall-Risiko. Meditieren reguliert den Geschlechtshormonhaushalt. Verhilft nicht selten zum so lange erwünschten Kind. Meditation lindert Probleme mit Neurodermitis und Schuppenflechte.

QUANTELN – FRIEDLICH SEIN UND HEILEN MIT DEM »NICHTS«

s gibt einen neuen, lustigen Zugang zu unserem Körper und zum Universum. Nennt sich Quantum-Entrainment oder Zwei-Punkt-Methode. Das machen Sie jetzt gleich mal: Legen Sie einen Zeigefinger auf den Oberschenkel, dann konzentrieren Sie sich auf den Zeigefinger. Wie fühlt sich das darunter an? Warm? Weich? Nun legen Sie den zweiten Zeigefinger auf den anderen Oberschenkel. Genauso darauf konzentrieren. Und dann konzentrieren Sie sich auf beide Punkte gleichzeitig. Und weil das der Kopf eigentlich nicht kann, landen Sie im Nichts – und können eine Ordnung im Körper herstellen oder gleich Ihre Wünsche ans Universum schicken: Quanteln (eine genauere Anleitung finden Sie auf Seite 284), das ist eine Mischung aus Handauflegen, Meditation und Physik. Die Methode

> **»** Meditation lässt Achtsamkeit wachsen, wie Krafttraining die Muskeln. **«**

wurde mehr oder weniger gleichzeitig, aber unabhängig voneinander von den beiden US-Medizinern Dr. Frank Kinslow und Dr. Richard Bartlett Ende der 90er-Jahre entwickelt.

Natürlich ist so ein »Hokuspokus« von der Schulmedizin nicht anerkannt. Dennoch ist das Quanteln unglaublich beliebt, weil es Spaß macht und die Technik (die laut Dr. Kinslow gar keine ist) so einfach ist. Man muss nicht eine Stunde lang »Omm« sagen, sondern nur einen klaren Heilungswunsch formulieren, sich kurz auf zwei Punkte konzentrieren – und schon schwappt eine Welle des Wohlgefühls über uns, schon zapfen wir, so Kinslow, Energie aus dem »Feld vollkommener Ordnung«, erlangen eine ungeahnte Kraft und können damit Heilung initiieren – und auch mal den Finanzbeamten und Friseur gut stimmen. Wenn wir es können. Also kurz zusammengefasst: Auf zwei Punkte gleichzeitig konzentrieren. Einen Wunsch formulieren, egal ob man einen schmerzfreien Rücken braucht oder einen potenziellen Schwiegersohn.

Sie können für sich und für andere quanteln. Wie einfach das ist: Ob Sie selbst in so einen meditativen Bewusstseinszustand kommen, das müssen Sie halt ausprobieren. Das tut nicht weh. Hat keine Nebenwirkung – bis vielleicht auf einen Vater, der einen enterbt, einen Hund namens Fido, der immer wegrennt, wenn man zweifingeranlegend seinen überdimensionalen Hunger eindämmen will, oder eine nicht aufhören wollende Ungläubigkeit …

QUANTELN LIVE

Susanne hielt auch für dieses Thema als dankbares Versuchskanninchen her – und ließ sich in einem Seminar der Psychologin und Geistheilerin Maria Bartl in München mit dem »Nichts« gegen ihren Liebeskummer behandeln – und erzählt das so: »Freilich bin ich in erster Linie neugierig, warum da die Leute, die vor mir dran sind, lachend umfallen oder stark schwanken. Ich möchte schon wissen, was da wohl passiert. Wenige Augenblicke später steht Maria Bartl vor mir. Die linke Hand auf meinem Rücken, die rechte Hand vor der Brust. Während ich an meinen Verflossenen denke, guckt Maria mich kurz an und es dauert keine drei Sekunden, bis ich zusammenklappe wie ein Schweizer Taschenmesser. Vertrauensvoll lasse ich mich in die Arme von Markus fallen, der hinter mir steht. Ich muss unbändig lachen, kann gar nicht mehr aufhören. Diese Energiewelle fühlt sich einfach zu merkwürdig an … Der Liebeskummer hielt sich allerdings hartnäckig, doch ich hab mich leichter gefühlt.«

WER QUANTELT DENN DA?

Jannik brüllt. Das Knie blutet. Mama kommt angelaufen, legt einen Finger aufs Knie und einen auf den Arm, murmelt ein paar Worte. Jannik schluchzt noch mal kurz auf – dann lacht er und düst wieder zu seinem Freund Xaver. Markus, Unternehmensberater und seine Frau Andrea bequanteln seit einem halben Jahr in ihrer Freizeit Kinder, Nachbarn und Freunde auf dem bayerischen Land. Was fühlt so ein Quantler denn? Markus beschreibt das so: »Da ist eine stehende Welle zwischen meiner Hand und dem, den ich behandle. Man fühlt das Anschwellen und Abschwellen der Energie, mal mehr Druck, mal weniger Druck.« Andrea transformiert, wo sie kann, Schmerzen weg: »Wenn mein Kind hinfällt, sage ich mir ›Schmerz auflösen‹, und der Jannik hört innerhalb von Sekunden mit dem Schreien auf.« Sie selbst hat sechs Jahre Schmerzen in der Schulter gehabt. »Die sind durch das Quanteln weg.« Auch wenn sie oder eines ihrer Kinder Halsweh hat, quantelt sie diese weg. »Eine Woche lang, jeden Morgen. Wir können nämlich nix sofort verschwinden lassen. Aber wir können das tun, was eine Schmerztablette auch tut. Und: Wir können die Abwehrkräfte hochfahren.« Wichtig, so Andrea, ist »die Formulierung des Anliegens«. Muss ich die Bronchien heilen oder muss ich sie entkrampfen? Manchmal müsse man mehrere Formulierungen ausprobieren, um herauszufinden, welche hilft. »Je genauer ich die Ursache kenne, desto eher kann ich helfen.«

Quanteln fördert nicht nur die Gesundheit, sondern auch das Wohlbefinden. Andrea: »Ich tue es jeden Tag – und wenn ich nur die Sache mit dem Finanzamt quantle.« Mit der Zwei-Punkt-Methode sorgt sie für eine gute Beziehung zu ihrem Finanzbeamten und sichert sich auch den Kindergartenplatz für Jannik. Und täglich quantelt sie für sich selbst: »Ich möchte Ruhe bewahren, Vertrauen haben, positiv denken.«

Andrea glaubt an unsere Selbstheilungskräfte: »Wir brauchen nicht für alles einen Arzt, eine Medizin, unser Körper hat selbst so viele Fähigkeiten. Natürlich gehe ich mit einer Lungenentzündung zum Arzt. Aber man kann das Quanteln gut mit allem kombinieren.« Eine ihrer Freundinnen hat Schuppenflechte, sie stellt die Ernährung um, entsäuert, nimmt Vitalstoffe … Andrea hat ihr gesagt: »Das würde ich erst mal mit Quanteln probieren.« Aber dem traute die Freundin nicht. »Hierzulande muss Heilung lange dauern, viel Geld kosten, wehtun und bitter sein. Wenn ein Arzt sagen würde, das dauert nur zwei Sekunden, dann glaubt man ihm doch nicht. Die Kassen zahlen ja auch lieber zwei Jahre für Psychotherapie-Sitzungen als 30 Minuten für NLP«, stellt Andrea fest.

Aber vielleicht ändert sich da in Zukunft etwas. Der Jannik ist fünf und quantelt auch schon – abends das Sandmännchen herbei.

DAS STECKT HINTER QUANTENPHYSIK

Erlauben Sie uns, Sie ein wenig mit Physik zu quälen. Denn es ist schon sehr interessant, einmal zu verstehen, dass wir im Grunde nichts anderes als Toaster sind. Die Quantenphysik gibt es schon seit über 100 Jahren und sie befasst sich mit dem Verhalten und den Wechselwirkungen der allerkleinsten Teilchen im atomaren und subatomaren Bereich. Genies wie Max Planck, Werner Heisenberg, Erwin Schrödinger und Albert Einstein beschrieben die ersten quantenphysikalischen Theorien. Die klassische Physik mit ihren Gesetzen von Ursache und Wirkung, Schwerkraft, Zeit und Raum gilt nicht mehr, wenn wir uns Atome und deren Bestandteile anschauen – zum Beispiel die Elektronen. Eines der Paradigmen der Quantenphysik lautet: Alles, was es im Universum gibt, besteht aus ein und demselben Grundstoff.

Das heißt: Der Toaster, der Lichtstrahl, der Kugelfisch, der Mensch bestehen quantenphysikalisch aus dem gleichen Material, aus allerkleinsten Teilchen. Und die haben es in sich: Sie können sich nämlich in Energiewellen verwandeln. Als Energiewelle befinden sie sich in einem sogenannten Überlagerungszustand. Dazu gleich mehr. Zunächst ist wichtig: Sobald ein Forscher Messungen vornimmt, also beobachtet, kollabiert die Wellenform. Und was das bewirken kann, veranschaulicht die grauenhafte Geschichte von Schrödingers Katze in der Kiste. Der Physiker und Nobelpreisträger Erwin Schrödinger setzt um 1935 in einem Gedankenexperiment eine Katze zusammen mit einem Behälter voll giftigem Gas in eine verschlossene Kiste. Ob das Gas ausströmt oder nicht, hängt von einem einzelnen radioaktiven Teilchen ab. Und zwar davon, ob dieses zerfällt oder nicht. Radioaktive Teilchen wie Plutonium verwandeln sich nach einer bestimmten Zeitspanne in Wellen, sie gehen über in einen Zustand der Überlagerung. Das heiß quantenphysikalisch: Sie sind gleichzeitig schon zerfallen und noch nicht zerfallen. Für die Katze bedeutet das: Sie ist gleichzeitig tot und lebendig. In welchen Zustand das Teilchen nach der Überlagerung springt – zerfallen oder nicht zerfallen –, entscheidet sich in dem Moment, in dem der Forscher die Kiste öffnet und das Teilchen beobachtet. Gleichzeitig entscheidet sich damit, ob er zum Katzenmörder wird oder nicht. Die Chancen stehen fifty-fifty. Schwer begreiflich. Aber wahr – zum Glück nur ein Gedankenspiel von Erwin Schrödinger.

> **»**Diejenigen, die nicht schockiert sind, wenn wie zum ersten Mal mit Quantenmechanik zu tun haben, haben sie nicht verstanden.**«**
> NIELS BOHR, PHYSIKER, NOBELPREISTRÄGER

Und das ist schon eine umwerfende Erkenntnis: Der Beobachter hat einen Einfluss auf das, was passiert. Allein dadurch, dass er beobachtet, nimmt er Einfluss auf das Geschehen. Das hebelt das Weltbild all derer aus den Angeln, die glauben, dass sie nichts damit zu tun haben, was um sie herum passiert. Die gute Quanten-Nachricht für die Katze: Es ist egal, ob das Teilchen zerfällt oder nicht. Denn praktischerweise geht die Quantenphysik davon aus, dass es Parallelwelten gibt. Und in irgendeiner überlebt sie auf jeden Fall. Und damit entlassen wir Sie in die nächste Physikvorlesung oder Sie gucken sich den Film »Bleep« an. Das Einzige, was wir hier mitgeben, ist: Es gibt Dinge zwischen Himmel und Erde, die versteht keiner. Wahrscheinlich gehört die Quantenphysik dazu.

DIE QUANTENPHYSIK UND DIE ESOTERIK

Wie Pilze aus dem Boden sprießen Wochenend-Therapeuten, die quantelnd die Welt oder die Laune verbessern und allerlei Wehwehchen heilen. Die Bestseller »Matrix Energetics« von Dr. Richard Bartlett und »Quantenheilung« von Dr. Frank Kinslow stehen auch in Normalmenschen-Bücherregalen, in die sich Esoterik sonst niemals verirrt. Diese Mischung aus Meditation, Physik und Manualtherapie kommt in allen Bevölkerungsschichten gut an. Auf YouTube sieht man Physiker, Lehrer, Manager und Hausfrauen unter Quanten-Therapeutenhänden giggelnd zu Boden sinken. Die sogenannte Zwei-Punkt-Methode löst zwischen zwei Fingern eines Quantenversierten eine Energiewelle aus – die einen mitunter umhaut. Natürlich ist das von Mensch zu Mensch völlig unterschiedlich. Während sich bei mir das Ganze mit einem Bäuchleinkräuseln bemerkbar macht, schlug es Susanne zwischen quantelnden Fingern (siehe Seite 280) den Boden unter den Füßen weg.

HEILUNG AUS DEM »NICHTS«

Quantenheilung beginnt damit, das man sich in einen Zustand des »Nichts« versetzt. Diesen bezeichnet Dr. Frank Kinslow als Eu-Gefühl oder Wohlgefühl. Dieser persönliche Zugang zur Quelle des reinen Gewahrsams wird von vielen als tiefes Gefühl von Frieden, Entspannung, Liebe, Glück, Stille usw. erlebt. Wir können es mit ein bisschen Übung immer und überall empfinden. Wir haben nämlich beides in uns, die Gedanken und das reine Bewusstsein. Wir müssen die beiden nicht durch lange aufwendige Meditationstechniken trennen. Das

• •

Kleine Körper-Expedition: DIE LÜCKE IM GEDANKENSTROM

Schließen Sie für einen Moment die Augen und beobachten Sie, wie Ihre Gedanken kommen und gehen. Und dann stellen Sie sich innerlich die Frage: »Woher kommt mein nächster Gedanke?« Beobachten Sie, was passiert. Einen Moment Stille. Leere. Sie können sich auch fragen, welche Farbe Ihr nächster Gedanke hat oder wie er riecht oder wie er sich anfühlt.

Diese Fragen erzeugen eine Lücke im Gedankenstrom. Das Nichts, das wir brauchen, um unsere Welt wieder in Ordnung zu bringen … Mehr steht in »Quantenheilung« oder »Eu-Gefühl« von Dr. Frank Kinslow, VAK Verlag. Die Kinslow-Meditationsübungen gibt's hier kostenlos:
www. Quantenheilung.info.

reine Bewusstsein schwingt immer im Hintergrund mit. Wir müssen es einfach
nur im Alltag wahrnehmen. Indem wir nichts tun.

Das Nichts und die Gedanken. Das mit dem Nichtstun ist für uns leider nicht so
einfach. Denn wir mussten ja bisher immer was tun, um was zu bekommen.
Die Tu-was-Sozialisation beginnt als Baby. Wenn wir *schreien*, bekommen wir
was zu essen oder frische Windeln. Wenn wir etwas richtig *machen*, dann kriegen wir eine Belohnung. Wenn wir unseren Geist und unsere Umgebung *kontrollieren*, dann bekommen wir, was wir wollen. Freundschaft und Liebe kriegen wir, wenn wir das Richtige *tun*. Wir können gar nicht anders denken. Das
Dumme dabei: Die Gedanken ändern sich dauernd und deshalb denken wir,
dass wir uns verändern.

Das reine Bewusstsein, so die Quantler, mit denen wir gesprochen haben,
ist ein Zustand des Seins, der Ruhe. Aus diesem Zustand heraus passiert das
Quanteln. Und dafür reicht tatsächlich schon ein kleiner Moment.

ANLEITUNG ZUM QUANTELN

So geht's in der Regel: Der Impulsgeber fragt, was er Gutes tun kann. Den Tinnitus leiser stellen. Das linke Knie schmerzfrei. Den Nacken ohne Verspannung,
damit die Hand nicht mehr einschläft. Oder: Wieder schlafen können, trotz des
Liebeskummers … Und genau diese Botschaft wird vor der Behandlung beim
Empfänger und/oder beim Impulsgeber klar im Kopf formuliert. Den Wünschen
sind natürlich erst mal keine Grenzen gesetzt. In den Foren der Quantel-Fans
findet man neben vielen Erfahrungsberichten über die Veränderung von Stimmung und Gesundheit auch Geschichten, die mitten aus dem Leben gegriffen
sind. Zum Beispiel wie man den Friseur vorher quantelt, damit der die Frisur
richtig hinkriegt.

Der Empfänger muss nichts tun. Die Augen schließen – und die Gedanken einfach wandern lassen – wohin sie wollen. Der Quantler berührt mit den Zeige-
fingern zwei Punkte am Körper des Empfängers, er sucht sich für Kontakt A
einen schmerzenden, verspannten Muskel, und zu diesem sucht er sich rein
gefühlsmäßig mit dem anderen Zeigefinger irgendwo am Körper einen zweiten
Punk, Kontakt B. Nun folgt ein paar Sekunden lang starke Konzentration auf
Punkt A, dann richtet er die volle Aufmerksamkeit auf Punkt B. Spürt Hemd-
stoff, Wärme, Muskelfestigkeit … Dann richtet er die volle Aufmerksamkeit

gleichzeitig auf beide Punkte. Und da liegt das Geheimnis! Ich mache mir bewusst, wie beide Finger dort liegen, wie sich Punkt A und Punkt B gleichzeitig anfühlen. Während man sich dieser beiden Punkte wirklich gewahr ist, die Aufmerksamkeit auf nichts anderes als auf die beiden Zeigefinger und dem Darunter richtet, macht der Verstand eine Pause und es steigt ein Gefühl der Ruhe, der Stille, des Wohlseins auf. Das nennt Kinslow das reine Bewusstsein im Eu-Gefühl C. Und diese Dreiecksverbindung ABC löst beim Bequantelten eine Veränderung aus. Die spürt der Quantelnde in dessen Muskeln. Er entspannt! Manche Behandelte sprechen von einer Energiewelle, gehen dabei in die Knie oder lassen sich fallen.

> **»**Es ist möglich, dass Sie nichts wissen, während Sie nichts tun, und dabei auf alles zugreifen, das in dem Einen enthalten ist.**«**
> DR. RICHARD BARTLETT, MATRIX ENERGETICS

DIE ENTDECKUNGSREISE IHRES LEBENS

Da Krankheiten des Körpers und des Geistes in der Quantentheorie nichts anderes sind als Unordnungen im System und auch Schmerz eine solche Unordnung darstellt, räumt die Kinslow-Methode einfach nur auf. Und ermöglicht dem Körper Heilung, weil sie die natürliche Ordnung wiederherstellt. Dr. Kinslow: »Sie heilen nicht. Sie stellen eine Atmosphäre her, in der Heilung stattfinden kann. Dafür zapfen Sie das Feld vollkommener Ordnung an.«

Es braucht also nur reines Bewusstsein und den Wunsch, der in einem Satz formuliert wird, der so klar ist, dass er Ordnung schafft. Dann sortieren sich die Teilchen ganz automatisch neu im Körper. Das Knie tut nicht mehr weh. Der Liebeskummer schwindet … Denken Sie nicht länger darüber nach. Machen Sie doch einfach mal eine kleine Körper-Expedition, den Ausflug ins Nichts.

Und in diesem Sinne quanteln wir beim Universum, dass es Ihnen, liebe Leser, so richtig gut geht. Und das wird es auch – wetten, dass …? Sobald Sie sich auf die Entdeckungsreise Ihres Lebens machen. Ihren Körper besser kennenlernen – und täglich wertschätzen, dankbar sind, dass es ihn gibt.

PS: Morgen geht dieses Manuskript in Druck. Und da muss schon noch schnell erzählt werden, dass das Universum Susanne einen Mann geschickt hat – und der kann sogar massieren. Die beiden haben sich ziemlich schnell verlobt. Doch das ist eine andere Geschichte …

Ende. Fin. Feelgood!

WEITERFÜHRENDE LITERATUR

Amen, Daniel G.: **Das glückliche Gehirn.** Goldmann Verlag: München, 2010.

Arntz, William u. a.: **Bleep: An der Schnittstelle von Spiritualität und Wissenschaft.** VAK Verlag: Kirchzarten bei Freiburg, 2007.

Bartens, Werner: **Körperglück: Wie gute Gefühle gesund machen.** Droemer: München 2010.

Bartlett, Richard: **Matrix Energetics. Radikale Veränderung mit der Zwei-Punkt-Methode.** VAK Verlag: Kirchzarten bei Freiburg, 2008.

Bauer, Joachim: **Das Gedächtnis des Körpers. Wie Beziehungen und Lebensstile unsere Gene steuern.** Piper Verlag: München/Zürich, 2010.

Becker, Sonja: **Die Chefin. Der Weg zur eigenen Existenz.** Sokrates Verlag: München, 2010.

Braden, Gregg: **Verlorene Geheimnisse des Betens. Die verborgene Kraft von Schönheit, Segen, Weisheit und Schmerz** Echnaton-Verlag: Taufkirchen, 2009.

Brauns, Axel: **Buntschatten und Fledermäuse. Mein Leben in einer anderen Welt.** Hoffmann und Campe: Hamburg, 2002.

Brinkmann, Ulla: **Kontaktimprovisation – neue Bewegung im Tanz.** Afra Verlag: Frankfurt/Griedel 1990.

Brown, Douglas: **100 Tage Sex.** Heyne Verlag: München, 2009.

Bust, Leila und Leimbach, Bjørn Thorsten: **Tantra. Das Liebes- und Beziehungstraining für Singles und Paare.** Ellert & Richter Verlag, Hamburg, 2009.

Caplan, Mariana: **Berühren heißt leben. Warum wir ohne menschliche Nähe und Zuneigung nicht leben können.** Via Nova: Petersberg 2005.

Christakis, Nicholas A. und Fowler, James H.: **Connected! Die Macht sozialer Netzwerke und warum Glück ansteckend ist.** S. Fischer Verlag: Frankfurt am Main, 2010.

Church, Dawson: **Die neue Medizin des Bewusstseins.** VAK Verlag: Kirchzarten bei Freiburg 2009.

Damasio, Antonio R.: **Descartes' Irrtum. Fühlen, Denken und das menschliche Gehirn.** dtv: München 1998.

Dychtwald, Ken: **Körperbewusstsein.** Synthesis: Essen, 7. Auflage, 1996.

Eden, Donna: **Energiemedizin für Frauen.** VAK Verlag: Kirchzarten bei Freiburg 2009.

Field, Tiffany: **Streicheleinheiten.** Droemer Knaur: München, 2003.

Feldenkrais, Moshe: **Bewusstheit durch Bewegung.** Suhrkamp: Berlin ,11. Auflage 1996.

Faulstich, Joachim: **Das Geheimnis der Heilung. Wie altes Wissen die Medizin verändert.** Knaur MensSana: München, 2010.

Geiszler, Wolfram und Ricarda: **Wassertherapie – Die sanfte Kraft des Wassers.** Brandes & Apsel: Frankfurt am Main 2004.

Govinda, Kalashatra: **Tantra Massage.** Südwest Verlag: München ,2010.

Grunwald, Martin und Beyer, Lothar (Hrsg.): **Der bewegte Sinn. Grundlagen und Anwendungen zur haptischen Wahrnehmung.** Birkhäuser: Basel, 2001.

Halprin, Anna: **Tanz, Ausdruck und Heilung. Wege zur Gesundheit durch Bewegung,** Bilderleben und kreativen Umgang mit Gefühlen. Synthesis: Essen, 2000.

Hüther, Gerald: **Bedienungsanleitung für ein menschliches Gehirn.** Vandenhoeck & Ruprecht: Göttingen, 2010.

Hüther, Gerald: **Männer Das schwache Geschlecht und sein Gehirn.** Vandenhoeck & Ruprecht: Göttingen, 2009.

Kast, Bas, **Die Liebe und wie sich Leidenschaft erklärt.** Fischer Verlag: Frankfurt am Main, 2006.

Kinslow, Frank und Seidel, Isolde: **Quantenheilung. Wirkt sofort – und jeder kann es lernen.** VAK Verlag, Kirchzarten bei Freiburg, 2011.

Klein, Stefan: **Die Glücks-Formel.** Rowolth Verlag: Reinbek bei Hamburg, 2002.

Klein, Stefan: **Der Sinn des Gebens.** Fischer Verlag: Frankfurt am Main, 2010.

Kunsch, Konrad und Steffen: **Der Mensch in Zahlen.** Springer/Spektrum Akademischer Verlag: Berlin/Heidelberg, 2000.

Laban, Rudolf von: **Der moderne Ausdruckstanz.** Noetzel: Wilhelmshaven 1988.

La Tourelle, Maggie und Courtenay, Anthea: **Was ist Angewandte Kinesiologie?** VAK Verlag, Kirchzarten 2006.

Leimbach, Bjørn Thorsten: **Männlichkeit leben: Die Stärkung des Maskulinen.** Ellert & Richter Verlag, Hamburg, 2010.

Liebscher-Bracht, Roland und Bracht, Petra: **Der Schmerzcode. Die Schmerzsprache des Körpers entschlüsselt.** LnB Verlag: Ostheim, 2010

Lindstrom, Martin: **Brand Sense.** Campus Verlag: Frankfurt am Main, 2011.

Marlock, Gustl und Weiss, Halko: **Handbuch der Körperpsychotherapie.** Schattauer Verlag: Stuttgart, 2006

Matschnig, Monika: **Körpersprache der Liebe.** Gräfe und Unzer Verlag: München, 2010.

Molcho, Samy: **Umarme mich, aber rühr mich nicht an.** Ariston Verlag: München, 2009.

Molcho, Samy: **Alles über Körpersprache.** Mosaik Verlag: München, 2001.

Montagu, Ashley: **Körperkontakt.** Klett-Cotta Verlag: Stuttgart, 2004.

Morris, Desmond: **Der Mensch mit dem wir leben. Ein Handbuch unseres Verhaltens.** Droemer Knaur: München 1981.

Muller, Charla: **365 Nächte. Ein intimer Erfahrungsbericht.** Kein & Aber: Zürich, 2009.

Navarro, Joe: **Menschen lesen. Ein FBI-Agent erklärt, wie man Körpersprache entschlüsselt.** mvg Verlag: München, 2010.

Preuß, Christel: Klopfakupressur. **Mit EFT Energieblockaden lösen.** Südwest Verlag: München, 2009.

Reichelt, Fe: **Tanz der Wandlungen.** Brandes & Apsel: Frankfurt am Main, 2005.

Riegger-Krause, Waltraud: **Jin Shin Jyutsu. Die Kunst der Selbstheilung durch Auflegen der Hände.** Südwest Verlag: München, 2010.

Roeper, Malte: **Kinder raus. Zurück zur Natur. Artgerechtes Leben für den kleinen Homo sapiens.** Südwest Verlag: München, 2010.

Schmitz, Karl Werner: **berühren – begreifen – kaufen. Haptisches Verkaufen in der Vertriebspraxis.** FinanzBuch Verlag GmbH, München, 2010.

Servan-Schreiber, David: **Die neue Medizin der Emotionen.** Goldmann Verlag: München, 2006.

Storch, Maja; Cantieni, Benita; Hüther, Gerald; Tschacher, Wolfgang: **Embodiment. Die Wechselwirkung von Körper und Psyche verstehen und nutzen.** Huber: Bern, 2010.

Spork, Peter: **Der zweite Code. Epigenetik oder: Wie wir unser Erbgut steuern können.** rororo: Reinbek, 2010.

Villoldo, Alberto: **Das geheime Wissen der Schamanen. Wie wir uns selbst und andere mit Energiemedizin heilen können.** Goldmann Verlag: München, 2001.

Weber, Andreas: **Alles fühlt. Mensch, Natur und die Revolution der Lebenswissenschaften.** BvT: Berlin, 2008.

Wehr, Marco und Weinmann, Martin (Hrsg): **Die Hand – Werkzeug des Geistes.** Springer/Spektrum Akademischer Verlag: Berlin/Heidelberg, 2009.

Weyh, Florian Felix: **Die ferne Haut. Wider die Berührungsangst.** Aufbau Verlag: Berlin, 1999.

Zeitschriften: Connection spirit: Berühre mich!, Nr.3/2011 · Focus: Sex Report 2011, Nr. 7/2011 · Psychologie Heute: Die Macht der Gefühle, Heft 24/2010 · Stern: Gesund leben: So gelingt der Neuanfang, Nr.1/2011

DVDs: Hüther, Gerald: Seelische Gesundheit, Stärkung von Selbstheilung · Hüther, Gerald: Brainwash: Einführung in die Neurobiologie für Pädagogen, Therapeuten und Lehrer · Grunwald, Martin: Neurobiologie: berühren, erregen und beruhigen

REGISTER

IMPRESSUM

© 2011 by Südwest Verlag, einem Unternehmen der Verlagsgruppe Random House GmbH, 81637 München.
Die Verwertung der Texte und Bilder, auch auszugsweise, ist ohne Zustimmung des Verlags urheberrechtswidrig und strafbar. Dies gilt auch für Vervielfältigungen, Übersetzungen, Mikroverfilmung und für die Verarbeitung mit elektronischen Systemen.

Hinweis
Die Ratschläge/Informationen in diesem Buch sind von Autorinnen und Verlag sorgfältig erwogen und geprüft, dennoch kann eine Garantie nicht übernommen werden. Eine Haftung der Autorinnen bzw. des Verlags und seiner Beauftragten für Personen-, Sach- und Vermögensschäden ist ausgeschlossen.

Bildnachweis
Sämtliche Bilder im Innenteil sind von Marion Grillparzer, außer
S. 87 lizenzfrei, S. 132 / 133 © Olivia Biemmi-Lazzeroni
Autorenbilder © privat
Autorenbilder im Umschlag: Mike Kraus

Projektleitung
Isabella Kortz, Dr. Harald Kämmerer

Layout und Satz
Tilman Leher, grafik atelier luk, München

Redaktion
David Mayer, Isabella Kortz, Susanne Schneider

Bildredaktion
Christa Jaeger

Umschlaggestaltung
YMCK, München

Druck und Verarbeitung
Alcione, Trento
Printed in Italy

ISBN: 978-3-517-08714-6

9817 2635 4453 6271

Verlagsgruppe Randomhouse FSC-DEU-0100

Das FSC®-zertifierte Papier *Profibulk* für dieses Buch liefert Sappi, Ehingen

MIX
Papier aus verantwortungsvollen Quellen
FSC® C021956
www.fsc.org